高职高专金融专业系列教材

# 外汇交易实务

（第三版）

○主　编：兰容英
　　　　　倪信琦

厦门大学出版社　国家一级出版社
XIAMEN UNIVERSITY PRESS　全国百佳图书出版单位

图书在版编目(CIP)数据

外汇交易实务/兰容英,倪信琦主编. —3版. —厦门:厦门大学出版社,2019.1(2020.7重印)
(高职高专金融专业系列教材)
ISBN 978-7-5615-7186-6

Ⅰ.①外… Ⅱ.①兰…②倪… Ⅲ.①外汇交易—高等职业教育—教材 Ⅳ.①F830.92

中国版本图书馆 CIP 数据核字(2019)第 019006 号

| 出 版 人 | 郑文礼 |
| 策　　划 | 宋文艳 |
| 责任编辑 | 许红兵 |
| 封面设计 | 夏　林　祖　洵 |
| 技术编辑 | 朱　楷 |

出版发行　厦门大学出版社
社　　址　厦门市软件园二期望海路 39 号
邮政编码　361008
总 编 办　0592-2182177　0592-2181406(传真)
营销中心　0592-2184458　0592-2181365
网　　址　http://www.xmupress.com
邮　　箱　xmup@xmupress.com
印　　刷　厦门市明亮彩印有限公司

开本　720 mm×1 000 mm　1/16
印张　20
字数　381 千字
字数　1 501~2 500 册
版次　2019 年 1 月第 3 版
印次　2020 年 7 月第 2 次印刷
定价　48.00 元

本书如有印装质量问题请直接寄承印厂调换

厦门大学出版社
微信二维码

厦门大学出版社
微博二维码

# 第三版前言

从世界上看,随着全球一体化的加深,全球资本流动日益增加,外汇市场已经达到空前的规模,日均成交量约达 2 兆亿美元,为国际金融市场首位;从国内看,随着我国经济对外开放度的进一步加大,我国国际收支已持续多年保持双顺差,外汇储备规模近年已稳居世界第一。在此背景下,外汇交易在各涉外部门和涉外企业中显得越来越重要,外汇交易作为重要的投资理财手段也已开始进入普通百姓的视野,不久的将来必将成为继股票投资之后的又一投资理财热点。人们迫切需要了解和掌握外汇交易的相关知识及技能,以服务于他们的外汇投资理财、保值避险等活动。

本书是利用外汇交易的相关资料,结合作者多年从事国际金融、外汇交易实务课程的教学经验,针对当前国内的实际需要及学生的接受能力,为财经类高职高专学生编写的教材,对国内金融从业者、企业财务管理人员同样具有参考价值,同时对那些对外汇交易感兴趣的读者来说也是一本很好的入门教材。

全书共分为四篇十六章:第一篇包括第一至第三章,主要介绍外汇交易基础知识;第二篇包括第四至第六章,主要介绍外汇交易的价格——汇率及其行情分析;第三篇包括第七至第十二章,主要介绍外汇交易的品种,其中既包括传统的外汇交易品种,也包括外汇交易创新品种;第四篇包括第十三至第十六章,主要介绍外汇风险管理。

本书有如下几个特点:

1. 具有创新性

本书在同类教材中采用了全新的编写视角,从外汇交易是一种商品交易的角度进行探讨,由此循着"外汇交易的场所——外汇市场、外汇交易的商品——外汇、外汇交易的价格——汇率、外汇交易的品种"的主线来组织全书编写,这样安排的主要目的是拉近初学者与较为陌生抽象的外汇交易之间的距离,使初学者更容易入门。

2.具有实用性

本书一方面是为财经类高职高专学生课堂教学而编写的,满足学生毕业后走上工作岗位的基本专业知识和技能需要,因此侧重于实务操作与分析,全书力求简洁、务实、实用。通过这门课的学习,学生可以初步掌握外汇交易的基本知识与交易技巧,缩短课堂教学与实际上岗工作的距离,为以后工作打下良好的基础。另一方面本书也可作为相关部门的培训参考用书以及外汇交易初学者的入门学习用书。

3.通俗易懂、图文并茂、内容丰富

作为一本入门性的教材,本书在编写过程中力求做到通俗易懂、图文并茂,为方便初学者学习,每章后均附有复习思考题。此外,为丰富本书的内容,拓展读者的外汇交易知识,编者特别在相关的章节安排了必要的专栏。

全书由兰容英、倪信琦主编,参加编写人员的具体分工如下:兰容英(第一、二、三、七、八、十一、十二章)、杨小丽(第四、五、六章)、郑水珠(第九、十、十三、十四、十五、十六章),由兰容英负责总纂。本次第三版修订,主要是对一些数据作了更新。

本书在编写过程中,参考借鉴了许多有关文献,在此对文献的作者表示感谢。

最后要特别说明的是,由于编者的学识水平、实践经验有限,书中难免存在疏漏和不妥之处,敬请专家、学者及广大读者批评指正,我们将不胜感激。

编 者

2018年10月

# 目 录

## 第一篇 外汇交易基础知识

**第一章 外汇交易的概述** (3)
  第一节 外汇交易概述 (3)
  第二节 主要外汇交易终端简介 (10)
**第二章 外汇交易的场所——外汇市场** (14)
  第一节 外汇市场的含义与特点 (14)
  第二节 世界主要外汇市场简介 (17)
**第三章 外汇交易的商品——外汇** (24)
  第一节 外汇的概述 (24)
  第二节 主要交易货币——美元、欧元、日元 (26)
  第三节 主要交易货币——英镑、瑞郎、澳元 (39)
  第四节 主要交易货币——加元、新加坡元、港元 (45)

## 第二篇 外汇交易的价格

**第四章 汇率概述** (53)
  第一节 外汇价格——汇率 (53)
  第二节 汇率的种类 (55)
**第五章 汇率的基本面分析** (59)
  第一节 影响汇率的基本经济面分析 (60)
  第二节 反映基本经济变化的经济指标 (62)
  第三节 宏观经济政策因素分析 (64)

第四节　政治与新闻因素分析 ……………………………………(66)
  第五节　市场预期心理和投机因素分析 …………………………(67)
  第六节　主要货币汇率波动分析举例 ……………………………(68)
第六章　汇率走势的技术分析 …………………………………………(74)
  第一节　汇率走势的技术分析概述 ………………………………(74)
  第二节　图表分析法 ………………………………………………(76)
  第三节　趋势分析法 ………………………………………………(80)
  第四节　技术指标分析法 …………………………………………(91)
  第五节　布林线 ……………………………………………………(98)

# 第三篇　外汇交易的品种

第七章　传统的外汇交易一——即期外汇交易 ……………………(107)
  第一节　即期外汇交易的定义与作用 ……………………………(107)
  第二节　即期外汇交易的报价与套算汇率 ………………………(109)
  第三节　即期外汇交易的交易程序及范例 ………………………(114)
第八章　传统的外汇交易二——远期外汇交易 ……………………(120)
  第一节　远期外汇交易的概述 ……………………………………(121)
  第二节　远期汇率 …………………………………………………(123)
  第三节　远期外汇交易的应用 ……………………………………(127)
  第四节　择期外汇交易 ……………………………………………(131)
第九章　传统的外汇交易三——掉期外汇交易 ……………………(137)
  第一节　掉期外汇交易概述 ………………………………………(137)
  第二节　掉期外汇交易的报价与计算 ……………………………(140)
  第三节　掉期外汇交易的应用 ……………………………………(145)
  第四节　掉期外汇交易的程序 ……………………………………(148)
第十章　传统的外汇交易四——套汇交易与套利交易 ……………(153)
  第一节　套汇交易 …………………………………………………(153)
  第二节　套利交易 …………………………………………………(157)
第十一章　外汇交易创新一——外汇期货交易 ……………………(166)
  第一节　外汇期货交易概述 ………………………………………(166)
  第二节　外汇期货交易的交易策略 ………………………………(176)
  第三节　外汇期货交易范例 ………………………………………(178)

第十二章 外汇交易创新二——外汇期权交易……………………(188)
　第一节 外汇期权交易概述……………………………………(188)
　第二节 外汇期权的种类………………………………………(191)
　第三节 外汇期权交易策略（上）——裸期权与抛补期权……(194)
　第四节 外汇期权交易策略（下）——差价期权与组合期权…(206)
　第五节 外汇期权交易范例……………………………………(217)

# 第四篇　外汇风险管理

第十三章 外汇风险概述……………………………………………(227)
　第一节 外汇风险………………………………………………(227)
　第二节 外汇风险的识别………………………………………(234)
　第三节 外汇风险的计量………………………………………(237)
第十四章 外汇风险管理战略………………………………………(243)
　第一节 外汇风险管理的要求和原则…………………………(243)
　第二节 外汇风险管理的战略…………………………………(246)
　第三节 受险金额的掌握和管理………………………………(251)
第十五章 银行外汇风险管理………………………………………(257)
　第一节 银行外汇风险概述……………………………………(257)
　第二节 银行外汇风险管理方法………………………………(258)
　第三节 银行国家风险管理……………………………………(264)
第十六章 企业外汇风险管理………………………………………(270)
　第一节 企业外汇风险概述及影响……………………………(270)
　第二节 企业外汇风险管理方法………………………………(272)

附录一　全国银行间外汇市场人民币外汇掉期交易规则…………(288)
附录二　商业银行市场风险管理指引………………………………(292)
附录三　金融机构衍生产品交易业务管理暂行办法………………(303)
参考文献………………………………………………………………(310)

第一篇

# 外汇交易基础知识
WAI HUI JIAO YI SHI WU

第二篇

久期由表学之研究

# 第一章

# 外汇交易的概述

## 学习目的

本章要求理解外汇交易的概念和外汇交易的优势,熟悉外汇交易的参与者和主要交易终端,掌握外汇实盘交易和虚盘交易的含义及区别,以及外汇交易的基本术语的含义。本章的难点是外汇实盘交易和虚盘交易的区别。

## 第一节 外汇交易概述

外汇交易是目前世界上交易量最大、交易最频繁的资金流动形式,据国际清算银行统计,1986—1995年间,世界外汇市场的名义交易量增长了6倍,由1986年的1 880亿美元增加到1995年的11 900亿美元。目前,世界外汇市场每日的交易额约达4万亿美元,每天的外汇交易额是世界商品和服务进出口额的50倍。当外汇交易越来越成为当今经济生活的一个重要主题时,我们就有必要了解它的相关知识。

### 一、外汇交易的概念

日常生活中,人们交易各种各样的商品,当货币作为商品进行交易时,就产生了外汇交易。外汇交易,亦称外汇买卖,就是买一种货币卖另一种货币的交易行为,它具体体现为两种不同货币之间的兑换,包括以下三种情况:

(1) 以本国货币兑换外国货币;

(2)以外国货币兑换本国货币;
(3)以一种外国货币兑换另一种外国货币。

**二、外汇交易的优势**

相对于大家熟悉的股票交易,外汇交易具有以下优势:

(一)24小时全天候交易

全球外汇市场24小时全天候开放,投资者可以根据自己的作息时间进行交易。同时,24小时不间断的特性保证最小的市场裂缝,即排除了开市价格戏剧性高于或低于收市价格的可能性,投资者随时都有机会平仓离场。

而世界各地的股票市场都有固定的开市和收市时间,如我国的股市营业时间为北京时间9:30—11:30AM,1:00—3:00PM。股市收市后的交易基本上是不可能的,固定的收市时间使得交易者有一段时间不能平仓,使其暴露在更大的风险之下;如果收市后有对交易者不利的重大新闻公布,交易者没有机会及时平仓离场,减小损失,只能等到第二个营业日开市时才有机会平仓,而此时开市价可能完全不同于上个交易日的收市价。也就是说,股市固定的营业时间,使其行情容易出现裂口性高开或低开,这给投资者带来较大的投资风险。

(二)手续费低廉

股票交易的手续费一般是2‰,而现在的外汇保证金交易基本上都是免佣金免手续费的。外汇交易商及其推荐经纪商所提供的服务是通过买入与卖出价几个点的点差而赚取报酬。此外,一个纯电子市场使得外汇交易者可以直接与庄家进行交易,免除了中间人的费用,从而可以进一步降低交易费用。

(三)交易品种简单

股市中有成百上千种股票,因此选股是一件很难的事情。而汇市中,货币组合是有限的几个货币对,特别是欧元/美元、美元/日元等主要货币对的交易量占了整个市场的90%,这可以使投资者集中精力于这几个货币组合,并较快抓住它们的脉动。

(四)最大最公平的市场

外汇市场是全球最大的金融市场,外汇市场平均日交易量约2兆亿美元,相当于期货市场的4倍,美股市场的30倍,这令其成为全球最大的交易市场,庞大的市场容量,使得投资者有足够的盈利空间。外汇市场同时也是流通性(Market Liquidity)最高的市场,其流通性是股票及期货市场无法比拟的。流通性很大的益处在于,投资者对汇率的影响微乎其微,很少甚至没有人可以操纵外汇市场,这也是外汇市场成为全球最公平市场的主要原因。此外,市场的高流通性保证交易的准确执行,市场趋势非常明显,特别适合技术分析。

股市的交易量比汇市小很多,易被操纵,而且数以千万计的非职业投资者会影响市场的正常运作,使预测市场的运动变得更难。

(五)可双向操作,熊市、牛市均能获利

外汇市场存在做空机制,无论经济是处于繁荣时期还是衰退时期,投资者都有机会获利。而在那些不能做空的股票市场中,牛市时绝大多数投资者能获利,但熊市时,投资者无法作为,只能被套或割肉出场。

(六)高杠杆比率

杠杆比率是决定某个市场是否值得投资的重要因素之一,因为交易者可以通过对杠杆的运用来度身定做暴露于风险的程度。如一笔10 000美元的交易,在没有杠杆作用的情况下,无论是买或卖,交易者必须以＄10 000才可以参与交易;但如果杠杆比率为100倍,交易者只需＄100;如果杠杆比率为200倍,则只需＄50。高杠杆比率可谓小财大用,可以实现以小搏大的投资目的。

以上几点就是外汇交易成为投资热点的优势所在。当然,必须认识到,杠杆比率是一把双刃剑,它能使投资者迅速获利,也很容易导致亏损。

## 三、外汇交易的参与者

一般而言,凡是在外汇市场上进行交易活动的人都可定义为外汇市场的参与者。但外汇市场的主要参与者大体可分为以下几类:外汇银行、中央银行、外汇经纪人和顾客。

(一)外汇银行

外汇银行是外汇市场的首要参与者,具体包括专业外汇银行和一些由中央银行指定的设有外汇交易部的大型商业银行。

外汇银行是外汇市场的主要作市商(Market Maker),他们提供外汇的双向报价:即当客户询价时,他们提供买进与卖出的报价,承诺根据所报价格,买进或卖出任何合理数量的外汇。外汇市场的其他参与者通过路透系统或其他图形数据系统了解不同的作市商所报出的价格,如花旗银行、美洲银行等都是外汇市场上较大的参与者和作市商。

(二)外汇经纪人

外汇经纪人是专门介绍外汇买卖业务、促使买卖双方成交的中间人。外汇经纪人分为两类:一类是一般经纪人,他们要用自有资金参与买卖中介活动,并承担损益。另一类是跑街经纪人,俗称"捐客",他们不参与外汇买卖活动,仅凭提供信息收取佣金,代客买卖外汇。外汇经纪人主要依靠提供最新、最可靠、对客户最有利的信息而生存,因此他们拥有庞大的信息网和先进的通讯网,善于捕捉并利用信息,开发获利渠道。外汇经纪人在外汇市场上是一支非常活跃的队伍,即使许多大银行能够独立进行外汇买卖,他们也愿意通过经纪人进行交易,因为经纪人不仅能报出最有利的价格,而且能使大银行免于暴露自己的经营活动,可以保护自己,顺利实施其市场战略。

(三)中央银行

中央银行是外汇市场的特殊参与者,它进行外汇买卖不是为了谋取利润,而是为了监督和管理外汇市场,引导汇率变动方向,使之有利于本国宏观经济政策的贯彻或符合国际协定的要求。

(四)一般顾客

一般顾客是外汇的最初供应者和最终需求者,比如从事进出口贸易的企业,进行跨国投资的企业和偿还外债的企业,以及需要汇款的个人等。一般客户的外汇买卖活动反映了外汇市场的实质性供求,尽管这部分交易在外汇市场交易中比重不大,但对一国国民经济却产生实际影响。

(五)投机性顾客

即外汇市场的投机者,他们是通过预测汇率的涨跌趋势,利用某种货币的汇率差异,低买高卖,赚取投机利润的市场参与者。他们对外汇并没有真实的需求,如调整头寸或清偿债权债务,他们参与外汇买卖纯粹是为了寻找因市场障碍而可能利用的获利机会。

### 四、实盘交易与按金交易

外汇交易按其杠杆比例的大小可以分为以下两种:

(一)实盘交易

外汇实盘交易即我国俗称的"外汇宝",是指个人委托银行,参照国际外汇市场实时汇率,把一种外币买卖成另一种外币的交易行为。由于投资者交易时不可透支,必须持有足额的要卖出外币,才能进行交易,较国际上流行的外汇保证金交易缺少保证金交易的卖空机制和融资杠杆机制,因此被称为实盘交易。实盘交易只能买涨,不能买跌,优点是收入稳定。

自从1993年12月上海工商银行开始办理外汇实盘交易以来,随着我国居民个人外汇存款的大幅增长和投资环境的变化,个人外汇实盘交易业务迅速发展,目前已成为我国除股票以外最大的投资市场。工、农、中、建、交、招、光大等多家银行都开展了个人外汇实盘交易业务,国内的投资者凭手中的外汇到上述任何一家银行办理开户手续,存入资金,即可通过互联网、电话或柜台方式进行外汇买卖。

(二)按金交易

外汇按金交易即虚盘交易或外汇保证金交易,是利用杠杆投资原理,在金融机构之间及金融机构与投资者之间进行的一种外汇买卖方式。投资者和专业从事外汇买卖的金融公司(银行、交易商或经纪商),签订委托买卖外汇的合同,缴付一定比率(一般不超过10%)的交易保证金,便可按一定融资倍数买卖十万、几十万甚至上百万美元的外汇。这种合约形式的买卖只是对某种外汇的某个价格作出书面或口头的承诺,然后等待价格出现上升或下跌时,再进行买卖的结算,从变化的价差中获取利润,当然也承担了亏损的风险。由于这种投资所需的资金可多可少,近年来吸引了许多投资者的参与。

按金交易以合约形式出现,主要的优点在于节省投资资金。以合约形式买卖外汇,投资额一般不高于合约金额的5%,而得到的利润或付出的亏损却是按整个合约的金额计算的。外汇合约的金额是根据外币的种类来确定的,主要交易货币每一个合约的金额一般分别是12 500 000日元、62 500英镑、125 000欧元、125 000瑞士法郎。每种货币每个合约的金额是不能根据投资者的要求改变的。投资者可以根据自己的定金或保证金的多少,买卖几个或几十个合约。一般情况下,投资者利用1 000美元的保证金就可以买卖一个合约,汇率上升或下降时,投资者的盈利与亏损是按合约的金额来计算的。

下面通过表1-1中的案例,说明实盘交易与按金交易的区别。

表1-1 实盘交易与按金交易对照表

| 假设:在1美元兑换135.00日元时买日元 | | |
|---|---|---|
| | 实盘交易 | 按金交易 |
| 购入12 500 000日元需要 | US$ 92 592.59 | US$ 1 000.00 |
| 若日元汇率上升100点盈利 | US$ 690.99 | US$ 690.99 |
| 盈利率 | 690.99/92 592.59=0.746% | 690.99/1 000=69% |
| 若日元汇率下跌100点亏损 | US$ 680.83 | US$ 680.83 |
| 亏损率 | 680.83/92 592.59=0.735% | 680.83/1 000=68% |

从表1-1可以发现,实盘交易与按金交易在盈利和亏损的金额上是完全相同的,不同的是投资者投入的资金在数量上有差距,实盘交易要投入90 000多美元,才能买卖12 500 000日元,而采用按金交易买卖12 500 000日元只需1 000美元,两者投入的金额相差90多倍。因此,采取按金交易对投资者来说投入小、产出多,比较适合大众投资,可以用较小的资金赢得较多的利润。

当然,必须注意的是,按金交易属于一种高风险的金融杠杆交易工具,虽然其保证金金额较小,但实际撬动的资金却十分庞大,而外汇汇价每日波幅很大,如果投资者在判断外汇走势方面失误,就很容易造成保证金的全军覆没。从表1-1中的案例可以看出,同样是100点的亏损幅度,按金交易投资者的1 000美元就亏掉了680美元,如果日元继续贬值,投资者没有及时采取措施,将造成损失:不仅保证金全部赔掉,而且还可能要追加投资。从按金交易自身的特点来分析,风险主要来源于三个方面:

(1)高杠杆性。由于按金交易的参与者只支付一个很小比例的保证金,这样外汇汇率的正常波动被放大几倍甚至几十倍,这种高风险带来的回报和亏损是惊人的。

(2)外汇市场频繁波动的背景。国际外汇市场日成交金额可以达1万亿美元以上,众多的国际金融机构和基金参与其中,各国经济政策随时变化,各种突发性因素时有发生。这些都可能成为导致汇率大幅度波动的原因。

(3)监控的难度。无论是交易者还是市场监管者,在介入按金交易后都充分认识到风险监控的难度。这固然有交易者自身的原因,但也有许多问题是来自松散型的市场结构。

不过,任何金融交易高收益和高风险是对等的,如果投资者方法得当,风险是可以管理和控制的。

**五、外汇交易的基本术语**

外汇交易中使用许多基本术语,学习外汇交易必须了解和熟悉这些基本术语。

**直盘**:美元对其他货币的交易。如:美元/欧元、美元/日元、美元/英镑等的交易。

**交叉盘**:是除美元之外的两种货币间的交易。如欧元/日元、欧元/英镑、英镑/日元、欧元/澳元等,即两种非美货币间的交易。

**交易部位、头寸(Position)**:是一种市场约定,承诺买卖外汇合约的最初部位,买进外汇合约者是多头,处于盼涨部位;卖出外汇合约者为空头,处于盼跌部位。

**空头、卖空、做空(Short)**:交易者预期未来外汇市场的价格将下跌,即按目前市场价格卖出一定数量的货币或合约,等价格下跌后再补进以了结头寸,从而获取高价卖出、低价买进的差额利润,这种方式属于先卖后买的交易方式(保证金适用)。

**多头、买入、做多(Long)**:交易者预期未来外汇市场价格将上涨,以目前的价格买进一定数量的货币或合约,待汇率上涨后,以较高价格对冲所持合约部位,从而赚取利润。这种方式属于先买后卖交易方式,正好与空头相反。

**平仓、对冲**:通过卖出(买进)相同的货币来了结先前所买进(卖出)的货币。

**保证金**:以保证合同的履行和交易损失时的担保,相当于交易额的0.5%

(200倍)～5‰(20倍),客户履约后退还,如有亏损从保证金内相应扣除。

**揸**:买入(源自粤语)。

**沽或沽出**:卖出(源自粤语)。

**波幅**:货币在一天之中振荡的幅度。

**窄幅**:30～50点的波动。

**区间**:货币在一段时间内上下波动的幅度。

**上档、下档**:价位目标(价位上方称为阻力位,价位下方称为支撑位)。

**底部**:下档重要的支撑位。

**单边市**:约有10天或半个月行情只上不下、只下不上。

**熊市**:长期单边向下。

**牛市**:长期单边向上。

**牛皮市**:行情波幅狭小。

**交易清淡**:交易量小,波幅不大。

**交易活跃**:交易量大,波幅很大。

**上扬、下挫**:货币价值因消息或其他因素有突破性的发展。

**胶着**:盘势不明,区间狭小。

**盘整**:一段升(跌)后在区间内整理、波动。

**回档、反弹**:在价位波动的大趋势中,中间出现的反向行情。

**打底、筑底**:当价位下跌到某一地点,一段时间波动不大,区间缩小(如箱型整理)

**破位**:突破支撑或阻力位(一般需突破20～30点以上)。

**上探、下探**:测试价位。

**获利了结**:平仓获利。

**恐慌性抛售**:听到某种消息就平仓,不管价位好坏。

**停损、止损**:方向错误,在某价位立刻平仓认赔。

**空头回补**:原本是揸市,因消息或数据而走沽市(沽入市或沽平仓)。

**多头回补**:市场原走沽市,后改走揸市(揸入市或揸平仓)。

**单日转向**:本来走沽(揸)市,但下午又往揸(沽)市走,且超过开盘价。

**卖压**:逢高点的卖单。

**买气**:逢底价的买单。

**锁单**:是保证金操作常用的手法之一,就是揸(买)沽(卖)手数相同。

**漂单**:就是做单后不在即日(市)平仓的意思。

## 第二节　主要外汇交易终端简介

### 一、路透交易终端

1951年,德国人保罗·朱利叶斯·路透在伦敦建立了路透社,其后随着电报网络的拓展,将金融服务的范围延伸至世界各大洲。路透社向商业订户和新闻机构提供种类繁多的咨询服务,客户来自全球160多家大小交易所和82个国家的3 700多名订户。该社还有1 700多名文字和摄影记者组成的消息网,消息通过卫星和电脑传送到世界各地的199 700多个终端机上。

路透社终端机的操作简单方便,其主要设备包括控制器、键盘和打印机等,即相当于一套带打印机和显示器的交易机。联网后,交易员只需启动机器,通过键盘输入自己的终端密码,即可与对方银行联系。全世界参加路透社交易系统的数千家银行,每家银行都有一个指定的代码,如中国银行总行的代码为BC-DD。交易员若想与某银行进行交易,在键盘上输入对方银行的代号,叫通后即可询问交易价格,并可与其还价。双方的交易过程全部显示在终端机的荧光屏上,交易完毕后即可通过打印机打印出来。这种由终端机打印出来的文件,即是双方交易的文字记录,也是最重要的交易依据。

路透终端提供的服务主要包括:

(一)即时信息服务

遍布全球的路透社记者将即时的政治、财经、商品等各种新闻汇集到路透社编辑中心,然后再输送到各地的终端。

(二)即时汇率行情

路透终端即时汇率版面,为交易员即时显示世界各大银行外汇买卖的参考数据。值得注意的是,此汇价只为参考价,不是交易者参与市场交易的成交价格。

(三)趋势分析

路透系统中,有许多高级经济学家、银行家、金融专家和分析专家负责每天撰写汇市评论和走势分析,然后输入路透电脑中心。用户可以利用键盘调出所需内容,以作参考。

(四)技术图表分析

路透社为用户提供图表终端机,利用图表终端可以绘出各种技术图表,以帮助用户进行技术分析。

(五)从事外汇交易

通过路透交易机,交易员就可以与系统内任何一家银行进行外汇买卖。路透交易机以电话线连接。在交易结算系统方面,路透社终端具有明显的优势。一旦交易完成,打印机就会把交易记录自动打印出来,便于核对和存档。

2008年4月,加拿大汤姆森宣布完成对路透集团的收购,新集团定名为汤森路透集团(Thomson Reuters),并于同日在伦敦、多伦多和纽约三地同步上市,市值达到300亿美元。英国路透社和加拿大汤姆森集团合并组建了汤姆森路透,成为全球最大的金融信息服务提供商,合并后的公司总部将位于纽约。路透社和汤姆森都是著名金融经济信息提供商,这两家公司和彭博新闻社是为金融机构以及经纪人提供金融和新闻信息的三巨头。

### 二、美联社终端

美联社金融信息上的服务系统结合了美联社在财经市场上的经验和在提供即时金融数据上的专长。通过个人电脑终端机或地区网络,该系统可以提供有关外汇买卖价、投资组合、外汇数据、经济指标和公司活动等信息。美联社不同于路透社的只是在提供项目上略有区别。

(一)汇率服务

客户可以了解到超过100种外币即时汇率报价(包括交叉汇率的报价)。根据各主要金融中心的报价,还可以提供金融期货、欧洲美元、境内金融工具、美国政府债券及黄金市场行情。

(二)外汇市场消息

客户可以通过终端机的屏幕随意选阅所有主要的即时经济新闻,还可以自行取阅每条消息的详细内容。终端机里一般设有警报系统,用以提醒客户注意突发的要闻简报。

(三)期货服务

世界期货市场的即时价格,由市场专家撰写的推荐和评论都可以在信息终端机的屏幕上显示出来。提供的范围包括金属、谷物、油料、咖啡、可可豆、糖和橡胶等商品。用户可以全套收看,也可以选择个别项目。

(四)资本市场服务

这项服务提供全球各资本市场全面性的资信服务。64个国家超过3 500名从事资本市场业务的人员,提供信息给该项服务系统。报价的范围包括欧洲债券、政府和境内发行的票据、认股凭证、商业票据和其他资本市场工具。

(五)股票服务

与亚洲、欧洲、北美洲和澳洲主要证券和期货交易所直接连接,为客户带来源源不断的市场信息。美联社在世界各地的记者和通讯员网络不断报道有关股票的新闻和价格动向,专家、经纪人和其他专业人士也直接将报价和市场资料输入信息系统。

### 三、彭博交易系统

彭博交易系统是美国全球性资讯服务商 Bloomberg 推出的。创建于 1981 年的彭博资讯因其创始人彭博文(Michael R.Bloomberg)而得名,是一家全球性的信息服务、新闻和传媒公司,总部位于纽约,在世界各地的 100 多家办事处雇佣了 8 000 多名员工,拥有 62 个国家和地区的 2 万多个用户,在国际金融界,彭博资讯的旗舰产品"彭博专业服务"(Bloomberg Professional Service)将新闻、数据、分析工具、多媒体报告和"直通式"处理系统前所未有地整合在单一的平台上。通过即时提供历史财经数据和研究方法,彭博改善了证券交易的运行模式。对于华尔街的投资银行家和交易商而言,彭博资讯终端不仅是一种独特而有价值的信息渠道,而且已成为身份与地位的象征。

除了上述三种应用广泛的交易终端外,外汇市场上可供交易者利用的交易工具还有:美国银行间的清算系统(Chips)和环球银行同业金融电讯网(Swift)。美国银行间清算系统(Chips)创建于 1970 年,该系统将国内外各大银行的转账编入其中,主要处理大额转账。Chips 的转账效率相当高,早已实现同日清算。环球银行同业金融电讯网(Swift)是在全球范围内帮助实现结算的电讯系统环境。该电讯网的业务范围按照电讯内容可分为:客户汇款、头寸调拨、外汇买卖和存贷款业务、托收、证券和债券交易、信用证、特种汇款、借贷记账确认及寄送对账单等。Swift 系统的特点是内容标准化,处理电脑化,服务安全、可靠、迅速。

### 【本章小结】

1.外汇交易是目前世界上交易量最大、交易最频繁的资金流动形式。外汇交易,亦称外汇买卖,就是买一种货币卖另一种货币的交易行为,它具体体现为两种不同货币之间的兑换,包括以下三种情况:以本国货币兑换外国货币、以外国货币兑换本国货币及以一种外国货币兑换另一种外国货币。相对于股票交易,外汇交易具有 24 小时全天候交易、手续费低廉、高杠杆比率、交易品种简单等优势。

2.外汇交易的交易者包括外汇银行、外汇经纪人、中央银行和顾客。

3.外汇交易按其杠杆比例的大小可以分为以下两种:实盘交易和虚盘交易。

外汇实盘交易即我国俗称的"外汇宝",是指个人委托银行,参照国际外汇市场实时汇率,把一种外币买卖成另一种外币的交易行为。交易时不可透支,优点是收入稳定。虚盘交易即按金交易或外汇保证金交易,是利用杠杆投资原理,在金融机构之间及金融机构与投资者之间进行的一种外汇买卖方式。其主要的优点在于节省投资资金。以合约形式买卖外汇,投资额一般不高于合约金额的5%。

4.世界外汇交易终端主要有:路透交易终端、美联社交易终端、彭博财经交易终端等。

【习题】

1.什么是外汇交易?
2.与股票交易相比,外汇交易有何特点?
3.外汇交易有哪些主要的参与者,其参与市场的动机有何不同?
4.何谓实盘交易和按金交易?举例说明两者有何区别。
5.外汇交易基本术语有哪些,请掌握基本术语及其含义。
6.主要外汇交易终端有哪些?请说明其简要情况。

# 第二章

# 外汇交易的场所
## ——外汇市场

**学习目的**

本章要求了解全球主要外汇市场的基本情况,熟悉外汇市场的概念及特点,掌握全球外汇市场交易时间及黄金交易时段。

## 第一节 外汇市场的含义与特点

### 一、外汇市场的含义

外汇市场(Foreign Exchange Market)顾名思义就是进行外汇交易的场所,或者说是各种不同货币相互之间进行交换的场所。国际间的经济往来必然伴随着债权债务的清偿和货币的收付,为了使不同货币间的清算顺利进行,就必须解决由此引起的各国货币彼此间的兑换和外汇买卖活动。外汇市场就为这种活动提供了可实现的场所,外汇买卖或在固定的交易场所进行或通过先进的电讯通讯网络得以实现。目前世界大部分国家的外汇交易均通过现代通讯网络进行。

外汇市场之所以产生是因为贸易投资的避险需要,外汇市场的大规模发展则是由于外汇投机的存在,由于汇率的波动差价能够带来巨大的投机收益,外汇市场便逐渐发展成以投机目的为主的市场。现在,每天巨大的成交量当中,为贸易和避险需要的占比不到5％,95％以上的交易都是由于投机而产生的。正因为外汇市场波动频繁且波幅巨大,给投资者创造了更多的机会,吸引了越来越多的投资者加入这一行列。

## 二、外汇市场的特点

近年来,外汇市场之所以能为越来越多的人所青睐,成为国际上投资者的新宠儿,还与外汇市场本身的特点密切相关。外汇市场的主要特点是:

### (一)有市无场

西方工业国家的金融业基本上有两套系统,即集中买卖的中央操作和没有统一固定场所的行商网络。股票买卖是通过交易所进行的。像纽约证券交易所、伦敦证券交易所、东京证券交易所,分别是美国、英国、日本主要的股票交易场所,集中买卖的金融商品,其报价、交易时间和交收程序都有统一的规定,并成立了同业协会,制定了同业守则。投资者通过经纪公司买卖所需的商品,这就是"有市有场"。

而外汇交易则是通过没有统一操作市场的行商网络进行的,它不像股票交易有集中统一的地点。但是,外汇交易的网络却是全球性的,并且形成了没有组织的组织,市场是由大家认同的方式和先进的信息系统所联系,交易商也不具有任何组织的会员资格,但必须获得同行业的信任和认可。这种没有统一场地的外汇交易市场被称为"有市无场"。全球外汇市场每天平均上万亿美元的交易,如此庞大的巨额资金,就是在这种既无集中场所又无中央清算系统的管制,以及没有政府监督下完成清算和转移。尽管外汇市场"有市无场",但它具备信息公开、传递迅速等特点,它是今后全球金融业的发展方向。

### (二)循环作业

由于全球各金融中心的地理位置不同,亚洲市场、欧洲市场、美洲市场因时差的关系,连成了一个全天24小时连续作业的全球外汇市场。早上8时半(以纽约时间为准)纽约市场开市,9时半芝加哥市场开市,10时半旧金山开市,18时半悉尼开市,19时半东京开市,20时半香港、新加坡开市,凌晨2时半法兰克福开市,3时半伦敦市场开市。如此24小时不间断运行,外汇市场成为一个不分昼夜的市场,只有星期六、星期日以及各国的重大节日,外汇市场才会关闭。这种连续作业,为投资者提供了没有时间和空间障碍的理想投资场所,投资者可以寻找最佳时机进行交易。比如,投资者若上午在纽约市场上买进日元,晚间香港市场开市后日元上扬,投资者在香港市场卖出,不管投资者本人在哪里,他都可以参与任何市场、任何时间的买卖。因此,外汇市场可以说是一个没有时间和空间障碍的市场。

## （三）零和游戏

零和游戏(Zero-sume-game)，是博弈论的一个概念，意指在游戏双方中，一方得益必然意味着另一方亏损，如赌博就是典型的零和游戏。

在股票市场上，某种股票或者整个股市上升或者下降，那么，某种股票的价值或者整个股票市场的股票价值也会上升或下降。然而，在外汇市场上，汇价的波动所表示的价值量的变化和股票价值量的变化完全不一样，这是由于外汇交易是"货币对"的交易，汇率的变化表现为货币对另一种货币价值的减少与另一种货币价值的增加。例如，美元对日元的汇率，30多年前为1美元兑换360日元，现在约为1美元兑换110日元。这说明日元币值上升，而美元币值下降，从总的价值量来说，上升获得的正是下降失去的。因此，外汇交易是一种零和游戏。

外汇市场有很强的投机性质。对某个具体的交易主体来说，其交易总是有亏有赢，不可能永远都是赢家，只是有的交易者知识丰富、信息灵通、富有经验，故盈利机会较多；而那些对外汇行市缺乏了解的人，则总是亏得多一些。但从理论上说，亏的钱流入赢者的手中，赢的钱来自输家的损失，市场上盈亏之和为零了。

## 三、全球外汇市场交易时间及黄金交易时段

### （一）全球主要外汇市场交易时间表

外汇市场的循环作业体现在主要外汇市场的交易时间是首尾相接的，下表是全球主要外汇市场交易时间。

标2-1　全球主要外汇市场交易时间

| 区域 | 市场 | 当地时间 | （11月—3月）北京时间 | （4月—10月）北京时间 |
|---|---|---|---|---|
| 澳洲 | 惠灵顿 | 9:00—17:00 | 04:00—12:00 | 05:00—13:00 |
|  | 悉尼 | 9:00—17:00 | 06:00—14:00 | 07:00—15:00 |
| 亚洲 | 东京 | 9:00—15:30 | 08:00—14:30 | 08:00—14:30 |
|  | 香港 | 9:00—16:00 | 09:00—16:00 | 09:00—16:00 |
|  | 新加坡 | 9:30—16:30 | 09:30—16:30 | 09:30—16:30 |
| 欧洲 | 法兰克福 | 9:00—16:00 | 15:00—22:00 | 14:00—21:00 |
|  | 伦敦 | 9:30—15:30 | 17:30—(次日)01:30 | 16:30—(次日)00:30 |
| 北美 | 纽约 | 8:30—15:00 | 21:30—(次日)04:00 | 20:30—(次日)03:00 |

备注：由于夏时制原因，部分主要外汇交易市场的开收盘时间提前一个小时。具体的夏时制时间起始日期与结束日期请参照该国当时具体规定。如美国的夏令时大约是在每年4月的第一个周末至10月的最后一个周末。西欧的夏时制是每年3月最后一个周末到9月最后一个周末。澳大利亚和新西兰在南半球，夏时制时间与美国和欧洲正相反。

(二)黄金交易时段:21:30—24:00

尽管外汇市场是24小时全天候交易,但并非多花工夫就能赚到钱,在交易时段的选择上是有一定的技巧的。

外汇市场波动越频繁,意味着投资外汇的盈利机会越多。三大外汇交易市场,即伦敦市场、纽约市场、东京市场中,伦敦市场与纽约市场的交易时段是各国银行外汇交易的密集区,因此市场波动最为频繁。尤其在两个市场交易时间的重叠区,也就是北京时间21:30—24:00是全球外汇交易最频繁、大宗交易最多的时段。如果选择这一时段进行交易,盈利的机会可能会相对多一些。同时,一般本地货币会在本地市场的交易时段内比较活跃,比如:亚洲市场开市时的澳元、日元比较活跃,欧洲市场开市时的欧元、英镑、瑞郎比较活跃,美洲市场开市时的美元、加元比较活跃。进行外汇交易时可根据自己手中的币种进行交易时段的选择。

当然选择时段进行交易,仅是外汇交易中的小技巧之一,要想决胜汇市,获得更多盈利机会,主要应保持对市场的敏锐观察,并熟练掌握外汇行市的分析技巧。

## 第二节　世界主要外汇市场简介

### 一、伦敦外汇市场——历史悠久的资金汇集地

伦敦是全球老牌金融中心,也是开办外汇交易最早的地方。交易货币几乎包括所有的兑换货币,规模最大的是英镑兑美元的交易,其次是英镑兑欧元、瑞郎、日元。其悠久的传统使得各国银行习惯性地在其开盘后才开始进行大宗的外汇交易。因此,全球外汇市场一天的波动也就随着它的开盘而开始加剧,个人投资者在这个时段的机会也将逐渐增多。欧洲央行利率决议、德国IFO景气判断指数、欧元区各国GDP、欧元各国消费者价格指数等因素,也将影响到伦敦外汇市场波动程度。

专栏2-1

**伦敦金融城的历史变迁**

泰晤士河(River Thames)流经引人注目的1.4平方英里(677英亩,约5平方公里)的伦敦金融城(City of London)。

**伦敦市、大伦敦市、伦敦金融城**

中国人习惯称之为"伦敦市"的实际上指的是大伦敦市。大伦敦市经过1965年行政区划调整后,共分33个行政区。英国人习惯称之为"伦敦市"的则是City,也就是City of London,其主体位于泰晤士河北岸。这就是金融界大名鼎鼎的寸金之地——"伦敦金融城"。现在我们看到的伦敦金融城是1666年伦敦大火和第二次世界大战后重建的。伦敦金融城原有的面积仅一平方英里,因此,伦敦人也亲切地将其称为"那一平方英里"(The Square Mile)。

伦敦金融城是大伦敦市三个最重要的组成部分之一,其他则为内伦敦和外伦敦两个部分。也就是说,伦敦金融城、内伦敦、外伦敦的行政区构成了大伦敦市。内伦敦包括12个区,其中西区有王宫、国会、大花园和高等学府,是政治、文化和商业中心。中国人最熟悉的景点,如白金汉宫、国会大厦、大本钟、海德公园、肯辛顿花园、国家画廊、特拉法加广场等都属于内伦敦的西敏市;外伦敦主要是住宅区,其中包括2012年的伦敦奥运会运动主场。

言归正传,回到伦敦金融城。每天,在这里有逾2 000家金融机构操作运营日常业务,有平均30万左右的金融精英来回"奔波"。

乔安·凯瑟琳·罗琳(Joanne Kathleen Rowling)以她的非凡想象力造就了《哈利·波特》(Harry Potter)的辉煌。梦想的天堂是谁在追逐?只要你走进伦敦金融城,你就会感受到:哈利·波特里的很多场景就活生生地出现在你面前。这也就是伦敦金融城"神奇"的地方。

伦敦金融城保留着大量的古典艺术建筑,其最出名的景点有:圣保罗大教堂、皇家商业交易中心、英格兰银行、大厦之屋(伦敦金融城市长官邸)、伦敦大火纪念塔、伦敦塔……

当你看到摩肩接踵的白领上班族西装革履,迈着比常人快的步伐走进一栋栋掌握"世界经济动力"的大厦时,你会感受到艺术的、商业的、财富的、古典的、高雅的气氛包围着你,让你一时间不知身在何处,不知道来到什么年代!

**方圆一平方英里 浓缩千年历史**

公元前1500年,在英文中被称为"Britons"的早期不列颠人就在泰晤士河上多契斯特(Dorchester-on-Thames)南面的西诺顿(Sinodun)双丘上建立了一个大营(塞尔特语,Dun的意思是"堡垒")。凯撒大帝抵达英伦后,根据历史记载,罗马人也在多契斯特建过此类的大营(堡垒)。

考古发掘的遗迹证明了当年两批居住者的生活。由于泰晤士河里物产丰富,其河谷也由于地理的变迁形成了肥沃的农田,中世纪的泰晤士河以盛产鲑鱼著称。因此,不仅仅是皇室贵族、国王王后,甚至是具有相当权力象征的大主教都在泰晤士河两岸兴建官邸、皇宫、行宫、大型修道院、僧院,就连许多中下层人民也在这里建立了自己的家园。这就是伦敦金融城最早的雏形。

伦敦金融城——这一平方英里的地区建立在诺曼人和中世纪城镇的遗址之上,承载着厚重的历史。长期以来,商人和工匠在这里占统治地位,强大的联合促使民主的力量超越了英国王朝的权威,随后建立起英联邦商业帝国,使太阳在"这里"永远不落。这也是英国别称"日不落帝国"的由来之一。

**商贾云集　利益的角斗场**

历经千年,从一个政治中心(约 1750 年)转变成一个纯粹的金融贸易中心(200 多年),伦敦金融城一直是国际金融家和投资者追逐巨大利益的角斗场。多少次金融风暴令人惊心动魄、多少富豪来往这里,云霄——深渊,富甲一方——一无所有,矛盾在此汇集。然而,由于拥有独特的金融优势,伦敦金融城仍然吸引着商业巨子、金融大鳄来此淘金,为求"更上一层楼"。

世界上的大财团已经在伦敦金融城奠定了坚实的基础。银行、证券市场、期货交易中心、保险公司的发展可以追溯到 17 世纪甚至更早。

**欧洲第一金融中心**

伦敦金融城是世界通向欧洲的大门,也是欧洲走向世界的大门。伦敦金融城是欧洲银行业和欧元交易的中心。

10 年前,有关欧元的使用将致伦敦金融城于死地的悲观论调受到广泛关注。不应该忘了它吗? 1999 年以来,历史和事实证明,伦敦金融城由于欧元的正式启动反而加强了其在欧洲金融界的地位。

今天,在伦敦金融城使用欧元交易的国际金融业务比任何欧元区城市都多。其中原因就是欧元的诞生导致了欧洲从保险到证券和衍生品交易的各金融市场围绕着当时已经是市场领导者的金融中心——伦敦金融城进行了明显整合。更因为此,伦敦金融城更可以被称为是无可争议的欧洲第一金融中心。发源于 1963 年距今逾 40 年的欧洲债券在伦敦金融城投融资的"正循环",更为伦敦金融城以惊人的速度成长为全球金融中心打下了坚实的基础。

2004 年,根据英国德勤会计师事务所(Deloitte & Touche LLP)的统计,欧洲债券占所有债券发行的大部分,其中大约 60% 源于伦敦金融城。这些债券在二级市场上超过 70% 的交易在伦敦金融城进行。

摘自李俊辰:《伦敦金融城》(*The City of London*),清华大学出版社 2007 年版。

## 二、纽约外汇市场——美元的全球调拨枢纽

美国纽约外汇市场是美国规模最大的外汇交易市场,纽约外汇市场为了提高交易质量,建立了现代化的电子计算机系统,客户通过计算机系统利用电话、电传、互联网等现代通讯手段进行交易。它的计算机电脑系统和监测系统已被纳入外汇交易和信贷的全部程序,客户通过此系统,可以随时随地了解主要货币的即期、远期汇率及货币市场汇率的变化,并且可以随时与经纪人和经营外汇的银行取得联系,由于这种密切的联系从而组成了纽约银行间的外汇市场。

由于美元在国际货币体系中的特殊地位,美国政府对经营外汇业务的银行不加以限制,因此,有关外汇业务主要是通过商业银行来办理,所以,商业银行在外汇交易中有着重要的作用。在外汇监管方面美国的有关职能部门,对外汇市场的交易进行了改革,一是改变了过去银行间的外汇交易必须通过经纪人的做法,允许银行之间直接进行交易;二是美国从事外汇业务的经纪人,可以从事国际间的外汇经济活动,可以直接接受国外银行的外汇报价;三是改变了外汇报价的标价方法,由过去的直接标价法改为间接标价法,方便了汇率的换算。由此使纽约外汇市场的业务不断扩大,造成欧洲大陆的一些主要货币及加元、日元、港币等在纽约外汇市场大量交易,使纽约外汇市场在世界外汇市场中占有主导地位。全世界90%以上的美元收付都通过纽约的"银行间清算系统"进行,纽约外汇市场有着其他外汇市场无法取代的美元清算和划拨功能。

纽约外汇市场的重要性还表现在它对汇率的重要影响上:
(1)美国的经济形势对全世界有着举足轻重的影响;
(2)美国各类金融市场发达,股市、债市、汇市相互作用、相互联系;
(3)以美国投资基金为主的投机力量非常活跃,对汇率走势推波助澜。

纽约外汇市场是全球最活跃的市场,许多大宗交易会等到其开盘后进行,纽约外汇市场与伦敦外汇市场同时营业的时间是全球外汇交易的黄金时间。

## 三、东京外汇市场——亚洲最大的外汇市场

东京外汇市场是随着日本对外经济和贸易的发展而发展起来的,与日本金融自由化、国际化进程相联系。在交易方式上,东京市场与伦敦市场、纽约市场相似,是无形市场。交易利用电话、电报等电讯方式完成。在外汇价格制定上,东京市场又与欧洲大陆的德国、法国市场相似,采取"定价"方式。每个营业日的上午10点,主要外汇银行经过讨价还价,确定当日外汇价格。从交易货币和种类看,因为日本的进出口贸易多以美元结算,所以东京外汇市场90%以上是美元对日元的买卖,日元对其他货币的交易较少;交易品种有即期、远期和掉期等。

即期外汇买卖又分为银行对客户当日结算和银行同业间的次日结算交易。东京外汇市场上即期、远期交易的比重都不高,掉期业务量很大。而其中又以日元/美元的掉期买卖为最大。

东京市场是亚洲最大的外汇交易市场,但在三大外汇市场中却是规模最小的。其市场波动一般会视前一天伦敦及纽约市场的变化而变化。东京外汇交易所在北京时间 8：00—16：00 交易,在这一时段内,可能仅有日元出现波动的几率大一些,因为日本经济要员对于日元走势的言论、日本贸易收支、宏观经济报告、全国百货店零售额等因素,会对日元波动起到较大影响。

此外,全球影响较大的外汇市场还包括:新加坡外汇市场、香港外汇市场、苏黎世外汇市场、法兰克福外汇市场、巴黎外汇市场等。

**专栏 2-2**

### 中国外汇市场简介

我国真正意义上的外汇交易市场建立于 1994 年。

(一)中国外汇市场的构成

中国外汇市场主要由柜台市场和同业市场构成。

1.柜台市场:又称为零售市场,是外汇指定银行与投资者之间的交易市场。

2.同业市场:又叫做银行间市场,是外汇指定银行为了轧平其外汇头寸,互相进行交易而形成的外汇买卖市场。

(二)中国外汇市场业务的构成

中国外汇市场业务主要由人民币兑外币市场和外币兑换外币市场构成。

1.人民币兑外币市场

在外汇调剂市场基础上建立起来的银行间外汇市场,仅仅是人民币兑少数几种外币的交易市场。在这一市场内,目前只能从事人民币兑美元、日元、港币、欧元等几种货币的即期交易。

人民币兑外币市场由设在上海的中国外汇交易中心进行管理。交易中心实行会员制,凡经国家外汇管理局批准经营外汇业务的金融机构及其分支机构,在提出申请并经核准后,都可成为会员。会员入市可以通过两种方式进行:一种是现场交易,会员指派交易员进入交易市场中心固定的交易场所,通过交易中心为其设立的专用交易台进行交易;第二种是远程交易,即会员通过其与交易中心系统的计算机联网,在自己设置的交易台进行交易。

### 2.外币兑外币市场

外币兑外币市场不涉及人民币业务,对国内经济的直接冲击较小,所以国家外汇管理部门对外币兑外币的交易限制较少。目前凡是持有国家外汇管理局颁发的外汇业务经营许可证的银行和非银行金融机构,几乎都可办理外币兑外币交易的代理业务。该市场的参与者不仅包括公司和企业,还包括持有外汇的居民个人,他们通过或委托银行(或有权经营外汇业务的金融机构)参与外汇市场的交易。

目前,国内商业银行主要提供实盘交易业务,只有少数银行可以提供外汇期权和外汇现货的保证金业务。交易方式主要有四种:一是传统的手工柜台交易;二是电话委托交易;三是多媒体自助交易;四是网上交易。

### (三)我国个人外汇交易市场

#### 1.外汇交易业务

个人外汇交易业务,又称外汇宝业务,是指银行接受个人客户的委托,参照国际金融市场现时汇率,为个人把一种外币买卖成另一种外汇的业务。

#### 2.个人外汇交易的特征

(1)交易时间长;(2)汇率波动与国际即时汇率变化同步;(3)交易渠道便捷多样;(4)资金结算时间短;(5)以即期、实盘外汇交易为主;(6)可交易的外汇种类较多;(7)定期转存、计息;(8)可采用挂盘交易方式。

#### 3.外汇宝业务的具体形式

目前,国内外汇宝业务的交易方式主要有四种:一是传统的手工柜台交易,二是电话委托交易,三是多媒体自助交易,四是新兴的网上交易。

## 【本章小结】

1.外汇市场(Foreign Exchange Market)顾名思义就是进行外汇交易的场所,或者说是各种不同货币相互之间进行交换的场所。目前世界大部分国家的外汇交易均通过现代通讯网络进行,是无形市场。近年来,外汇市场之所以能为越来越多的人所青睐,成为国际上投资者的新宠儿,与外汇市场本身的特点密切相关。外汇市场的主要特点有:有市无场、循环作业、零和游戏。

2.全球主要外汇市场的交易时间是24小时全天候首尾相接的,但并非多花工夫就能赚到钱,在交易时段的选择上是有一定的技巧的。全球外汇市场的黄金时段是伦敦外汇市场和纽约外汇市场交易时间的重叠区,即北京时间21:30—24:00,该时段内全球外汇交易最频繁、大宗交易最多,选择这一时段进行交易,盈利的机会可能会相对多一些。

3.当今世界主要的三大外汇市场是:伦敦外汇市场、纽约外汇市场和东京外汇市场。

【习题】
1.什么是外汇市场？
2.外汇市场有何特点？全球外汇市场的黄金交易时段是何时？为什么？
3.世界上有哪些主要外汇市场？
4.我国的外汇市场于何时诞生？有哪些业务？

# 第三章

# 外汇交易的商品
## ——外汇

**学习目的**

本章要求了解外汇的形态;掌握外汇的概念、主要地区和国家的货币名称及代码,熟悉主要交易货币的主要特征及其影响因素;难点是主要交易货币的影响因素。

## 第一节 外汇的概述

### 一、外汇的含义

外汇的含义有静态与动态之分,外汇交易中的外汇指的是静态意义上的外汇,是指以外币表示的用于国际结算的支付手段。这种支付手段包括以外币表示的信用工具和有价证券,如:银行存款、商业汇票、银行汇票、银行支票、外国政府库券及其长短期证券等。

### 二、外汇的形态:现钞与现汇

外汇的存在形态包括现钞和现汇。

现钞主要指的是由境外携入或个人持有的可自由兑换的外国货币,简单地说就是指个人所持有的具体、实在的外国纸币和硬币,如美元、日元、英镑等。

现汇是指由国外汇入或由境外携入、寄入的外币票据和凭证,是账面上的外汇,它不存在实物形式的转移,只在账面上划转。在我们日常生活中能够经常接触到的主要有境外汇款等。

由于人民币是我国的法定货币,外币现钞在我国境内不能作为支付手段,只有运送到国外存入外国银行成为现汇,才能充当国际支付手段。这个运送的过程是由银行来完成的,其间需要支付包装、运输、保险等费用,这些费用由卖出现钞的客户承担;而现汇作为账面上的外汇,它的转移出境只需进行账面上的划拨就可以了。因此,在银行公布的外汇牌价中现钞买入价与现汇买入价并不等值,现钞的买入价要低于现汇的买入价。如表3-1所示。

表3-1 人民币对主要外币行情

日期:2008年12月28日

| 货币名称 | 现汇买入价 | 现钞买入价 | 卖出价 |
| --- | --- | --- | --- |
| 英镑 | 1001.83 | 980.71 | 1009.88 |
| 港币 | 88.08 | 87.37 | 88.41 |
| 美元 | 682.63 | 677.16 | 685.37 |
| 瑞士法郎 | 637.59 | 624.15 | 642.71 |
| 新加坡元 | 470.00 | 460.09 | 473.77 |
| 日元 | 7.5191 | 7.3605 | 7.5794 |
| 加拿大元 | 557.98 | 546.21 | 562.46 |
| 澳大利亚元 | 465.88 | 456.06 | 469.62 |
| 欧元 | 959.08 | 938.86 | 966.79 |

### 三、主要国家或地区的货币名称及代码

学习外汇交易,应该熟悉主要交易货币的国际标准三字符代码,具体如表3-2所示。

表 3-2　主要国家或地区的货币名称及代码

| 货币名称 | 货币符号 | 货币名称 | 货币符号 |
| --- | --- | --- | --- |
| 人民币 | CNY | 美元 | USD |
| 日元 | JPY | 欧元 | EUR |
| 英镑 | GBP | 澳大利亚元 | AUD |
| 瑞士法郎 | CHF | 马来西亚林吉特 | MYR |
| 加拿大元 | CAD | 菲律宾比索 | PHP |
| 港币 | HKD | 新加坡元 | SGD |
| 印度卢比 | INR | 泰国铢 | THB |
| 新西兰元 | NZD | 韩国元 | KRW |
| 俄罗斯卢布 | SUR | 瑞典克朗 | SEK |

其中美元、欧元、日元、英镑、瑞士法郎、加元、澳大利亚元、新加坡元、港币为外汇交易中常见的币种,以下进行具体介绍。

# 第二节　主要交易货币——美元、欧元、日元

## 一、美元

### (一)美元现钞的主要特征

货币名称:美元(United States Dollar)

发行机构:美国联邦储备银行(U.S.Federal Reserve Bank)

货币代码:USD

辅币进位:1 美元＝100 分(Cents)

钞票面额:1、2、5、10、20、50、100 元七种。以前曾发行过 500 元和 1000 元面额的大面额钞票,现在已不再流通。辅币有 1 分、5 分、10 分、25 分、50 分等。

从 1913 年起美国建立联邦储备制度,发行联邦储备券。现行流通的钞票中 99% 以上为联邦储备券。美元的具体发行业务由联邦储备银行负责办理。美元是外汇交换中的基础货币,也是国际支付和外汇交易中的主要货币,在国际外汇市场中占有非常重要的地位。

(二)美元现钞图样举例

美元现钞图样如图 3-1 所示。

图 3-1　美元现钞图样

(三)认识美元现钞

1.为何称美元为"绿背"

美国最早的纸币是由 13 个殖民地的联合政权"大陆会议"批准发行的,称为"大陆币"。1863 年财政部被授权开始发行钞票,背面印成绿色,被称为"绿背",并一直沿用至今。

2.美元现钞的正面人像列举

美元现钞的正面人像是美国历史上的著名人物,简要列表如下:

表 3-3　美元现钞的正面人像

| 面额 | 正面人像 | 背面图景 |
| --- | --- | --- |
| 1 元 | 华盛顿　Washington | 正中大写"ONE",左右两颗大印 |
| 2 元 | 杰弗生　Jefferson | 1776 年宣告独立图 |
| 5 元 | 林肯　Lincoln | 林肯纪念堂 |
| 10 元 | 汉密尔顿　Hamilton | 美国财政部 |
| 20 元 | 杰克生　Jackson | 白宫 |
| 50 元 | 葛伦　Grant | 美国国会 |
| 100 元 | 富兰克林　Franklin | 美国独立堂 |
| 500 元 | 麦金来　Mckinley | 小写"500" |
| 1 000 元 | 克利夫兰　Cleveland | 大写"1 000"元 |

3. 美元现钞上的格言:In God We Trust

在美元纸币上,我们经常可以看到各种用字母、数字或者是图案做成的标记,他们中有的是用于辨认美元纸钞真伪的,而有的甚至只是用来宣扬宗教信仰。一般在美元显著位置(硬币就在人物头像的下方,纸币上的一般位于反面中线的上方)有一句标语"In God We Trust"(我们信仰上帝)。此标语首次出现于1864年的两美分硬币上。自1955年起,国会让它成为法定的国家标语。现今法律规定,所有美国硬币和纸币上都必须使用此标语。它第一次在纸币上出现,是1957年系列发行的1元"银券",并开始在1963年系列的"联邦储备钞券"上出现。

(四)美元指数及其影响因素

1. 美元指数

美元指数(USDX)类似于显示美国股票综合状态的道琼斯工业平均指数(Dow Jones Industrial Average),美元指数显示的是美元的综合值,是衡量美元强弱的指标。

出人意料的是,美元指数并非来自CBOT或是CME,而是出自纽约棉花交易所(NYCE)。纽约棉花交易所建立于1870年,初期由一群棉花商人及中介商所组成,目前是纽约最古老的商品交易所,也是全球最重要的棉花期货与选择权交易所。在1985年,纽约棉花交易所成立了金融部门,正式进军全球金融商品市场,首先推出的便是美元指数期货。

USDX中使用的外币和权重与美国联邦储备局的美元交易加权指数一样。因为USDX只是以外汇报价指标为基础,所以它可能由于使用的数据来源不同而有所不同。

USDX是参照1973年3月份6种货币对美元汇率变化的几何平均加权值来计算的,并以100.00点为基准来衡量其价值,如105.50点的报价,是指从1973年3月份以来其价值上升了5.50%。

1973年3月份被选作参照点,是因为当时是外汇市场转折的历史性时刻(布雷顿森林体系解体),从那时起主要的贸易国容许本国货币自由地与另一国货币进行浮动报价。

2. 美元指数的影响

USDX是综合反映美元在国际外汇市场汇率情况的指标,用来衡量美元对一篮子货币的汇率变化程度。它通过计算美元和对选定的一篮子货币的综合变化率,来衡量美元的强弱程度,从而间接反映美国的出口竞争能力和进口成本的变动情况。

由于国际上主要的商品都是以美元计价的,美元指数上涨,说明美元与其他货币的比价上涨即美元升值,则对应的商品价格应该下跌。美元升值对美国的整个经济有好处,如提升本国货币的价值、增加购买力,但对一些行业也有冲击,如进出口行业,货币升值会提高出口商品的价格,对出口不利。若美指下跌,情况则相反。

3.美元指数的计算原则

USDX 期货的计算原则是:以全球各主要国家与美国之间的贸易结算量为基础,以加权的方式计算出美元的整体强弱程度,并以 100 点为强弱分界线。在 1999 年 1 月 1 日欧元推出后,这个期货合约对标的物进行了调整,从 10 个国家减少为 6 个国家,欧元也一跃成为最重要、权重最大的货币,其所占权重达到 57.6%,因此,欧元的波动对 USDX 的强弱影响最大。

USDX 的币别指数权重(%):

欧元 57.6

日元 13.6

英镑 11.9

加拿大元 9.1

瑞典克朗 4.2

瑞士法郎 3.6

USDX 水准反映了美元相对于 1973 年基准点的平均值。从其诞生到现在,美元指数曾高涨到 165 点,也低至 80 点以下。该变化特性被广泛地在数量和变化率上同股票期货指数作比较。

4.影响美元指数的因素

影响美元指数的因素包括:贸易逆差(Trade Deficit)、失业率(Unemployment Rate)、企业获利(Profit Earning)、生产力成长性(Growth of Productivity)、美国利率动向、股市表现、其他主要货币的相对强弱度。在欧元推出后,德国马克、法国法郎、意大利里拉、荷兰币及比利时法郎五为一,欧元一跃成为最重要的权值货币,其所占权重高达 57.6%,影响甚巨,权值也形成集中在欧元、日元及英镑三者身上的趋势。因此,欧洲央行的货币政策动向及欧元区的经济表现都是观察美元指数强弱不可或缺的要素。

**专栏 3-1**

**影响美元的基本面因素**

Federal Reserve Bank(Fed):即美国联邦储备银行,简称美联储,是美国中央银行。美联储完全独立地制定货币政策,来保证经济获得最大程度的非通货膨胀增长。Fed 主要政策指标包括:公开市场业务(Opening Market)、贴现率(Discount Rate)、联邦基金利率(Fed Funds Rate)。

Federal Open Market Committee(FOMC):联邦公开市场委员会,FOMC主要负责制定货币政策,包括每年制定8次关键利率调整公告。FOMC共有12名成员,分别由7名政府官员、纽约联邦储备银行总裁,以及另外从其他11个地方联邦储备银行总裁中选出的任期为一年的4名成员。

Interest Rates:利率,即Fed Funds Rate,联邦基金利率,是最为重要的利率指标,也是储蓄机构之间相互贷款的隔夜贷款利率。当Fed希望向市场表达明确的货币政策信号时,会宣布新的利率水平。每次这样的宣布都会引起股票、债券和货币市场较大的动荡。

Discount Rate:贴现率,是商业银行因储备金等紧急情况向Fed申请贷款,Fed收取的利率。尽管这是个象征性的利率指标,但是其变化也会表达强烈的政策信号。贴现率一般都小于联邦基金利率。

30-year Treasury Bond:30年期国债,也叫长期债券,是市场衡量通货膨胀情况最为重要的指标。在许多情况下,市场都是用债券的收益率而不是价格来衡量债券等级。和所有的债券相同,30年期的国债和价格呈负相关。长期债券和美元汇率之间没有明确的联系,但是,一般会有如下的联系:因为考虑到通货膨胀会导致债券价格下跌,所以收益率上升可能会使美元受压。这些可能由一些经济数据引起。

但是,随着美国财政部的"借新债还旧债"计划的实行,30年期国债的发行量开始萎缩,随即作为一个基准的地位的30年期国债开始让步于10年期国债。

根据经济周期的不同阶段,一些经济指标对美元有不同的影响:当通货膨胀不成为经济的威胁时,强经济指标会对美元汇率形成支持;当通货膨胀对经济的威胁比较明显时,强经济指标会打压美元汇率,手段之一就是卖出债券。

作为资产水平的基准,长期债券通常会受到由于全球的资本流动而带来的影响。新兴市场金融或政治动荡会推高美元资产,此时,美元资产作为一种避险工具,会推高美元汇率。

3-month Eurodollar Deposits:3月期欧洲美元存款。欧洲美元是指存放于美国国外银行中的美元存款。同理,存放于日本国外银行中的日元存款称为"欧洲日元"。这种存款利率的差别可以作为评估外汇汇率一个很有价值的基准。比如以USD/JPY为例,欧洲美元和欧洲日元存款利率之间的正差越大,USD/JPY的汇价越有可能得到支撑。

10-year Treasury Note：10年期国债，当我们比较各国之间相同种类债券的收益率时，一般使用的是10年期国债。债券间的收益率差异会影响到汇率，如果美元资产收益率高，会推升美元汇率。

Treasury：财政部，美国财政部负责发行政府债券，制定财政预算。财政部对货币政策没有发言权，但是其对美元的评论可能会对美元汇率产生较大影响。

Economic Data：经济数据，美国公布的经济数据中，最为重要的包括：劳动力报告（薪酬水平、失业率和平均小时收入）、CPI(Consumer Price Index,消费者价格指数)、PPI、GDP(gross domestic product,国内生产总值)、国际贸易水平、工业生产、房屋开工、房屋许可和消费信心。

Stock Market：股市，三种主要的股票指数为：Dow Jones Industrials Index（道琼斯工业指数）、S&P 500（标准普尔500种指数）和NASDAQ（纳斯达克指数）。其中，道琼斯工业指数对美元汇率影响最大。从20世纪90年代中期以来，由于外国投资者购买美国资产的缘故，道琼斯工业指数和美元汇率有着极大的正关联性。影响道琼斯工业指数的三个主要因素为：(1)公司收入，包括预期和实际收入；(2)利率水平预期；(3)全球政经状况。

Cross Rate Effect：交叉汇率影响，交叉盘的升跌也会影响美元汇率。

Fed Funds Rate Futures Contract：联邦基金利率期货合约，这种合约价值显示市场对联邦基金利率的期望值（和合约的到期日有关），是对美联储政策的最直接的衡量。

3-month Eurodollar Futures Contract：3月期欧洲美元期货合约，和联邦基金利率期货合约一样，3月期欧洲美元期货合约对于3月期欧洲美元存款也有影响。例如，3月期欧洲美元期货合约和3月期欧洲日元期货合约的息差是决定USD/JPY未来走势的基本变化。

摘自外汇通

**专栏3-2**

**美国重要经济数据及其公布时间**

作为主要世界货币的发行国，美国的经济数据对各交易货币影响很大。美国每周公布的经济指标不少，其中20个重要的经济指标详见下表：

### 美国重要经济数据及其公布时间表

| 序号 | 经济指标 | 公布频率 | 公布时间 | 来源 |
|---|---|---|---|---|
| 1 | 联储局公开市场委员会会议声明 | 每年8次 | 每次议息会议会后 | 美联储 |
| 2 | 消费者物价指数(CPI) | 每月 | 当月的第二周或第三周 | 劳工部 |
| 3 | 生产者物价指数 | 每月 | 月份结束后2周 | 劳工部 |
| 4 | 供应管理协会制造业调查 | 每月 | 下月第一个工作日 | 供应管理协会(ISM) |
| 5 | 就业形势分析(数据) | 每月 | 月份结束后第一个周五 | 劳工部 |
| 6 | 每周失业救济申请人数 | 每周 | 周四 | 劳工部 |
| 7 | 耐用品订单 | 每月 | 月份结束后3—4周 | 商务部 |
| 8 | 零售销售额 | 每月 | 月份结束后第二周 | 商务部 |
| 9 | 消费者信心指数 | 每月 | 当月最后一个周二 | 经济咨商局(会议局) |
| 10 | 消费者情绪调查(初值和终值) | 半月 | 每月第二个周五(初值)和最后一个周五(终值) | 密歇根大学 |
| 11 | EIA石油储存报告 | 每周 | 周三 | 能源信息署 |
| 12 | 领先经济指标 | 每月 | 月份结束后第三周 | 经济咨商局(会议局) |
| 13 | 工业产值和设备利用率 | 每月 | 下月月中 | 美联储 |
| 14 | 国际贸易 | 每月 | 第二周 | 商务部 |
| 15 | 国内生产总值(GDP) | 每季 | 每季结束第一个月的最后一周 | 商务部 |
| 16 | 个人收入和支出 | 每月 | 月份结束后4—5周 | 商务部 |
| 17 | 新屋动工和建造许可证数字 | 每月 | 月份结束后2—3周 | 商务部 |
| 18 | 二手房屋销售数据 | 每月 | 月份结束后四周 | 全美房地产经纪人协会 |
| 19 | 新屋销售数字 | 每月 | 月份结束后四周左右 | 商务部 |
| 20 | 每周住房抵押贷款申请 | 每周 | 周三 | 抵押贷款银行家协会(MBA) |

## 二、欧元

(一)欧元现钞的主要特征

欧元现钞的主要特征可以简单归纳为以下几个:

货币名称:欧元(Euro)
发行机构:欧洲中央银行(European Central Bank)
货币代码:EUR
货币符号:€
辅币进位:1 欧元＝100 欧分(Cents)
钞票面额:5、10、20、50、100、200、500 欧元,铸币有 1、2、5、10、20、50 欧分和 1 欧元、2 欧元共 8 个面值

欧元(Euro)这个名称是 1995 年 12 月欧洲议会在西班牙马德里举行时,与会各国共同决定的。欧元的正式缩写是 EUR。欧元的符号(€)看起来很像英文字母的 E,中间有两条平行线横在其中,这个符号的构想来自希腊语的第五个字母(ε),一方面取其对欧洲文明发源地的尊敬,一方面也是欧洲(Europe)的第一个字母,中间两条平行线则象征欧元的稳定性。

(二)欧元现钞图样举例

欧元现钞图样如图 3-2 所示。

图 3-2　欧元现钞图样

(三)认识欧元现钞

1.欧元纸币的票面特征

欧元纸币是由奥地利中央银行的 Robert Kalina 设计的,其主题是"欧洲的时代与风格",描述了欧洲悠久的文化历史中 7 个时期的建筑风格。其中,还包含了一系列的防伪特征和各成员国的代表特色。

在纸币的正面图案中,窗户和拱门象征着欧洲的开放和合作。代表欧盟 12 个成员国(欧元纸币始发时的成员国)的 12 颗五星则象征着当代欧洲的活力和

融洽。

纸币背面图案中，描述了七个不同时代的欧洲桥梁和欧洲地图，寓意欧盟各国及欧盟与全世界的紧密合作和交流。

七种不同券别的纸币采用了不同颜色为主色调，规格也随面值的增大而增大。除此之外，欧元纸币还有以下主要特征：

（1）用拉丁文和希腊文标明的货币名称；

（2）用5种不同语言文字缩写形式注明的"欧洲中央银行"名称；

（3）版权保护标识符号；

（4）欧洲中央银行行长签名；

（5）欧盟旗帜。

2．欧元现钞的防伪简介

欧元采用了多项先进的防伪技术，主要有以下几个方面：

（1）水印：欧元纸币均采用了双水印，即与每一票面主景图案相同的门窗图案水印及面额数字白水印。

（2）安全线：欧元纸币采用了全埋黑色安全线，安全线上有欧元名称（EURO）和面额数字。

（3）对印图案：欧元纸币正背面左上角的不规则图形正好互补成面额数字，对接准确，无错位。

（4）凹版印刷：欧元纸币正面的面额数字、门窗图案、欧洲中央银行缩写及200和500欧元的盲文标记均是采用雕刻凹版印刷的，摸起来有明显的凹凸感。

（5）珠光油墨印刷图案：5、10、20欧元背面中间用珠光油墨印刷了一个条带，不同角度下可出现不同的颜色，而且可看到欧元符号和面额数字。

（6）全息标识：5、10、20欧元正面右边贴有全息薄膜条，变换角度观察可以看到明亮的欧元符号和面额数字；50、100、200、500欧元正面的右下角贴有全息薄膜块，变换角度可看到明亮的主景图案和面额数字。

（7）光变面额数字：50、100、200、500欧元背面右下角的面额数字是用光变油墨印刷的，将钞票倾斜一定角度，颜色由紫色变为橄榄绿色。

（8）无色荧光纤维：在紫外光下，可以看到欧元纸张中有明亮的红、蓝、绿三色无色荧光纤维。

（9）有色荧光纤维印刷图案：在紫外光下，欧盟旗帜和欧洲中央银行行长签名的蓝色油墨变为绿色，12颗星由黄色变为橙色，背面的地图和桥梁则全变为黄色。

（10）凹印缩微文字：欧元纸币正背面均印有缩微文字，在放大镜下观察，真币上缩微文字线条饱满且清晰。

**专栏 3-3**

### 影响欧元的基本面因素

欧元区 The Eurozone：现由 16 个国家组成，法国、德国、意大利、荷兰、比利时、卢森堡、爱尔兰、希腊、葡萄牙、西班牙、奥地利、芬兰、斯洛文尼亚、塞浦路斯、马耳他、斯洛伐克，均使用欧元作为流通货币。

欧洲央行(European Central Bank, ECB)：控制欧元区的货币政策。决策机构是央行委员会，由执委和各成员国的央行总裁组成。执委包括 ECB 总裁、副总裁和 4 个成员。

ECB 的政策目标：首要目标就是稳定价格。其货币政策有两大主要基础，一是对价格走向和价格稳定风险的展望。价格稳定主要通过调整后的消费物价指数(Harmonized Index of Consumer Prices, HICP)来衡量，使其年增长量低于 2%。HICP 尤为重要，由一系列指数和预期值组成，是衡量通货膨胀的重要指标。二是控制货币增长的货币供应量(M3)。ECB 将 M3 年增的参考值定为 4.5%。

ECB 每两周的周四举行一次委员会，来制定新的利率指标。每月的第一次会议后，ECB 都会发布一份简报，从整体上公布货币政策和经济状况展望。

一般利率 Interest Rates：是央行用来调节货币市场流动性而进行的"借新债还旧债"中的主要短期汇率。此利率和美国联邦资金利率的利差，是决定 EUR/USD 汇率的因素之一。

3 个月欧洲欧元存款利率(3-month Eurodeposit Rate)(Euribor)：指存放在欧元区外银行中的欧元存款。同样，这个利率与其他国家同种同期利率的利差也被用来评估汇率水平。例如，当 3 个月欧洲欧元存款利率高于同期 3 个月欧洲美元存款利率时，EUR/USD 汇率就会得到提升。

10 年期政府债券(10-Year Government Bonds)：其与美国 10 年期国债的利差是另一个影响 EUR/USD 的重要因素。通常用德国 10 年期政府债券作为基准。如果其利率水平低于同期美国国债，那么如果利差缩小(即德国债券收益率上升或美国国债收益率下降)，理论上会推升 EUR/USD 汇率。因此，两者的利差一般比两者的绝对价值更有参考意义。

经济数据(Economic Data)：最重要的经济数据来自德国，欧元区内最大的经济体。主要数据包括：GDP、通货膨胀数据(CPI 或 HCPI)、工业生产和失业率。如果单独从德国看，则还包括 IFO 调查(是一个使用广泛的商业信心调查指数)。还有每个成员国的财政赤字，依照欧元区的稳定和增长协议(the Stability and Growth Pact)，各国财政赤字必须控制在占 GDP 的 3% 以下，并且各国都要有进一步降低赤字的目标。

> Cross Rate Effect：交叉汇率影响。同美元汇率一样，交叉盘也会影响到欧元汇率。
>
> 3月期欧洲欧元期货合约(3-month Euro Futures Contract)：这种合约价值显示市场对3个月欧洲欧元存款利率的期望值(和合约的到期日有关)。例如，3月期欧洲欧元期货合约和3月期欧洲美元期货合约的息差是决定 EUR/USD 未来走势的基本变化。
>
> 政治因素：和其他汇率相比，EUR/USD 最容易受到政治因素的影响，如法国，德国或意大利的国内因素。前苏联国家政治金融上的不稳定也会影响到欧元，因为有相当大一部分德国投资者投资到俄罗斯。
>
> 摘自外汇通

## 三、日元

（一）日元现钞的主要特征

货币名称：日元(Japanese Yen)

发行机构：日本银行(Nippon Ginko)

货币代码：JPY

钞票面额：500、1 000、5 000、10 000元，铸币有1、5、10、50、100元等

日元的印制水平较高，特别在造纸方面，采用日本特有的物产"三亚皮浆"为原料，纸张坚韧有特殊光泽，为浅黄色，面额越大颜色越深。日本是二战后经济发展最快的国家之一，目前拥有世界上最大的进出口贸易顺差及外汇储备，日元也是战后升值最快的货币之一，因此日元在外汇交易中的地位变得越来越重要。

（二）日元现钞图样举例

日元现钞图样如图3-3所示。

图3-3 日元现钞图样

### (三)认识日元现钞

**1.日元纸币的票面特征**

现流通的日元主要是1993年版1 000、5 000和10 000日元及2000年版2 000日元的纸币。此外还有一小部分1984年版纸币。这里主要介绍1993年版和2000年版日元。日元纸币的票面特征10 000日元主色调为棕色,票面正面主景是日本教育家福泽谕吉头像,背面主景是两只雉;5 000日元主色调为深紫色,票面正面主景是日本教育家新渡户稻造头像,背面主景是富士山;2 000日元主色调为蓝黑色,票面正面主景是古代牌楼,背面主景是古代书法绘画;1 000日元主色调为棕色,票面正面主景是日本小说家夏目漱石头像,背面主景是两只仙鹤。

**2.日元现钞的防伪简介**

日元纸币的防伪特征:

(1)专用纸张:日元纸张呈淡黄色,含有日本特有植物三桠皮纤维,纸张有非常高的韧性和挺度。

(2)水印:日元的水印图案与正面主景图案相同,由于采用了特殊工艺,故水印清晰度非常高。

(3)雕刻凹版印刷:日元正背主景、行名、面额数字等均是采用雕刻凹版印刷的,图案线条精细、层次丰富,用手触摸有明显的凹凸感。

(4)凹印缩微文字:日元正背面多处印有"NIPPONGINKO"字样的缩微文字。

(5)盲文标记:日元的盲文标记由圆圈组成,用手触摸有明显的凸起,透光观察也是清晰可见。

(6)磁性油墨:日元正背面凹印部位的油墨是带有磁性的,可用磁性检测仪检测出磁信号。

(7)防复印油墨:日元采用了防复印油墨印刷图案,当用彩色复印机复印时,复印出来的颜色与原券颜色明显不同。

(8)光变面额数字:2 000日元正面右上角的面额数字是用光变油墨印刷的,与票面呈垂直角度观察呈蓝色,倾斜一定角度则变为紫色。

(9)隐形面额数字:2 000日元正面左下角有一装饰图案,将票面置于与视线接近平行的位置,面对光源,作45度或90度旋转,可看到面额数字"2 000"字样。

---

**专栏3-4**

**影响日元的基本面因素**

日本财政部(Ministry of Finance,MOF):是日本制定财政和货币政策的唯一部门。日本财政部对货币的影响要超过美国、英国或德国财政部。日财政部的官员经常就经济状况发布一些言论，这些言论一般都会给日元造成影响，如当日元发生不符合基本面的升值或贬值时，财政部官员就会进行口头干预。

日本央行(Bank of Japan, BOJ)：在1998年，日本政府通过一项新法律，允许央行可以不受政府影响而独立制定货币政策，而日元汇率仍然由财政部负责。

利率(Interest Rates)：隔夜拆借利率是主要的短期银行间利率，由BOJ决定。BOJ也使用此利率来表达货币政策的变化，是影响日元汇率的主要因素之一。

日本政府债券(Japanese Government Bonds, JGBs)：为了增强货币系统的流动性，BOJ每月都会购买10年或20年期的JGBs。10年期JGB的收益率被看作是长期利率的基准指标。例如，10年期JGB和10年期美国国债的基差被看作推动USD/JPY利率走向的因素之一。JGB价格下跌(即收益率上升)通常会利好日元。

经济和财政政策署(Economic and Fiscal Policy Agency)：于2001年1月6日正式替代原有的经济计划署(Economic Planning Agency, EPA)，其职责包括阐述经济计划和协调经济政策，包括就业、国际贸易和外汇汇率。

国际贸易和工业部(Ministry of International Trade and Industry, MITI)：负责指导日本本国工业发展和维持日本企业的国际竞争力。但是其重要性比起20世纪80年代和90年代早期已经大大削弱，当时日美贸易量会左右汇市。

经济数据(Economic Data)：较为重要的经济数据包括GDP、Tankan survey(每季度的商业景气现状和预期调查)、国际贸易、失业率、工业生产和货币供应量。

日经255指数(Nikkei—225)：日本主要的股票市场指数，当日本汇率合理降低时，会提升以出口为目的的企业股价，同时，整个日经指数也会上涨。有时，情况并非如此，股市强劲时，会吸引国外投资者大量使用日元投资于日本股市，日元汇率也会因此得到推升。

交叉汇率的影响(Cross Rate Effect)：例如，当EUR/JPY上升时，也会引起USD/JPY的上升，原因可能并非是由于美元汇率上升，而是由于对于日本和欧洲不同的经济预期所引起。

摘自外汇通

## 第三节 主要交易货币——英镑、瑞郎、澳元

### 一、英镑

(一)英镑现钞的主要特征

货币名称:英镑(Pound、Sterling)
发行机构:英格兰银行(Bank of England)
货币代码:GBP
辅币进位:1镑=100便士(Pence)
钞票面额:5、10、20、50镑

由于英国是世界上最早实行工业化的国家,曾在国际金融业中占统治地位,英镑曾是国际结算业务中使用最广泛的货币。一战和二战以后,虽然英国经济地位不断下降,但是由于历史原因,英国金融业仍很发达,英镑在外汇交易中还占有相当的地位。

(二)英镑现钞图样举例

英镑现钞图样如图3-4所示。

图3-4 英镑现钞图样

> **专栏3-5**
>
> **影响英镑的基本面因素**
>
> 英国央行(Bank of England,BOE):从1997年开始,BOE获得了独立制定货币政策的职能。政府用通货膨胀目标来作为物价稳定的标准,一般用

除去抵押贷款外的零售物价指数(Retail Prices Index excluding mortgages,RPI-X)来衡量,年增控制在2.5%以下。因此,尽管独立于政府部门来制定货币政策,但是BOE仍然要符合财政部规定的通货膨胀标准。

货币政策委员会(Monetary Policy Committee,MPC):此委员会主要负责制定利率水平。

利率(Interest Rates):央行的主要利率是最低贷款利率(基本利率)。每月的第一周,央行都会用利率调整来向市场发出明确的货币政策信号。利率变化通常都会对英镑产生较大影响。BOE同时也会通过每天对从贴现银行(指定的交易货币市场工具的金融机构)购买政府债券交易利率的调整来制定货币政策。

金边债券(Gilts):英国政府债券也称金边债券。同样,10年期金边债券收益率与同期其他国家债券或美国国债收益率的利差也会影响到英镑和其他国家货币的汇率。

3个月欧洲英镑存款(3-month Eurosterling Deposits):存放在英国境外的英镑存款称为欧洲英镑存款,其利率和其他国家同期欧洲存款利率之差也是影响汇率的因素之一。

财政部(Treasury):其制定货币政策的职能从1997年以来逐渐减弱,然而财政部依然为BOE设定通货膨胀指标并决定BOE主要人员的任免。

英镑与欧元区的关系:英国如果想加入欧元区,其利率水平必须降低到欧元利率水平。如果公众投票同意加入欧元区,则英镑必须为了本国工业贸易的发展而对欧元贬值。因此,任何关于英国有可能加入欧元区的言论都会打压英镑汇价。

经济数据(Economic Data):英国的主要经济数据包括:初始失业人数、初始失业率、平均收入、扣除抵押贷款外的零售物价指数、零售销售、工业生产、GDP增长、采购经理指数、制造业和服务业调查、货币供应量等。

3个月欧洲英镑期货和约(3-month Eurosterling Futures Contract)(短期英镑,short sterling)。期货合约价格反映了市场对3个月以后的欧洲英镑存款利率的预期。与其他国家同期期货合约价格的利差也可以引起英镑汇率的变化。

金融时报100指数(FTSE—100):英国的主要股票指数。与美国和日本不同,英国的股票指数对货币的影响比较小。但是尽管如此,金融时报指数和美国道琼斯指数有很强的联动性。

交叉汇率的影响(Cross Rate Effect):交叉汇率也会对英镑汇率产生影响。

摘自外汇通

## 二、瑞郎

(一)瑞郎现钞的主要特征

货币名称:瑞士法郎(SWISS FRANC)

发行机构:瑞士国家银行(BANQUE NATIONALE SUISSE)

货币代码:CHF

辅币进位:1瑞士法郎＝100生丁(CENTIMES)

钞票面额:纸币面额有10、20、50、100、500、1 000法郎,铸币有1、2、5法郎和1、2、5、10、20、50分等

由于瑞士奉行中立和不结盟政策,所以瑞士被认为是世界最安全的地方,瑞士法郎被称为传统避险货币,加之瑞士政府对金融、外汇采取保护政策,使大量外汇涌入瑞士。瑞士法郎也成为稳健受欢迎的国际结算与外汇交易货币。

(二)瑞郎现钞图样举例

瑞郎现钞图样如图3-5所示。

图3-5　瑞郎现钞图样

### 专栏 3-6

#### 影响瑞郎的基本面因素

瑞士国家银行(Swiss National Bank, SNB)：瑞士国家银行在制定货币政策和汇率政策上有着极大的独立性。不像大多数国家的中央银行，瑞士央行并不使用特定的货币市场利率来指导货币状况。直到1999年秋，瑞士央行一直使用外汇互换和回购协议作为影响货币供应量和利率的主要工具。

由于使用了外汇互换协议，货币流动性的管理成为影响瑞士法郎的主要因素。当央行想提高市场流动性，就会买入外币，主要是美元，并卖出瑞士法郎，从而影响汇率。

从1999年12月开始，央行的货币政策发生了转移，从货币主义经验者的方式(主要以货币供应量为目标)转移到以基于通货膨胀的方式，并定为2.00%的年通货膨胀上限。央行将使用一定范围内的3月期伦敦银行同业拆借利率(LIBOR)作为控制货币政策的手段。

央行官员可以通过一些对货币供应量或货币本身的一些评论来影响货币走势。

利率(Interest Rates)：SNB使用贴现率的变化来宣布货币政策的改变。这些变化对货币有很大影响。然而贴现率并不经常被银行作为贴现功能使用。

3个月欧洲瑞士法郎存款(3-month Euroswissfranc Deposits)：存放在非瑞士银行的瑞士法郎存款称为欧洲瑞士法郎存款，其利率和其他国家同期欧洲存款利率之差也是影响汇率的因素之一。

瑞士法郎作为避险货币角色：瑞士法郎有史以来一直充当避险货币的角色，这是因为SNB独立制定货币政策，全国银行系统的保密性以及瑞士的中立国地位。此外，SNB充足的黄金储备量也对货币的稳定性有很大帮助。

经济数据(Economic Data)：瑞士最重要的经济数据包括M3货币供应量(最广义的货币供应量)、消费物价指数(CPI)、失业率、国际收支、GDP和工业生产。

交叉汇率的影响(Cross Rate Effect)：和其他货币相同，交叉汇率的变化也会对瑞士法郎汇率产生影响。

3个月欧洲瑞士法郎期货合约(3-month Euroswiss Futures Contract)：期货合约价格反映了市场对3个月以后的欧洲瑞士法郎存款利率的预期。与其他国家同期期货合约价格的利差也可以引起瑞士法郎汇率的变化。

> 其他因素:由于瑞士和欧洲经济的紧密联系,瑞士法郎和欧元的汇率显示出极大的正相关性。即欧元的上升同时也会带动瑞士法郎的上升。两者的关系在所有货币中最为紧密。
>
> 摘自外汇通

### 三、澳元

(一)澳元现钞的主要特征

澳大利亚现钞的主要特征可以简单归纳为以下几个:

货币名称:澳大利亚元(Australian Dollar)

货币代码:AUD

辅币进位:1澳元＝100分(Cents)

钞票面额:5、10、20、50、100元

发行机构:澳大利亚储备银行(Reserve Bank of Australia)

另外,澳大利亚元钞票的材料是塑料。新版塑料钞票,经过近30年的研制才投入使用,它是以聚酯材料代替纸张、耐磨、不易折断、不怕揉洗、使用周期长而且手感强烈,具有良好的防伪特性。

(二)澳元现钞图样举例

澳元现钞图样如图3-6所示。

图3-6 澳元现钞图样

**专栏 3-7**

### 影响澳元的基本面因素

澳大利亚元,简称澳元(英文简称"Aussie"),澳元又被称为"商品货币",其汇率与金、铜、镍、煤炭和羊毛等商品的价格存在紧密联系,这些商品占澳大利亚总出口额近 2/3,因此,这些商品价格走势对澳元走势的高低通常有较强影响。澳元经常在通胀的经济环境下获得支持,而此时正是商品价格高涨的时候。例如,当 2002 年黄金价格上涨时澳元汇率也随之上涨,2002 年夏天金属价格回调时澳元也随之回调,二者又在 2004 年第四季度再次同时上涨。

另一方面,澳大利亚与日本经济(日本吸收了澳大利亚 20% 的出口)和欧元区经济的紧密联系又可以解释为什么澳元会跟随欧元和日元的走势。比如,外汇市场中澳元兑美元的汇率与美元兑日元的汇率之间的反相关关系就比较容易识别。澳元兑美元的汇率表示形式与欧元兑美元和英镑兑美元相同,表示 1 澳元对应多少美元。

澳大利亚储备银行:根据 1959 年的储备银行法案,澳大利亚储备银行获得了澳大利亚中央银行的地位。储备银行的主要任务是保持澳元的汇率稳定和保持充分就业。1993 年,澳大利亚储备银行获得了独立运转的权力,同时储备银行的工作目标也确定下来,即将中期通胀年增长率的目标控制在 2%~3%。设立中期而不是短期通胀目标的原因在于要鼓励健康和可持续的经济增长。

储备银行委员会:储备银行委员会负责制定货币政策。除了每年的 1 月份,委员会在每个月的第一个星期二要召开货币政策会议。利率决策结果一般在会议的第二天公布。委员会由 9 名成员组成,包括储备银行行长、副行长、财政部秘书长和其他 6 名由财政大臣任命的外部成员。行长和副行长的任期最长为 7 年,可以连任。6 名外部成员的任期最多为 5 年。

利率:储备银行的最重要的货币政策工具就是隔夜货币市场利率,或称作现金利率目标。现金利率是两家金融机构间的隔夜贷款利率。

财政大臣:虽然澳大利亚储备银行在 1993 年获得了独立运转的权力并且制定了通胀目标,但是储备银行的行长和副行长还需要由财政大臣来任命。

摘自外汇通

## 第四节 主要交易货币——加元、新加坡元、港元

### 一、加元

(一)加元现钞的主要特征

加拿大居民主要是英、法移民的后裔,分别是英语区和法语区,因此钞票上均使用英语和法语两种文字。加拿大是英联邦国家,钞票上主要是以英国统治者的头像作为主要图案。其现钞的主要特征可以简单归纳为以下几个:

货币名称:加拿大元(Canada Dollar)

货币符号:CAD

辅币进位:1 元＝100 分(Cents)

钞票面额:2、5、10、20、50、100、1 000 元

发行机构:加拿大银行(Bank of Canada)

(二)加元现钞图样举例

加元现钞图样示例如图 3-7 所示。

图 3-7 加元现钞图样

**专栏 3-8**

### 影响加元的基本面因素

加拿大元,简称加元(英文简称"Loonie",loon 是一种水鸟,加元硬币上有 loon 的图案)。

加元独特的地位在于加拿大与美国间的双边贸易额高于其他任何两国间的双边贸易额。加拿大出口的 80% 流向了美国,因此加元汇率与美国经济的强弱息息相关。

加元也被认为是一种"商品货币",因为加拿大约一半的出口来自于商品的出口,但是这些商品多数是非能源商品,所以加元汇率更多受到非能源商品价格变动的影响。石油价格的上涨会为加元带来压力,因为这会削弱加元的购买力。

加拿大银行:加拿大的中央银行。加拿大银行的主要目标是"低而稳定的通胀"和"安全而可靠的汇率"。加拿大银行的通胀目标(年增长率)在 2.0%,也就是 1.0%~3.0% 通胀目标区间的中点。虽然通胀水平以消费者物价指数(CPI)来计算,但是加拿大银行使用核心消费者物价指数(扣除食品和能源价格)作为实际操作中的参考,来评测潜在通胀趋势和更好地评估消费者物价指数在未来的变化。通胀目标区间每 5 年更新一次,目前的 1.0%~3.0% 的目标区间将在 2006 年更新。

> 加拿大银行的董事会由行长、副行长和另外12名董事构成。除此之外,副财政大臣也列席董事会会议但没有投票权。行长和副行长由董事任命,任期7年,可以连任。而董事则由财政大臣任命。如果财政大臣和加拿大银行在货币政策上出现分歧,财政大臣在与行长协商后,可以递交一份书面通知给行长要行长必须执行。
>
> 货币政策:直到2000年11月,加拿大银行才开始引入货币政策会议的新制度,即事先确定每年8次的货币政策会议日期并在会议当天宣布货币政策内容。此前,加拿大银行可以在任何一个工作日调整利率。利率决策结果通常在某个周二或者周三的上午9点(当地时间)公布。
>
> 利率:加拿大的关键利率是隔夜利率或者叫做现金利率,它是银行间借贷资金利率的基准。"加拿大银行利率"高于隔夜利率区间50个基点,是加拿大的银行机构使用"大额资金转账系统"持有隔夜资金时向加拿大银行支付的利率。
>
> 摘自外汇通

## 二、新加坡元

### (一)新加坡元现钞的主要特征

新加坡于1965年退出马来西亚联邦宣告独立,12月22日成立共和国。新加坡于1967年6月12日开始发行自己的钞票"新加坡元"。从1967年至今已经发行过三套钞票,第一套以新加坡国花"胡姬花"为主要图案,第二套以各种鸟为主要图案,第三套以船为主要图案。新加坡法律对钞票的保护有严格的规定,不准在钞票上涂污、写字等。

新加坡元现钞的主要特征可以简单归纳为以下几个:

货币名称:新加坡元(Singapore Dollar)

货币代码:SGD

辅币进位:1元=100分(Cents)

钞票面额:1、2、5、10、50、100、500、1 000、10 000元

发行机构:新加坡货币发行局(Board of Commissioners of Currency)

### (二)新加坡元现钞图样举例

新加坡元现钞图样示例如图3-8所示。

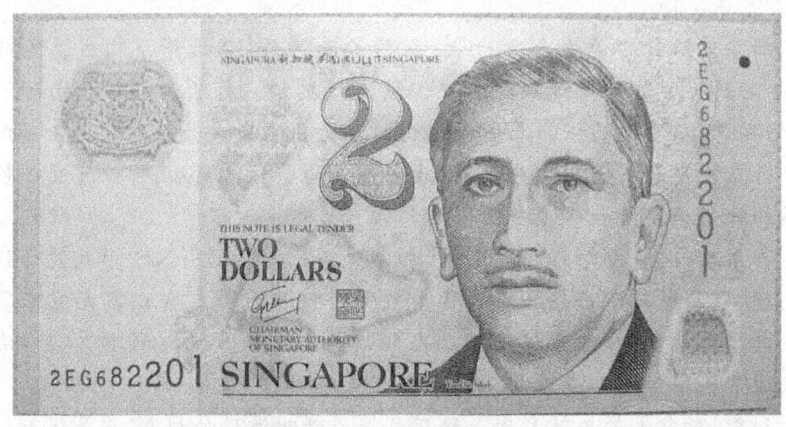

图3-8 新加坡元现钞图样

## 三、港币

(一)港币现钞的主要特征

货币代码:HKD

辅币进位:1元＝100分(Cents)

货币名称:香港元(Hong Kong Dollar)

钞票面额:纸币面额为10、20、50、100、500、1 000元,铸币有1、2、5、10元和1毫、2毫、5毫等。

港币的发钞行有三家:汇丰银行(HongKong and ShangHai Banking Corpration)、渣打银行(Standard Chartered Bank)、中国银行(Bank of China)。1994年5月1日,中国银行香港分行正式合法地在香港发行港币,成为第一家在香港发钞的中资银行,香港金融界人士称赞此举意味着中国银行对维护本港金融体系稳定的一种承诺,对稳定香港金融市场,对香港的平稳过渡和经济繁荣起着积极作用。

(二)港币现钞图样举例

港币现钞图样如图 3-9 所示。

图 3-9　港币现钞图样

【本章小结】

1.外汇的含义有静态与动态之分,外汇交易中的外汇指的是静态意义上的外汇,是指以外币表示的用于国际结算的支付手段。这种支付手段包括以外币表示的信用工具和有价证券。外汇的存在形态包括现钞和现汇。

2.主要地区和国家的货币各有相应的名称和三字符代码。

3.外汇交易中的主要交易货币包括:美元、欧元、日元、英镑、瑞郎、澳元、加元、新加坡元等。

【习题】

1.什么是外汇?为何一般情况下现汇价和现钞价不等值?

2.了解并熟悉各主要货币的主要特征。

3.影响各主要货币的基本面因素有哪些?

4.什么是美元指数?影响美元指数的因素是什么?

第二篇

# 外汇交易的价格

WAI HUI JIAO YI SHI WU

# 第四章

# 汇率概述

**学习目的**

汇率是外汇交易中极为重要的概念,通过对本章的学习,要求学生掌握汇率的概念、标价方法以及种类,为学好后面外汇交易的内容奠定基础。

## 第一节 外汇价格——汇率

### 一、汇率的概念

在国际经济交易中,将一种货币兑换成另一种货币,必须有一个兑换比率,才能达成交易,这个比率就是汇率(Foreign Exchange Rate)。汇率是两个国家货币的折算比率。也可以表达为,汇率是以一国货币表示的另一国货币的价格。如:USD 1＝CNY 6.8275,可以说美元和人民币的折算比率是 1∶6.8275,也可以说单位美元表示的价格是 6.8275 人民币元。

从汇率的概念可以看到,汇率是一个"价格"的概念,它与一般商品的价格有许多相似之处,但也具有其特殊性。首先,汇率作为两国货币之间的折算比率,客观上一国货币等于若干量的其他国家货币,从而使一国货币的价值(或所代表的价值)通过另一国货币表现出来。其次,汇率通过对其他价格变量的作用而对一国经济社会具有特殊的影响力。它在本国物价和外国物价之间起到一种纽带作用,它首先会对国际贸易产生重要影响,同时也对本国生产结构产生影响,因为汇率的高低会影响资源再出口部门和其他部门之间的分配。此外,汇率也会在货币领域引起反应。汇率这种既能影响经济社会的实体部门,又能影响货币部门的特殊影响力,是其他各种价格指标所不具备的。

## 二、汇率的标价方法

两种不同货币之间进行折算,两种货币都可以作为折算标准。但以不同货币为标准确定汇率却截然不同,便产生了不同的汇率标价方法。一般而言,汇率的标价方法主要有以下几种。

### (一)直接标价法

直接标价法(Direct Quotation)又称价格标价法(Price Quotation),它是以一定单位(1个或100个、1 000个单位)的外国货币为标准,来计算应付多少单位的本国货币,因而也称应付标价法。直接标价法的特点是:外国货币的数额固定不变,汇率的升降都以本国货币数额的变化来表示。一定单位的外国货币折算的本国货币越多,就说明外国货币币值上升,本国货币币值下降,这就是外汇汇率上升;相反,一定单位的外国货币折算本国货币越少,说明外国货币币值下降,本国货币币值上升,这就是外汇汇率下跌。

目前世界上绝大多数国家用直接标价法,我国的人民币汇价也采用直接标价法。

例如,2012年6月29日人民币汇率为:

USD 100＝CNY 632.49
EUR 100＝CNY 787.10
GBP 100＝CNY 981.69

### (二)间接标价法

间接标价法是以一定单位本国货币为标准,折算为一定数额的外国货币的标价方法。或者说,是以外国货币表示的本国货币的价格。英国一向使用间接标价法,美国自1978年以来也采用间接标价法。例如:2012年7月2日纽约外汇市场某时行情:

USD 1＝JPY 79.63
GBP 1＝USD 1.5665
USD 1＝CHF 0.9507

在间接标价法下,本国货币数额固定不变,汇率的涨跌都以外国货币数额的变化来表示。一定单位本币折算的外币数量增多,说明外币汇率下跌,即本币升值或外币贬值。反之,单位本币折算外币数量减少,说明外汇汇率上涨,即本币贬值外币升值。

当前采用间接标价法的国家和地区还有欧元区、澳大利亚、新西兰、南非等。

(三)美元标价法

美元标价法是以其他国家货币来表示美元价格的方法。目前,世界各大金融中心国际银行公布的外汇牌价,都是美元对其他主要货币的汇率。非美元货币之间的汇率则通过各自兑美元的汇率套算得出。例如,苏黎世外汇市场 2012 年 7 月 2 日某时市场行情为:

USD 1＝JPY 79.65
USD 1＝CHF 0.9505
USD 1＝HKD 7.7559

### 三、汇率的基本点

汇率的基本点(Basic Point),简称 BP。按国际惯例,外汇汇率的标价通常由五位有效数字组成,从右边向左边数过去,第一位称"几个点",第二位为"几十个点",以此类推。如欧元与美元从 EUR 1＝USD 0.9101 变成 EUR 1＝USD 0.9106,称欧元对美元升了 5 点。美元对日元从 USD 1＝JPY 120.5 变为 USD 1＝JPY 120,就称美元对日元下跌了 50 点。

## 第二节　汇率的种类

外汇汇率是两国货币的兑换比率,这仅仅是从理论探讨的角度而言的,在现实中,无论是从货币制度的演变,还是从一国的货币政策角度来考察,都会产生不同的汇率形式。然而,汇率形式最多的却是从银行业务或国际经济交易的角度来考察。

### 一、基本汇率和套算汇率

基本汇率是指针对本国货币与某一关键货币的实际价值制定出的汇率。关键货币,是指一国国际结算中使用最多的、外汇储备中币种最大的、被国际金融市场普遍接受的外国货币。大多数国家一般选用本国货币与美元之间的汇率作为基本汇率。本币与其他货币之间的汇率,则根据基本汇率套算而来。

根据基本汇率套算出来的汇率就是套算汇率,也叫交叉汇率。如人民币兑美元汇率为人民币基本汇率,如果某日人民币兑美元汇率为 USD 1＝CNY

6.8275,国际金融市场上美元兑英镑的汇率为 GBP 1＝USD 1.9648,那么人民币兑英镑的汇率可以根据其对美元的基本汇率和国际金融市场上的汇率套算出来：

$$GBP\ 1=6.8275\times1.9648=CNY\ 13.4147$$

## 二、买入汇率、卖出汇率与中间汇率

在外汇市场上,银行报价通常采用双向报价,即同时报出买入价和卖出价。前一数值较小,后一数值较大。在直接标价法下,前一数值表示银行的买入价,即银行买入外汇时付给同业或客户的本币数；后一数值表示卖出汇价,即银行卖出外汇时向同业或客户收取的本币数。在间接标价法下,情况相反,前一数值表示卖出价,即银行收取一定量本币而卖出外币时,向同业或者客户收取的外汇数。买入价和卖出价都是从银行买卖外汇角度出发的,买卖差价一般为千分之一到千分之五,当作银行买卖外汇的收益。

例：东京外汇市场 USD 1＝JPY 127.10(买价)～129.10(卖价)

伦敦外汇市场 GBP 1＝USD 1.5628(卖价)～1.5683(买价)

中间汇率也叫中间价,是买入价和卖出价的平均数。

$$中间汇率=\frac{买入汇率+卖出汇率}{2}$$

中间汇率常用于对汇率的分析,报刊、电视报道汇率也常用中间汇率。

## 三、电汇汇率、信汇汇率与票汇汇率

电汇汇率是指经营外汇业务的银行买卖外汇时以电讯方式通知国外分行或代理行将款项付给付款人所使用的汇率。由于电汇方式具有快速高效的特点,因而在国际结算中被广泛采用,并使其汇率成为外汇市场的基准汇率。信汇汇率和票汇汇率都是以电汇汇率为基础计算出来的。

信汇汇率是银行买卖外汇时以信函通知国外分行或代理行解付所使用的汇率。例如,银行开具付款委托书,以信函的方式通过航空邮寄给付款地银行,由其转付给收款人所使用的汇率,就是信汇汇率。在邮程期间,银行可利用汇款资金,加上信函成本比电汇低,因此信汇汇率比电汇汇率低。

票汇汇率是银行买卖外汇汇票或其他票据时所使用的汇率。其过程是：银行在卖出外汇时,开立一张汇票,交给汇款人,由其自带或邮寄国外,交给收款人,在出票银行的国外分支行或代理行取款。用这种方式进行国际间付款时使用的汇率为票汇汇率。票据有即期和远期之分。即期票汇汇率是银行买卖即期外汇汇票时所使用的汇率,其汇率也比电汇汇率低,而与信汇汇率基本相同;远期票汇汇率是银行买卖远期外汇票据所使用的汇率,由于银行买卖对象是尚未到期的票据,因此,其汇率不仅比电汇汇率低,而且亦低于信汇汇率,一般是以即期票汇汇率为基础,扣除远期付款贴现利息来确定。

### 四、即期汇率(Spot Rate)与远期汇率(Forward Rate)

即期汇率和远期汇率是根据外汇交易交割期限划分的。

即期汇率又称现汇汇率,是外汇买卖成交后,在当日或两个营业日之内办理交割时使用的汇率,是外汇市场上使用最多的汇率。1973年各国普遍实行浮动汇率以来,汇率变动极其频繁。进出口商为了加速资金周转和避免汇率变动的风险,常采用这种汇率。经营外汇业务的银行,为了及时平衡外汇头寸,也大量采用即期业务,使用即期汇率。

远期汇率,又称期汇汇率,是买卖双方事先约定的,在未来某一特定日期进行交割的汇率。具体而言,事先由买卖双方签订合约,规定外汇买卖的币种、数量、期限、汇率等,到约定日期才按合约规定进行外汇交割的汇率。远期汇率是预约性外汇买卖所使用的一种汇率,通常在远期外汇买卖合约成交时订立。远期合约到期时,按此汇率进行交割,不受汇率变动的影响,期限一般为1~12个月。远期汇率的变动受到利率变化和外汇市场供求状况变化的影响。如果远期汇率比即期汇率高表示升水,远期汇率比即期汇率低表示贴水,远期汇率等于即期汇率表示平价。

### 五、官方汇率(Official Rate)与市场汇率(Market Rate)

官方汇率与市场汇率是根据是否受货币当局管制划分的。

官方汇率又称法定汇率,是指由国家货币金融管理当局以法律形式对本国货币规定并公布的汇率,因而官方的外汇交易都应该以官方汇率为标准。从世界范围看,官方汇率可分为单一汇率和复汇率。单一汇率指一国政府对本币同另一国货币兑换只规定一种汇率。不管是贸易还是非贸易交易,只要是同一种外币,均按所规定的同一种汇率折算。IMF和WTO都要求会员国只能实行单一汇率制。复汇率指一国政府对本币同另一种外币,根据不同的交易对象公布两种或两种以上的汇率。复汇率常见的有贸易汇率和金融汇率。前者主要用于进出口贸易及从属费用的汇率,目的是推动出口;后者主要用于资本流动,非贸易收支方式方面的汇率。实行复汇率是为了控制资本流出或流入,达到改善国际收支的目的。

市场汇率是指外汇市场上,买卖双方达成交易的实际汇率。它是在外汇市场上真正起作用的汇率,随着市场供求关系的变化而自由波动,受市场机制的调节。各国外汇管理当局利用各种手段对市场汇率进行干预,直接入市干预是西方国家中央银行平稳汇率的主要手段之一。当一国货币持续、大幅度下跌时,该国中央银行就抛外币、购本币,以支持本币汇率回升;反之,本币汇率持续走强,中央银行便抛本币、购外币,以阻止本币上升。至于确定本币是升是降,主要取决于本国的经济状况和实力,以及主要贸易伙伴国的态度。

在外汇管制较严的国家,往往还会出现大大高于官价的黑市市场汇率。

【本章小结】

1.汇率是两个国家货币的折算比率。也可以表达为,汇率是以一国货币表示的另一国货币的价格。

2.以不同货币为标准确定汇率,便产生了不同的汇率标价方法。直接标价法是以一定单位(1个或100个、1 000个单位)的外国货币为标准,来计算应付多少单位的本国货币;间接标价法是以一定单位本国货币为标准,折算为一定数额的外国货币的标价方法,或者说,是以外国货币表示的本国货币的价格;美元标价法是以其他国家货币来表示美元价格。

3.汇率的种类很多,从不同的角度出发可以将汇率划分为不同种类:基本汇率和套算汇率,买入汇率、卖出汇率、中间汇率,电汇汇率、信汇汇率和票汇汇率,即期汇率和远期汇率,官方汇率和市场汇率。

【习题】

1.试比较直接标价法和间接标价法。
2.什么是美元标价法?有何特点?
3.请简述汇率的种类。
4.汇率的单位是什么?请简述其含义。

# 第五章

# 汇率的基本面分析

## 学习目的

本章主要介绍了汇率的基本面分析,包括国际收支、通货膨胀、利率差异和经济增长率等,以及反映基本经济变化的指标;另外,本章还从宏观经济政策因素、政治与新闻因素、市场预期和投机心理等方面对汇率进行基本面分析。

在国际金融市场日趋一体化,世界各国普遍实行浮动汇率制的国际经济环境中,外汇市场动荡不安,人们在国际贸易、国际借款、国际投资、外汇投资等各项涉外业务中,都面临着较高的汇率风险,尽管人们可以用多种方式进行套期保值,但它并非在任何情况下都是最佳选择。例如,在汇率走势明显对自己有利的情况下,进行套期保值就等于放弃了潜在的盈利机会,并要付出交易成本。从事外汇投资是否盈利的关键就在于对汇率走势的预测准确与否。因此,只有在汇率预测的基础上,人们才能对收益和成本、风险损失和风险报酬等方面进行估算,才能提出相应的可行性方案,并最终作出有根据的决策。

人们通常把汇率走势的预测方法分为基本因素分析和技术分析两大类,这两类分析方法的目的都在于分析汇率的走势,但它们分析的角度、采取的方法、所起的作用各有不同。本章主要介绍影响汇率走势的基本因素分析。基本面分析是研究汇率变动的原因,在外汇交易中,正确分析影响外汇供求关系的因素,无疑有益于预测未来汇率的走势,这也是外汇交易过程中的第一步。

影响汇率走势的基本因素归纳起来主要有:以国际收支、利率、通货膨胀和经济增长率等为代表的基本经济面,以国家经济政策调整、中央银行的干预等为代表的基本政策面,以政治、社会、新闻舆论等为代表的现实因素,以及以市场预期、投机信息、市场评论等为代表的心理因素四大类。

# 第一节　影响汇率的基本经济面分析

外汇市场归根结底是对实体经济的反映,汇率作为两种货币的折算比率,必然受到两国的经济实力、经济发展趋势、经济政策等经济因素影响。因此,如果要深入分析外汇市场的形势和预测未来的变化,就必须掌握和分析反映一国经济形势的基本经济因素,同时要注意全面考虑、仔细分析各因素对外汇变动的不同影响。

## 一、国际收支

国际收支状况是影响汇率走势的直接因素。汇率作为货币与货币之间的比价,是由外汇市场上外汇的供给与需求关系决定的,而外汇供求又是由国际收支状况决定的。一国国际收支出现顺差,就会引起外国对该顺差国货币需求的增加和外国货币供应的增加,从而引起顺差国汇率的上升;反之,当一国国际收支出现逆差,就会引起国内对外币需求的增加和本币的供应量增加,进而导致逆差国货币汇率下跌。

国际收支状况引起汇率变动可以在大多数的现实例子中得到证实。例如,二战后初期,美国巨额的贸易收支顺差促使美元供不应求,出现"美元荒",为美元成为国际货币奠定了基础;而20世纪60年代后美国巨额的贸易收支逆差又迫使美元在1971年和1973年两次大幅度贬值,最终导致了以美元为中心的布雷顿森林体系崩溃;80年代中期以后日本对美国持续大量的贸易顺差也是导致美元对日元不断贬值、日元对美元汇率步步攀升的直接原因。

## 二、通货膨胀

通货膨胀率的高低是影响汇率变化的基础性因素。在纸币流通条件下,两国货币之间的比率,从根本上说是由各自所代表的价值量的对比关系决定的。物价是一国货币价值在商品市场的体现,通货膨胀就意味着该国货币代表的内在价值量下降。在纸币流通条件下,通货膨胀经常发生,所以一定时期内两国货币间的汇率要随两国通货膨胀率的变动而变动。高通货膨胀率的国家,该国货币所代表的价值量减少,其实际购买力下降,国内物价总水平趋于上涨。这会提高外国商品在本国市场上的竞争能力,造成进口增加贸易收支逆差,导致汇率下降。另外,一国货币对内价值的下降必定影响其对外价值,削弱该国货币在国际市场上的信用地位,人们将因此进行货币替换,即把手中持有的该国货币转化为其他货币,造成该国货币在外汇市场上的价格下跌。20世纪70年代西德马克汇率十分坚挺的一个重要原因,就在于西德的消费物价指数低于其他国家。相反,英国、法国、意大利的通货膨胀率一直偏高,使这些国家的货币汇率处于不断下跌的趋势。

通货膨胀影响汇率的渠道是多方面的。一国通货膨胀率的提高将改变商品劳务的外币价格水平,削弱其国际竞争能力,从而影响贸易收支、劳务收支乃至影响国际收支平衡,进而影响汇率走势。温和的通货膨胀能使利率上升,吸引投机赚钱的短期资金。此外,它还通过人们对物价、利率、汇率的预期心理、投资心理,影响市场外汇供求关系,进而影响汇率走势。

### 三、利率差异

利率水平是影响汇率走势的短期因素。利率作为货币的一种"特殊价格",是借贷资本的成本或利润,在开放经济和市场经济条件下,在国际资本流动规模大大超过国际贸易额的当今世界,利率变化与汇率变化息息相关。战后以来,在世界资金市场上,大量的国际性游资专门在国际间追逐高利,往往在短期内就会大量地从一国流向另一国,从一种货币移向另一种货币,从而影响汇率的变动。如果一国的利率水平相对于他国提高,就会刺激国外资金的流入增加,本国资金流出减少,导致国际市场上抢购该种货币,资本账户得到改善,本国货币汇价由此提高;反之,如果一国的利率水平相对于他国下降,则会造成资金大量流出,国外资金流入减少,恶化资本账户收支,国际市场上抛售该种货币,引起汇率下跌。

### 四、经济增长率

经济实力强弱是货币强弱的基础,稳定的经济增长率不仅形成本币币值稳定和坚挺的物质基础,而且也会使外汇市场上人们对该货币的信心增强。经济增长通过增加产品的供给量以及消费需求随收入增加的递减趋势而产生对通货膨胀下降的压力。一国的经济增长率比其他国家高,意味着该国有较高收益的投资机会。在这种情况下,外国投资者必然竞相前往该国投资,导致该国货币汇率不断攀升。这时因为大量外商进入该国投资办厂,必须将外币换成该国货币,才能在该国购买到各种生产要素,将其投到工业、商业、地产及其他实业。这样,外币和该国货币的供求关系发生不平衡,该国货币的汇率就趋于上升。所以,一国经济增长率对该国货币汇率变动有直接的正相关的影响。

经济增长率对汇率变化的影响是多方面的,但从总体来看,高的经济增长率会对本币币值的稳定起到较长时间的支持作用。近百年来美元的上升与下降时期与其经济增长的快慢结合在一起,二战后日元的持续升值也是由于经济的高速发展。由此可见,把握了各国经济增长的趋势也可以把握其货币汇率的长期趋势。

## 第二节 反映基本经济变化的经济指标

在实际市场操作中,对基本经济因素的分析,是通过收集、整理和分析经济数据来进行的。这里所说的经济数据,是指西方主要工业国家定期公布的反映一国经济发展的各个方面经济指标,如国民生产总值、失业率等。一个出乎意料的经济数据公布常常能引起市场作出剧烈反映,甚至改变短期汇率走势。在一些重要的经济数据公布之前,交易员、经纪商大都会平盘离场以避免风险,市场交易量也会明显下降。正是由于经济数据对外汇市场的影响非常巨大,所以,对经济数据的分析和预测,成为汇率基本因素分析的一项主要内容。

### 一、国民生产总值

国民生产总值是指一定时期内(年、季)产出的最终产品和劳务的总和。它是全面反映一国经济实力和经济发展程度的综合指标体系,也是预测汇率的最重要的经济指标。在经济平衡发展,总供给等于总需求时,国民生产总值也可以被看作是一定时期内对最终产品和劳务的需求,即以货币计量的本期对最终产品和劳务的购买力。国民生产总值有四个主要组成部分:消费、投资、政府支出和净出口。

### 二、就业率

就业率是一国经济发展状况的晴雨表,是代表经济状况好坏的标志,也是预测其他经济指标的重要依据。失业率降低,意味着经济发展看好;失业率上升,意味着经济发展受阻。失业率与经济周期有密切的关系,一国经济处于高涨阶段,失业率会很低;经济发展处于低潮,出现衰退或萧条,失业率就会很高。历史上每次经济危机爆发时,失业率都达到高峰。对于大部分西方国家,失业率在4%以下属于正常情况,失业率若超过9%,说明失业严重,经济发展处于衰退期。

### 三、工业产量

工业产量是一国的工业生产部门在一定时期内生产的全部工业产品的总价

值,指特定月内全国工厂、矿山和公共事业的有形产品的实际产量。从某种意义上讲,工业产量指标是所有指标中最容易测算的一个,而且它指产出的单位数,是一个不受通货膨胀影响的数据,反映制造业的总产量,通常与国民经济发展相一致。在工业生产高度发达的国家中,即使第三产业部门的产值在战后大为增加,工业部门的产值仍占很大比重,工业部门雇佣着大量工人,所以,西方国家工业生产的变动,必然会对整个国民经济产生重大影响。

工业产量是国民生产总值的重要组成部分,在国民生产总值中占将近一半的比重。而且,国民生产总值是指不含通货膨胀影响的实际产值,而工业产量是实际产量,比较符合国民生产总值的概念。在美国,全部工业生产按部门分类,可以划分为制造业、采矿业和公共事业三大类。其中制造业最为重要,其产值占全部工业产值的绝大部分。可以说,制造业的动态,基本上代表了全部工业生产的动态。

工业生产指标可以用来代替国民生产总值指标,用以分析国民经济的现状。一个国家的工业生产发展快,经济看涨,便会吸引大量外国投资,从而使该国货币的汇率上升;反之亦然。工业产量公布时,是以某特定年份的平均指标为基数,用百分比的形式公布的,同时公布的数据还有当月该指标与上月相比的增长(下降)率。此外,工业产量指标公布时既有汇总的数据,也有不同行业分类的数据。从这个指标中,我们可以容易地看出制造业(汽车除外)、采购业和公共事业对汇总指标的影响通常比市场预期高的工业产量增长率意味着更高的经济增长,从而促使货币走强。

### 四、生产者价格指数

生产者价格指数是商品的批发价格指数,是根据若干种商品的价格以及不同商品在国民生产总值中所占的比重计算的综合生产者价格指数。它反映上个月的商品生产成本,即生产原料的价格变动情况,这个指数对未来(一般为3个月以后)消费价格的上升或下降影响很大,可用于衡量各种商品在不同生产阶段的价格变化情形,也能够用于预测今后消费价格的变化趋势。例如,当原材料的价格上升时,一段时间以后消费品的价格必将按相近的比例上升。当然,由于生产价格指数未能包括一些商品折扣,所以,有时它会夸大物价上升幅度。

分析生产者价格指数时,比较相邻两个月的生产者价格指数得到生产者价格指数的月变化率,而月变化率的细小偏差都可能导致据此换算的年变化率超过正常水平。因此,不必太拘泥于其月变化率指标。一般认为,3%~4%的通货膨胀率是可以接受的。生产者价格指数提供了处于三个阶段商品的价格信息:原材料,指初次进入市场的产品,如食品、能源产品等;中间产品,即已经进行了部分加工但尚未最后完工的产品,如电力、钢铁、化纤材料;最终产品,指无需再进行任何加工的产品。其中,由于能源、食品的价格十分不稳定,因此,许多经济学家认为,将生产者价格指数中能源与食品价格因素的影响去除后,才能更好地体现通货膨胀的变化。

生产价格对通货膨胀的反映比消费价格超前,因而它对预测变化有实用性价值。生产者价格指数与汇率的关系十分微妙,且反复无常。假设当月的生产者价格指数指标显示通货膨胀率较高,如果央行采取紧缩政策,提高利率,则该国汇率可能会上升,但如果央行出于某种原因不能紧缩银根,则该国汇率可能会下跌。

### 五、消费者价格指数

消费者价格指数被广泛认为是最重要的通货膨胀度量工具。消费者价格指数是指一篮子商品与劳务的价格指数,主要反映城市消费者支付商品与劳务的价格的变化情况。消费者价格指数有城镇居民价格指数(CPIU)、职工和工人价格指数(CPIW)两种,由于城镇居民价格指数统计的范围是职员和工人价格指数的两倍,它反映消费价格的参考性更高,因而深受市场人士重视。通常说的消费者价格指数,就是指城镇居民价格指数。

消费者价格指数对分析汇率的变化很有参考价值。消费者价格指数大幅度上升时,就表明通货膨胀恶化,从而,该国的汇率就有下跌的可能;当消费者价格指数下降时,表明通货紧缩,该国货币汇率有上升的可能。

### 六、个人收入

个人收入指通过合法劳动从工资及社会福利中取得的所有收入,这个数字直接反映着个人的实际购买力水平,预示将来消费者对商品和服务的需求,从而反映经济活动的普遍水平。个人收入的变化会影响到国际收支的经常项目和汇率。个人收入水平的提高会引起一个国家对外国产品的需求增加,导致进口增加和外汇汇率上升;反之,个人收入水平的下降会引起对进口产品需求的减少甚至外汇汇率的下跌。

## 第三节 宏观经济政策因素分析

由于商品进出口市场、股票证券市场、资金市场、期货市场、黄金市场存在着相互联系和相互作用。因此，政府的进出口政策、关税政策、投资政策、证券政策等的变更都影响到汇率的波动。时刻注意政策的变化和政府动态是经济预测中的一项重要任务。各国金融当局，主要是中央银行和财政部，经常采取多种手段和措施，稳定本国货币，从而为经济的正常运行和稳定增长创造条件。各国干预外汇市场的措施，既有经济手段，又有行政手段；既有单独措施，如提高利率、干预市场，也有货币政策、财政政策等在内的"一揽子"措施；既有一国的单独行动，也有数国的联合协调行动。

## 一、货币政策的调整对汇率走势的影响

各国政府根据本国经济发展情况采取的货币政策直接关系到货币的强弱。货币政策在执行上也可以分为收紧和放松两种情况，紧缩的货币政策是指中央银行提高再贴现率、提高商业银行在中央银行的存款准备金和市场卖出政府债券。反之，则是宽松的货币政策。货币政策的主要目的是改变经济体系中的货币供给量。当货币供给量变化时，汇率也随之变化。货币供给量增加，会造成货币贬值；货币供给量减少，会造成汇率升值。

## 二、财政政策的调整对汇率走势的影响

财政政策的调整对汇率走势的影响是通过财政支出的增减和税率调整来影响外汇供求关系的。紧缩性的财政政策通过减少财政支出和提高税率会抑制总需求与物价上涨，有利于改善一国的贸易收支，从而引起一国货币的上升；而实行扩大财政支出和降低税率的扩张性财政政策将会导致相应增加货币供给量，引起一国货币贬值。

## 三、政府之间政策协调对汇率走势的影响

加强各国汇率的监督和协调，对汇率的变动有着重要作用。一般而言，政府的政策变化对汇率变化的影响包括两个方面内容：一是单独一个国家的宏观经济政策如财政政策、货币政策、汇率政策等，它们的变化会引起本国货币汇率的变动，从而影响国际外汇市场；二是主要国家之间的政策协调出现配合失衡或背道而驰时，外汇市场也会经常剧烈波动。由于各国奉行的经济政策不一致，各国的经济需求也不一致，完全同步的货币和财政政策不可能维持很长时期，但经济的相互依赖性也要求主要国家在汇率政策上进行协调。比如，在经济衰退时，采取较一致的扩张性政策措施；在通货膨胀率上升时，采取一致的紧缩性政策；而在需要采取混合的政策时，各国也能配合一致。这种做法的好处是既可以稳定外汇市场，又不影响利率、贸易条件和供求关系的稳定。

## 第四节　政治与新闻因素分析

### 一、政治因素对汇率走势的影响

当今世界,政治与经济已经紧密联系在一起,政治因素是影响短期汇率波动的不可预测因素。政治因素包括的范围很广,大到国与国的战争、两国交好、两国贸易摩擦加剧、国家领导人变更、国家内乱,小到政治丑闻、国内工人罢工等,几乎每一大的政治事件都可以影响汇率的波动。

政治因素对国际资本的流向具有直接和迅速的影响。通常政局不稳定、政策缺乏连续性的国家,本国投资者把握不住未来的方向,会减少投资以规避风险,外国投资者则会抽走投资,资本外流会导致对该国货币需求的下降,该国货币汇率就会趋于下跌。一国政局稳定,外国投资者增加,资本净输入,则其货币币值上升。

当某一重大国际事件发生时,外汇市场受政治因素的影响比股票、债券等市场要大得多。其主要原因是外汇作为国际性流动资产,在动荡的政治格局下所面临的风险会比其他资产大;而外汇市场的流动速度快,又进一步使外汇汇率在政治局面动荡时更加剧烈地波动。由于美国是集政治、经济、军事于一身的超级大国,综合国力强,因此每当政治形势不明朗或是局势动荡期间,美国由于其强大的经济实力而成为令投资者最感安全的地方。每当世界政局有所动荡时,人们纷纷抛出其他货币而购入美元,国际资本就会源源不断流入美国,美元汇率便随即上升,美元由此充当了"资金避难所"的角色。如日本政界受贿丑闻公布,政府要下台,日元暴跌,美元上涨;俄罗斯总统、议长之争,美元跌势缓解。当然,政局的变化也有对美元不利的可能,也会导致市场抛售美元。例如,美国的"9.11"事件、美国总统心脏病或动手术等等,也会引发市场抛售美元,美元汇率下跌。可见,外汇市场对或大或小的政治因素的反应十分敏感,汇率也随之波动。

### 二、新闻因素对汇率走势的影响

新闻因素是指世界各地每天出现的层出不穷的新闻或舆论,如政权更迭、经济动荡、自然灾害、股市行情等各种各样的新闻,还有些是未经证实的传闻。外汇交易者应及时充分地搜集新闻材料,全面系统地加以分析,针对有关的新闻消息作出判断,选择恰当的入市时机,买进或卖出相应的货币。

新闻因素对市场所起的作用可分为两种:一种是可预测的经济新闻,如美国经济统计数据的定期公布。在各种经济数据中,各国关于利率的调整以及政府的货币政策动向无疑是最重要的。另一种是不可预测的新闻。对于一个处于较为稳定态势的外汇市场,不可预期的重要新闻消息入市,会如一石击水,掀起波浪,甚至惊涛骇浪。交易者若能迅速作出反应,先一步入市或出市,显然会获得收益或避免损失。市场参与者还要区分新闻和传闻,有时传闻某国中央银行将降息,或将干预外汇市场,市场投机者也会利用市场参与者的敏感心理掀起轩然大波,并从中牟利。一旦传闻被否认,市场的汇率走势又会重新回到基本经济因素所决定的走势上。

政治和新闻因素通常对外汇市场短期汇率走势产生影响,因为它们大多数是突发性和临时性的,市场很难预测,因此构成了对市场的冲击。等市场人士对消息进行分析并将其消化以后,市场又被新消息所影响。

## 第五节 市场预期心理和投机因素分析

### 一、市场预期心理对汇率走势的影响

外汇市场是一个充满着预期的市场,市场预期心理被认为是决定短期汇率的一个中心问题。买进还是卖出某种货币取决于交易者对后市的预期。当交易者预料某种货币可能贬值,将会大量抛出,而当预料这种货币可能升值,则将大量买进,由于这种大出大进,也会使心理产生变化,加强了升或跌的趋势。有些专家认为人们的预期心理已经成了决定货币价值的最主要因素。预期心理影响下的市场常常会出现与经济理论分析不一致的变化,若不了解这个特点而拘泥于基本经济理论来理解市场变化,将受到损失。

人们预期心理的产生,多数取决于对一国的经济增长率、货币供应量、通货膨胀率、利率水平、国际收支经常项目、国际储蓄状况、政府经济政策、国际政治形势等因素的分析。例如,预计某国通货膨胀率高、利率低、国际收支经常项目逆差,则该国货币将会被抛售,汇率下跌。

市场预期与实际经济发展并不完全一致,有时预测正确,有时也会大相径庭,很难说市场预期是否具有理性。但不论预期正确与否,预期往往成为影响短

期汇率走势的最主要因素。有时在心理预期因素的作用下,市场中可能会出现不合常理的规定。为了纠正人们对汇率预期心理的偏差,防止汇率过大波动,政府经常使用政策宣告或预告的手段,来巧妙地引导人们的预期心理。

预期心理不但对汇率变动有很大影响,而且还具有捉摸不定、十分易变的特点,这给汇率预测造成了难度。以长期投资为目的或以资金管理为目的的交易者,对市场汇率走势的分析,还是应该从基本经济因素方面来进行。外汇市场参与者需要搜集大量的市场信息,并要预测市场趋势发展到什么程度会导致获利回吐等。还必须留意国际上大银行、大证券投资公司以及一些基金管理机构等对市场发展的看法和评论,因为它们拥有雄厚的资金,其资金流向往往代表了国际资本的动向。

**二、市场投机因素对汇率走势的影响**

投机性因素是影响外汇汇率走势的重要因素,据统计,全球外汇交易额中至少有90％的交易是投机性交易,因此,外汇交易的基本分析必须研究投机因素如何影响外汇市场的走势。通常,投机性因素被认为是非经济变量,由投机者的一时风尚或狂想推动的,它是指一种与基本经济变量不一致的汇率运动,并且这种运动具有自我强化的性质。

在目前国际金融市场上,短期性资金达到了十分庞大的数字。这些巨额资金对世界各国的政治、经济、军事等因素都具有高度的敏感性,受着投机性因素的支配,一旦出现风吹草动,就到处流动,或为保值,或为获取高额投机利润。这就常常给外汇市场带来巨大冲击,成为各国货币汇率频繁起伏的重要根源。可以说,投机性因素是短期内影响汇率变动的最主要因素,只要市场上预期某国货币不久会下跌,那么市场上立即就可能出现抛售该国货币的交易,造成该国货币的大幅下跌。

# 第六节 主要货币汇率波动分析举例

**一、浮动汇率制后的美元汇率运动分析**

(一)第一阶段:1973年至1979年美元汇率下跌

它可细分以下三个阶段(表5-1)。

1.1973 年初至 1975 年初美元汇率剧烈变动与下跌

在 1973 年进入浮动汇率初,美元汇率出现急速下降的运动。如表 5-1 所列数据所示,马克、日元、法国法郎及瑞士法郎等西方主要货币对美元的汇价大幅度上升。1973 年 7 月美国当局对纽约外汇市场大规模干预,出售马克,提高利率,使美元在 1974 年 1 月中回升。1974 年 1 月 29 日,美国解除了对资本外流的限制,降低了利率,美元汇率立刻下降,5 月,美国又提高利率,并在国际清算银行召开的会议上与联邦德国、瑞士达成了一项阻止对美元下跌作过度投机的协议,到了 7 月,美元的跌势开始转向回升。但没多久,美元在 1974 年年底再度出现跌势,特别是对马克、瑞士法郎的汇率。1975 年 2 月美国再次进行市场干预,并与联邦德国及瑞士协作干预,3 月美元汇率下跌的趋势缓和,开始回升。以上共经历了三个回合,即三个小周期运动,但总的趋势是跌势,跌的幅度比回升的幅度大,疲软的时间长,并且每次下跌基本上是自发的运动,而回升是政府的干预。可见,在浮动汇率制下,政府的干预措施是比较弱的,很难扭转汇率运动的自然趋势。

表 5-1 美元对英镑、法国法郎、西德马克、日元的汇率

| 日期 | 英镑/美元 | 美元/法国法郎 | 美元/西德马克 | 美元/日元 |
|---|---|---|---|---|
| 1973 | 2.453 | 4 454 | 2.6726 | 271.22 |
| 1974 | 2.340 | 48 099 | 2.5878 | 291.51 |
| 1975 | 2.220 | 42 876 | 2.4613 | 296.72 |
| 1976 | 1.805 | 47 824 | 2.5184 | 296.72 |
| 1977 | 1.746 | 4.9160 | 2.3236 | 268.62 |
| 1978 | 1.920 | 4.5090 | 2.0096 | 210.38 |
| 1979 | 2.122 | 4.2566 | 1.8342 | 219.02 |
| 1980 | 2.328 | 4.2250 | 1.8175 | 226.63 |
| 1981 | 2.025 | 5.4396 | 2.2631 | 220.63 |
| 1982 | 1.749 | 6.5764 | 2.4280 | 249.06 |
| 1983 | 1.516 | 7.6203 | 2.5539 | 237.55 |
| 1984 | 1.337 | 8.7355 | 2.8454 | 237.45 |
| 1985 | 1.297 | 8.9799 | 2.9419 | 238.47 |
| 1986 | 1.468 | 6.9256 | 2.1704 | 168.35 |
| 1987 | 1.6389 | 6.0107 | 1.7974 | 144.64 |
| 1988 | 1.7814 | 5.9569 | 1.7562 | 128.15 |
| 1989 | 1.6379 | 6.3801 | 1.8800 | 137.96 |

数据来源:IMF《国际金融统计》有关年报。

2. 1975年初至1977年初美元汇价相对平稳

1975年2—6月,在美国与有关国家的联合干预下,大体控制了美元汇率的跌势,在7月至12月,美元汇率因美国经济复苏、贸易改善与利率升高进一步出现了上升,在1976年中美元又出现了下降,但幅度不大。

3. 1977年初至1979年底美元汇率全面下跌

在这次美元下跌浪潮中,美元对日元、马克、法郎、英镑、瑞士法郎与马克的下跌为甚。在1977年9月至1978年10月间,以对方主要货币变动作加权平均的有效汇率计算,美元下降17.3%,日元上升29%,马克上升11%,瑞士法郎上升35%。主要原因是由于1976年至1978年间,年年贸易逆差,1976年为94.9亿美元,1977年为311亿美元,1978年为340亿美元。与此相对应,联邦德国、日本贸易顺差扩大,外汇市场对美元失去信心,纷纷抛售美元,加之在汇率下降之初,美国当局采用低美元汇率的政策,以期改善贸易收支,却引致了一场美元一泻千里式的美元下跌运动。到1980年11月,美国卡特政府面对美元一败涂地的危机,宣布了保卫美元的三项紧急措施,即向国外大量借款干预市场、大量出售黄金、提高贴现率,才使下降势头逐渐得到控制。

(二)第二阶段:1980年至1985年美元汇率上浮

在1980年至1985年9月,美元汇率全面大幅度地上升,从对西方17个国家货币加权计算的有效汇率来看,有效汇率年年上升,1985年2月为3.40马克兑美元,较1979年底的1.7315马克兑美元上升了96.4%;对日元的汇率在1985年2月为262日元兑1美元,较1980年底的203日元兑1美元上升29%;对英镑的汇率,在1985年2月升到了11.05美元兑1英镑的历史最高水平,较1981年底的2.44上升了132%。其主要原因是美国的高利率,美国联储在1979年底将贴现率提高到12%,比较1978年底美国实行保卫美元紧急措施时的9.5%还上升了2.5个百分点。而1970—1977年贴现率一直处在6%左右,1980年底美国贴现率又上升了13%。1981年美国贴现率最高上升到14.9%,到年末才降到12%的水平,而同期日本中央银行的贴现率为6.25%、7.25%、5.5%,联邦德国为6%、7.5%、7.5%,较美国相差近一半,美国商业银行的利率也较日本、联邦德国高近一倍,美国商业银行的优惠利率在1978—1981年各年底分别为6.16%与6.45%,联邦德国较日本高些,但仍比美国低。美国的高利率政策一方面使货币紧缩压低了通货膨胀,使外汇市场对美元看好;另一方面由于利差较大,直接使美国的资本输入增加,美元汇率上升较快。1982年后美国贴现率降为8.5%,但仍比日本、联邦德国高,美元汇率仍然看涨。1985年9月,当日本、联邦德国等5国财长和中央银行行长会议决定联合干预美元的高汇率后,人们对美元的预期开始扭转,美元出现了急剧下跌。

**(三) 第三阶段:1985 年至 1988 年底美元汇率下跌**

第二阶段中,美元的汇率上升是依靠高利率支撑的,而不反映贸易收支、国际收支和整个经济增长的形势。一经主要西方国家联合干预,美元对西方货币的汇率出现暴跌。1986 年继续下降,对马克汇率最低点达到 1.975 马克兑 1 美元。对日元下跌到 163 日元兑 1 美元,在 10 月底发表日美联合声明之后,美元对日元的下浮运动归于平稳,而对马克下降剧烈。进入 1987 年以后,美元在第一个月内又对马克下降了 7%,对日元下跌 5%,2 月初,美、日、英、法、德 5 国在巴黎召开财长会议阻止美元下跌,5 月下旬起,美元汇率基本稳定。但是,在 1987 年 10 月 19 日,纽约股市价格大暴跌,并波及整个西方金融市场,使人们对美国经济失去了信心,同时,美国各大银行挽救股市采取的低利率措施也引起了资金外流,使美元汇率从 10 月下旬起再次发生下降。进入 1988 年,美元汇率出现了先上浮、后下降又回升的波动,但变动幅度都不大,在低水平上的起伏,美元汇率年底与年初相比较稍有回升。

总括美元汇率从 1985 年至 1988 年的下跌原因,主要是美国的利差优势丧失,而在经济贸易方面,美国的经济增长仍处在中低水平,美国在 1986 年、1987 年与 1988 年的实际 GNP 增长率分别为 2.5%、2.9% 与 2%,比日本、联邦德国同期水平都低。加之,美国贸易逆差扩大,财政赤字问题难以解决,而日本与联邦德国不仅仍保持着贸易顺差,而且没有定额财政赤字,故相比之下美国经济仍很脆弱,这些导致了美元汇率下跌的基本趋势。

**二、浮动汇率制后的日元汇率运动分析**

**(一)日元汇率波动基本情况**

1973 年 3 月日元汇率由固定汇率制转为浮动汇率制,当时汇率为 1 美元兑 265 日元,这一水平维持到同年秋天为止,得益于政府当局强有力的市场干预。随着石油危机和国内通货膨胀的急剧发展,经常收支恶化,从 1973 年末到 1974 年,日元下跌,1974 年下半年达到 1 美元兑 300 日元的水平。

1975 年至 1976 年日元汇率比较稳定,大体在 1 美元兑 290 日元至 305 日元的范围内变化,经常收支状况得到改善,1977 年以后日本经常收支顺差一直增加,美国经常收支的大幅度逆差和通货膨胀率的上升使得美元汇率不稳定,日元、西德马克、瑞士法郎等货币的汇率开始急剧上升,石油输出国把积累的美元分散运用,1978 年 10 月 31 日的日元对美元的收盘价达到了 176 日元,成为战后的最高水平,这是日元汇率的第一个上升时期。

不久,日元汇率的下降时期来到,美国与日本、联邦德国、瑞士当局合作,对外汇市场采取了干预措施,还采取了保卫美元的强有力的紧缩措施,加上日元的高汇率终于对日本的经常收支项目产生影响,日本的经常收支开始转为大幅度逆差,而美国的经常收支反而显著改善,美元的信誉逐渐得以恢复。另外,美国的高利率增加了资本输入,1979年全年,日元汇率呈现连续下跌的态势,到1980年4月竟下降到1美元兑260日元的水平。

接下来,由于美国改变金融政策,利率急速下降,特别是一部分石油输出国对日投资越来越多,促使日元汇价回升,日元再次进入了上升过程,1981年初,回升到超过200日元的水平。但是,进入1981年以后,形势再次发生变化,在里根新政权下所采取的抑制通货膨胀和旨在再次唤起民间经济活动的新政策,加之美元的高利率,美元向上回升,日元汇率开始下降,1981年8月下降到243日元的水平,之后日元有所回升,但是1981年全年出现了预想不到的美元坚挺的局面,到了1982年8月跌至1美元等于260多日元。

(二)日元汇率波动的原因

1.汇率的动向基本上与经常收支的动向一致

从1977年到1978年的日元上升是与经常收支大幅度顺差的增大并行的,之后的汇率下跌是与顺差转为逆差以及逆差增大并行的。

两个例外,即1980年5月至8月,尽管日本的经常收支大幅度逆差,但日元汇率趋升;1981年4月至9月,经常收支顺差,而日元汇率却不断地下跌。这一状况需要用按实际需要的头寸补充来说明。由于到1980年4月为止持续疲软的日元汇率,使得人们不断地通过头寸补充的方式预先买进美元,这就成了此后日元坚挺的因素。相反,到了1981年年初为止,持续坚挺的日元汇率以及期待将来日元继续坚挺的气氛促使人们预先卖出美元,结果,把此后的经常收支顺差应多收进的美元先卖掉了,因此,这反而促使后来的日元疲软趋势难以抑制。

2."J曲线"具有明显的效果

日元汇率的动向与贸易收支的动向相关;日元汇率的动向比较早地影响贸易数量,但影响贸易金额的效果相当慢,因此,在这段时间内,日元汇率升或跌的趋势进一步发展。

可见,自1977年至1978年,日元汇率与金额表示的贸易收支扩大相并行,加速上升,但由于汇率上升,出口数量减少,以数量表示的贸易收支在1977年第四季度以后开始恶化。然而由于汇价较高,在金额方面的贸易顺差继续扩大。汇率也与此相并行,到1978年第四季度为止继续上升。

到了1978年第四季度,由于持续一年的数量表示的贸易收支恶化,以金额表示的贸易收支开始恶化了,与此平行的日元汇率也开始下跌。但是由于汇率下跌,贸易数量开始增加,以数量表示的贸易收支从1979年第一季度起开始改善。然而,以金额表示的贸易收支到1980年第一季度为止持续恶化,日元汇率也下跌。之后,与贸易收支的改善相并行,日元汇率才趋向坚挺。

### 3.实际利率对汇率有深刻影响

1974年至1976年,日本实际利率较高,但由于日本对资本交易限制较严,使实际利率发挥作用的余地少,1976年以后,非居民对日本证券投资逐渐自由化,从而,短期和长期国债、股票以及日元存款形式的对日投资活跃起来,实际利率发挥了作用,1977年至1978年日元坚挺,1978年秋天以后的汇率下跌原因主要是美国采取保护美元的措施和日本的经常收支恶化。1979年美国实行高利率使实际利差逆转,而有利于美元,加速了日元汇率的下跌。1980年4月以后,美国利率急剧下降,实际利差再次翻转,有利于日元,日元汇率开始上升。然而到了同年下半年,美国的利率再度上升,实际利差又变为对美国有利,日元上升趋势停止,进入1981年,日元由上升的趋势转为疲软。1981年至1982年,美国维持了很高的实际利率,支撑了美元的强势。

**【本章小结】**

1.影响汇率的基本经济面分析中包括:国际收支、通货膨胀、利率差异、经济增长率等。影响这些汇率变动的经济因素间关系错综复杂,有时这种因素起主导作用,另一种因素起次要作用,有些几个因素同时起作用。反映基本经济情况变化的经济指数与经济指标包括:国民生产总值、就业率、工业产量、生产者价格指数以及消费者价格指数等。

2.汇率的宏观经济政策因素分析中包括货币政策、财政政策的调整,政府之间政策协调等因素的分析;政治新闻因素分析包括政治因素与新闻因素对汇率走势的一种突发和短期影响;市场预期心理被认为是决定短期汇率的一个中心问题,而投机因素则是一种与基本经济变量不一致的汇率运动。

**【习题】**

1.影响汇率走势的基本经济因素包括哪些?
2.简述经济增长率对汇率变动的影响。
3.简述财政政策对汇率走势的影响。
4.简述心理预期因素对汇率走势的影响。

# 第六章

# 汇率走势的技术分析

### 学习目的

本章主要介绍了汇率走势的技术分析原理及方法。通过对本章的学习,要求学生掌握汇率走势技术分析的基础、前提条件。了解预测外汇交易的技术方法,掌握汇率走势分析中的基本图形。本章重点和难点在于汇率预测的技术图形方法及在实际中的运用。

## 第一节 汇率走势的技术分析概述

技术分析是以预测市场价格的未来变化趋势为目的,以市场行为的图形、图表、形态、指标为手段,用数学、统计学、价格学等理论对市场行为所进行的分析研究。这里的市场行为,是指外汇市场价格和交易量。

技术分析的最新发展是在传统的图表分析基础上增加了许多数量化的方法。人们利用数理方法,设计出不同形式的方程式,评估市场价格运动的力量,以便测定价格的走向。随着电脑技术的普及和深入,数量化分析方法越来越受重视,并发展成为技术分析的一个重要派别。

### 一、技术面分析的基础

技术分析在基本因素分析之外提供了一项检视工具和警觉信号,它可以用来检查或证实由基本因素分析所得出结论的正确性和完整性,它可以给外汇交易者在操作上提供帮助。那种单纯看好基本因素分析而忽视技术分析,或者单纯看好技术分析而忽视基本因素分析的做法都是片面和不足取的,往往导致判断的失误。正确的做法应该是把基本因素和技术分析结合起来,互相补充,这样才能使得预测工作更为完整,预测效果更为理想。当基本因素分析指出汇率的基本走势后,技术分析则指出最佳的入市时机和可能的目标区域。概括地说,基本因素分析偏重于长期和基本的汇率走势的预测,而技术分析则偏重于短期的操作策略。

技术分析法的基础是绘制图表,就是把汇率的变化情况用图形表示出来。现在很多银行都备有路透社和德励财经资讯公司的金融信息终端机和图表分析终端机,使用者只要输入必要的数据,终端机就会将所需要的图形绘制出来。

技术分析是建立在一系列理论假设的基础上。著名技术分析专家爱德华和马吉曾列举出技术分析的主要假设如下:第一,外汇汇率的变动,仅由供求关系决定;第二,影响供求的因素极其复杂,有些是理性的,有些是非理性的,由不同投资者的意见、感觉、推测等不同心理因素所构成;第三,不计市场微小的波动,汇率会在一段相当长的时间内保持一种趋势;第四,汇率变动固然是随供求关系的变动而变动,但这种变动迟早可以用图形形态观察出来。

## 二、技术分析的前提条件

技术分析有三个前提条件:一是市场行情说明一切,所有的技术因素都反映在价格走势中;二是历史不断重复其自身,技术分析家把各种形态的图标分类研究,发现图标常有惊人的相似之处;三是价格按照趋势变动,有一定的规律存在,人们可以发现并利用它来指导自己的实践。

## 三、技术分析的方法

技术分析包括很多种方法,大体可以分成三类:

第一类,机械趋势交易。即交易者的买与卖完全机械化,当某一多头信号出现时,即进场买进;空头信号出现时,则进场卖出。所利用的分析工具有:点数图技术、移动平均线、RSI(相对强弱指标)和MACD指标等。利用机械交易法的注意事项是:第一,完全依照这种方法进行交易;第二,能够忍耐住市场汇率的不规则变动。

第二类,线路趋势交易。这是指以线路的技术性知识来决定市场的交易,利用此类方法必须时时注意长期的趋势线路(周线或月线)的走势,找出市场汇率的支持位和阻力位。

第三类,技术性资料分析。就是利用收市后各种外汇当日的成交量及未平仓合约的变化分析市场未来走势。

## 第二节 图表分析法

图表分析法(Charts),是根据外汇走势图形,预测汇率未来走势的分析方法。外汇走势图形忠实地记录了每一个币种每时每刻的变化,反映了以往汇率变化的历史过程,是外汇交易技术分析的客观基础,所以人们常说,"一个图表胜万言"。

目前,外汇市场图形分析主要有点数图、曲线图、直线图、K线图四种基本图形,其中曲线图、K线图应用最为广泛。

### 一、点数图(Point Figure Chart)

点数图是利用带方格的图表来记录、分析和预测外汇交易价格变动趋势的图形。点数图的制作,首先是要选取比例合适的绘图纸,以纵轴代表价格,每一方格代表一个价格水平;横轴代表某种外汇汇率的变动,不是通常的代表时间,而是一列一列地表示相反方向价格变动及变动速度,然后以"×"、"○"来表示价格的转动或转势,所以点数图又称为圈叉图。其中,"×"表示价格上升,"○"表示价格下跌,×、○填在绘图纸中的空格代表一定的波幅,如5个点、10个点。因此,画一个×或○就代表价格上升或下降5个点、10个点。图表中的不同列代表价格升降的不同走势,一般从左向右画起。如图6-1所示。

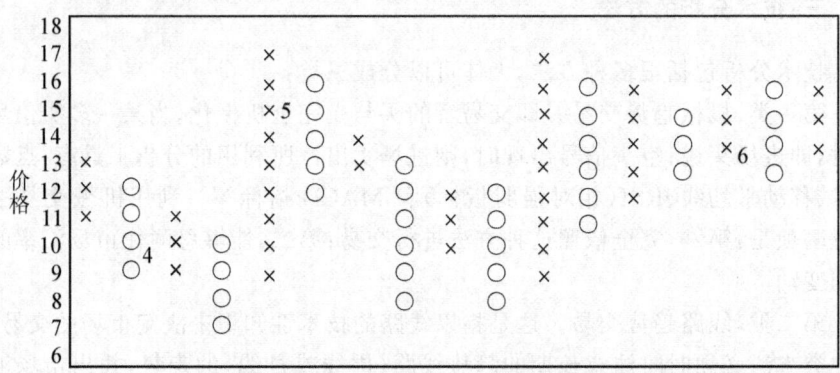

图 6-1 点数图

绘制点数图关键是确定两个参数:(1)每一空格的"格值",即每一个×、○符号所代表的价位幅度;(2)确定转势的价位幅度,即"转列格值",表明价格朝着与原来方向相反的趋势上升或下跌超过多少幅度时才表明价格转势。例如一幅5×20的点数图,它所反映的是每一空格代表5格点,当价格朝着相反方向波动超过20个点时表明市场转势,即由升势×转为跌势○,或由跌势转为升势×。一般来说,格值大小并无一定标准,可以因人因市、因货币的不同而有所不同,但不可以随意设定。格值太大,则点数图不容易反映出价格的变动,因为很小的价格波动并不能在图中显示出来;格值太小,则图形会过于复杂,失去图形的意义。同样,转列格值的确定也没有一定规则,但太多或太少都会造成价格过于敏感。最常用的是三格转列,即价格的涨跌超过三个格值转列。

点数图的两个参数可以有多种组合,如5×15、10×20、10×30、20×60、100×300等等。点数图中的这两项参数数值的不同组合,会影响点数图所显示的市场价格走势的精细程度。每一空格所代表的点数越多,即格值越大,其反映市场的精细程度越低;相反,每一空格所代表的点数越少,即格值越小,则其反映的精细程度越高。一般而言,分析中短期的市场走势,可选择20×60、100×300等灵敏度较低的组合来分析市场大势。

外汇交易者在运用点数图判断市场走势时可以尝试多种不同的组合来观察,看看哪一种组合所反映的买卖信号最为明确。使用现时的一些专业图表终端如Moneyline的Telegrate和路透社交易系统,只要将两个参数输入电脑,便可以得到所需的点数图,省去了手绘的麻烦。

### 二、曲线图(Curve Chart)

曲线图是将不同价位按照时间顺序一次连接起来,形成一个简单图形。曲线图是图表分析法中经常应用的一种图形。在曲线图上,纵轴表示价格水平,横轴表示时间。由于曲线图忽视单位时间内的价格波动,便于直观地观察汇率波动趋势,有利于分析较长时间段的图形信号。但对于短期波动趋势不够明显。如图6-2所示。

### 三、直线图(Bar Chart)

直线图又称柱状图、棒形图等,是图表分析中主要流行于欧美的一种技术分析图形。直线图由曲线图演化而来,它忠实地记录了每一时间内汇价的波动情况,描述了汇价的波动趋势。通过直线图变化我们可以很容易解读多空双方在市场中的争夺程度,了解市场心理变化趋势。如图6-3所示。

在直线图中,横坐标为时间单位,纵坐标是价格变动幅度单位。直线图的绘

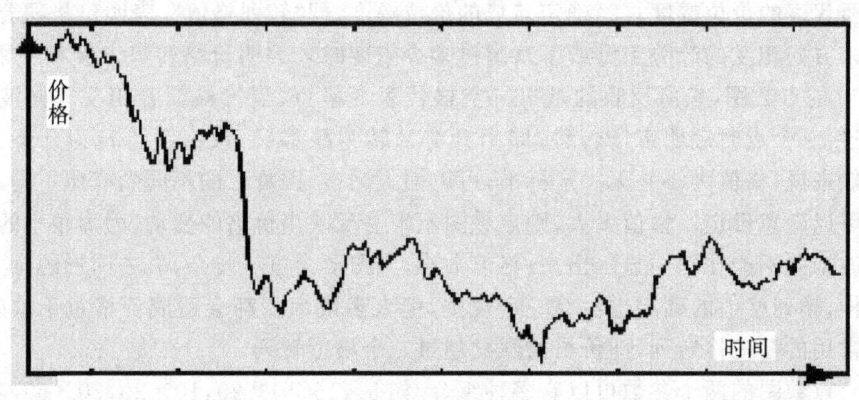

图 6-2 曲线图

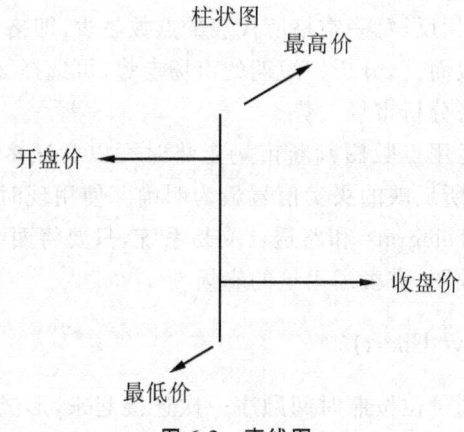

图 6-3 直线图

制首先是找出一定时间内(如 1 天)的最高价和最低价,连接最低价成一直线,即表示当天最高价与最低价的涨跌幅度。然后再将当天的收盘价和开盘价绘制在该直线上,就形成一个"直线"单元。随着时间的推移,每天的交易情况均可画出一条直线,日复一日就构成了一个高高低低、波浪起伏的日直线图形。除了日直线图形外,还可以有周、月、年直线图。日直线图的绘制,每周 5 条,若遇到假日,当日的直线图即略去不画。以周、月为绘制单位其画法与日线图相同。

四、K 线图(Candle Stick Chart)

K 线图是图表分析法四种基本图形中最基本最常用的图形,我们不仅要了解它的含义,而且还要学会用它分析外汇汇率变化。

(一)K 线图的含义及绘制

K 线图又称蜡烛图、阴阳图,其原理和功能与直线图相同,但与直线图相比具有更直观的特点。外汇市场分析人员称之为"被长久遗忘的亚洲秘密",大多数人认为 K 线图方法最早于 17 世纪应用于日本米市,是用于特定米价每日涨跌的图示方法。

绘制 K 线图时,首先要找到某一营业日的市场最高价和最低价,垂直地连成一条直线,然后再找出当日的开市价和收市价,把这两个价位连接成一个长方体,并压在垂直线上,加入当日的收市价为高(即低开高收),便将长方体留空,这种柱体就称为"阳线";假如当日的收市价较开市为低(即高开低收),便将长方体涂黑,这种柱体称为"阴线"。

(二)K 线图具体符号的意义

在 K 线图中,每一个 K 线图均表现出市场多空双方的争执情况,预示下一个单位时间可能到来的汇价变化。如图 6-4 所示。

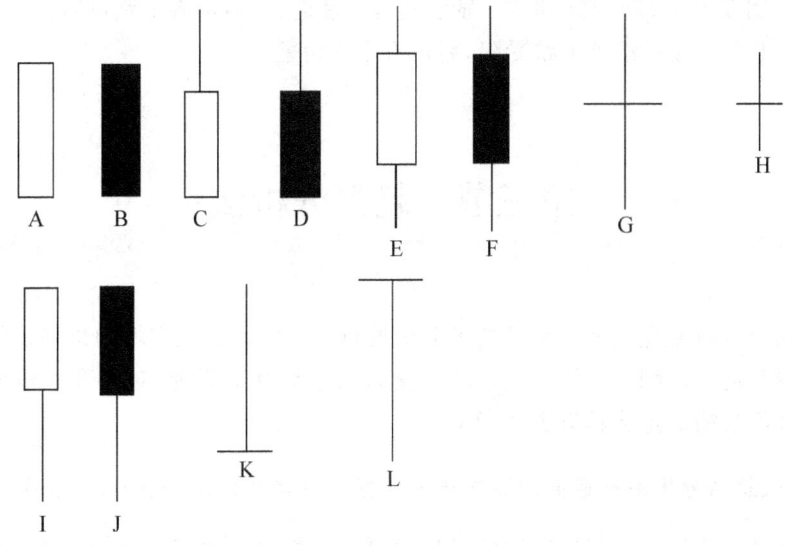

图 6-4　K 线图

A.光头光脚的阳线。显示多方占主导地位,一般来说,阳线越长,多方的力量越强,今后价格上涨的可能越大。此类图形多出现在小于 15 分钟的 K 线图形中。

B.光头光脚的阴线。显示空方占主导地位,一般来讲阴线越长,空方的力量越强,今后价格下跌的可能越大。此类图形多出现在小于 15 分钟的 K 线图中。

C.倒锥形阳线。显示多方具有优势,若上影线较长可反映出上涨所受压力较大,后市有下跌可能;若上影线较短后市可能盘整上升。

D.倒锥形阴线。显示空方具有优势,价格先涨后跌,后市有下跌可能。

E.带上下影线的阳线。显示在多空争执后,多方稍占优势,但上升动力不足,后市有回调可能。

F.带上下影线的阴线。显示在多空争执后,空方稍占优势,但下跌遇到阻力,后市有反弹可能。

G.大十字星。多出现在行情反转之前,显示多空双方势均力敌,价格走势面临突破。若上影线较长则向下突破可能性大,下影线较长则向上突破可能性较大。

H.小十字星。上下影线较短,显示多空双方入市意愿不强烈,后市多为盘整局面。

I.锥形阳线。显示多方占据优势,若下影线较长后市上涨可能较大。

J.锥形阴线。显示空方占据优势,若下影线较长后市反弹可能较大,若下影线较短则有继续下跌可能。

K.倒T形,又称"墓碑形"。显示汇价上涨乏力,后市有下跌风险。

L.T形。显示汇价下跌受阻,后市有上涨可能。

## 第三节 趋势分析法

趋势分析原理是外汇交易技术分析的重要内容。外汇市场的价格走势总是呈现趋势运动,因此,了解和把握外汇交易的趋势分析原理,对于准确地分析和预测外汇价格的走势具有重要意义。

**一、趋势分析原理经典理论之一——移动平均线(Moving Average)**

移动平均线是指利用统计的平均原理来消除价格波动的不规则变动因素,形成描述整个外汇市场交易价格变化的趋势线。其最大的优点在于通过某一期间平均收盘价的移动走势,更准确、更全面地反映汇率的变动趋向,避免人为制造的"市场陷阱"。从操作角度看,其优点还在于它能够自动发出买卖的信号,能够使运用者根据平均线走势,确定自己的风险水平,并把损失降到最低点,把收益提高到最高点。其主要缺点是,它所指示的汇率水平与实际汇率水平在时间上有先有后,难于通过它来确定汇价最高点和最低点,因此,移动平均线很难提供一个事前的明确标记,难以确定准确的买入卖出时机。

(一)移动平均线的绘制

统计学上的移动平均线是把移动平均数反映到直角坐标上的。移动平均线图的制作比较简单,先在一个平面直角坐标上标明时间(以横轴代表)和汇率(以纵轴代表),然后将计算得出的移动平均数一一对应地绘在坐标系内相应的点上,把各点用平滑的曲线连接起来就构成一条移动平均线。按照时间周期的长短,移动平均线通常可分为短期移动平均线、中期移动平均线和长期移动平均线。

(二)移动平均线的应用

1.单一移动平均线的应用

单一移动平均线的应用方法有许多,这里主要介绍"葛兰维法则",其中:

四个买进信号:

(1)移动平均线从下降逐渐转为水平或上升,价格从移动平均线的下方突破平均线,交叉向上,是买进信号。这里尤其要注意的是移动平均线一定要出现有向上抬头的迹象,说明整个市场开始逐渐进入了上涨的市场,此时买入信号才是比较确切。

(2)移动平均线在稳步上升,价格跌至移动平均线之下,又立刻回升到移动平均线的上方,仍为买进信号,因为移动平均仍然持续上升,表明市场仍处于涨势之中。

(3)价格曲线在移动平均线之上,汇价下跌,但在移动平均线附近的上方遇到支撑,没有跌破移动平均线而是反转上升,为买入的信号。

(4)价格突然暴跌,跌破了移动平均线,而且继续很快下行,在图形上,汇价曲线很陡下行,远离了移动平均线,则有反弹上升回复到移动平均线附近的趋势,所以在远离移动平均线时,是买入的信号。

四个卖出信号:

(1)移动平均线从上升趋势逐渐转为水平线或开始有低头向下的迹象,而价格从移动平均线的上方跌破移动平均线时,表明卖压渐重,此为卖出信号。

(2)移动平均线缓缓下降,价格在移动平均线下,突然上涨,突破了移动平均线,又跌回到移动平均线之下,而移动平均线继续下跌,此为卖出信号,行情将会继续下跌。

(3)移动平均线缓缓下降,价格曲线在移动平均线下行走,回升至移动平均线附近,受到卖压阻力,未能超越移动平均线,又继续下跌,此为卖出信号。

(4)移动平均线呈下降趋势,汇价突然暴涨,突破且远离了移动平均线,则有可能回档下跌,因为暴涨远离了移动平均线,说明近期内买入某种外汇者皆有利可图,随时会产生回吐的卖压,此为卖出信号。

2.复合移动平均线的应用——顾比复合移动平均线

复合移动平均线是画出不同天数两条以上的移动平均线组合图形。在实际分析中,更多的是利用多条移动平均线来进行分析判断,以克服单一移动平均线的缺陷,使产生买卖信号的准确性大大提高。通常的使用方式为:选择长期、中期、短期中不同周期的移动平均线。以下以顾比复合移动平均线为例进行说明。

顾比复合移动平均线由国际著名技术派分析大师戴若·顾比自创的一套研判的技术指标——顾比复合移动平均线(Guppy Multiple Moving AverAge GMMA)。GMMA使用了两组指数移动平均数进行分析。由3、5、8、10、12和15日移动平均线构成一组短期组,这组指标透露了市场短期投机者行为;而长期组则由30、35、40、45、50和60日移动平均线构成,它能够反映市场中长期投资者行为。这两组指标的相互关系可以告诉投资者更多信息——当它们相互靠近时,说明投资者和投机者对价值达成了共识;而当它们相互远离时,则说明对于价值的认识产生了分歧。一旦短线指标和长线指标同时出现价格方向的一致变化,则是交易机会来临的重要信号。

(1)顾比复合移动平均线的市场含义

顾比复合移动平均线由两组12根线复合而成。

短期均线组:由3、5、8、10、12、15移动均线构成,代表短期趋势;

长期均线组:由30、35、40、45、50、60移动均线构成,代表中长期趋势。

具体的市场含义是:

短期均线组:代表着短线交易者的行为和心理;

长期均线组:代表着中长线投资者的行为和心理。

短线交易者注重短期内价格的变化,总是试探短期趋势的变化,试图捕捉短期价格异动,低吸高抛获取利润。因此短线交易者引领着短期趋势的变化,是短期波动的制造者。中长线投资者更多的是看重价值,试图通过发现价值低估(或相对低估)区域而盈利。他们不太注重价格的高低。

(2)利用顾比复合移动平均线来分析趋势

当我们结合运用顾比复合移动平均线——平均线短期组和长期组,我们可以知道何时市场对外汇价值看法出现一致,这可以用来理解趋势的强度。

平均线短期组持续高于长期组,是对强劲趋势的确认。短期组会出现波动,但是长期组一直很稳定,这表明趋势具有长期的支撑。

趋势弱化的信号是在两组平均线开始收窄并且比近来的正常活动出现更多波动时。如果两组平均线会聚形成交叉,则是趋势逆转的信号。

(3)顾比复合平均线长、短期组的六种形态为:向上发散、向下发散、发散状态中的平行移动、向上聚拢、向下聚拢、聚拢平移。

顾比复合移动平均线下单基本形态:长期组(红线)与短期组(蓝线)

A.长期组从聚拢点向上扩散,发散状态与短期组一致,可做多。如图6-5所示。

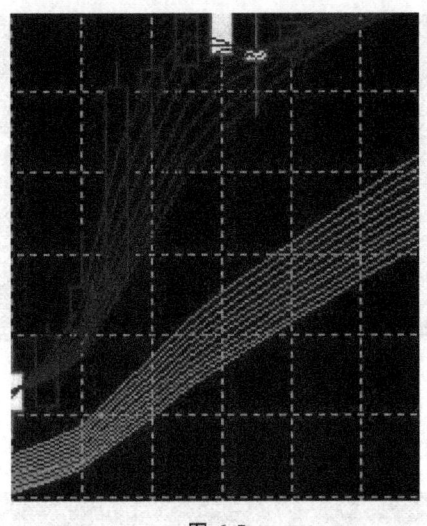

图 6-5

B.长期组从聚拢点向下扩散且平行移动聚拢,代表趋势的反转,短期组向上扩散并且慢速向上穿越长期组,可做多。如图 6-6 所示。

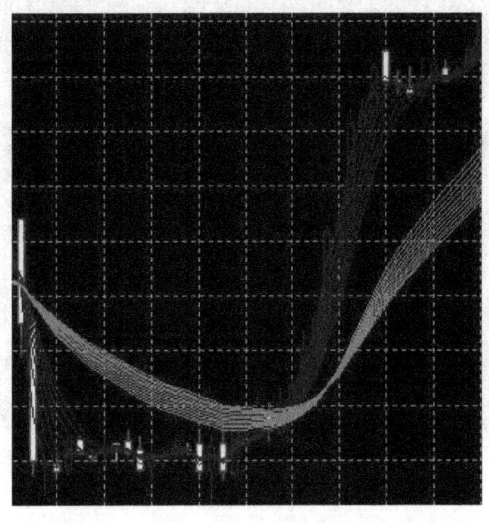

图 6-6

C.长期组呈扩散状态向上且急剧向上聚拢,代表趋势反转,短期组呈扩散状态向上穿越长期组,可做多,如图 6-7 所示。

D.长期组呈扩散状态向下且急剧向下聚拢,代表趋势反转,短期组呈扩散状

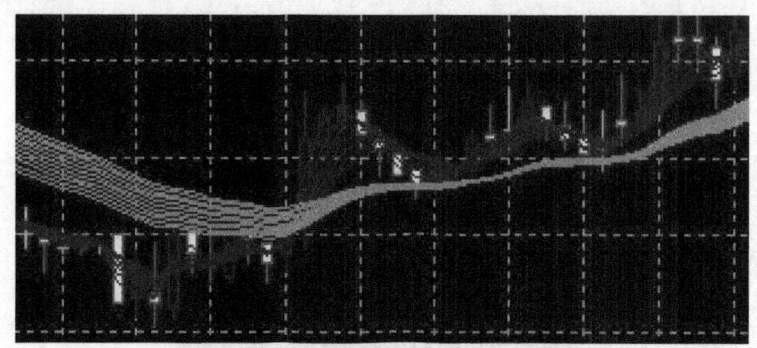

图 6-7

态向下穿越长期组,可做空。如图 6-8 所示。

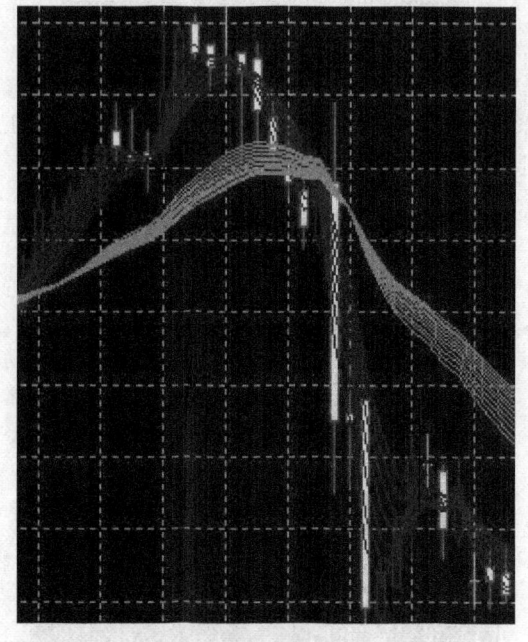

图 6-8

E.长期组聚拢点平移横盘状态下,向上扩散,且短期组呈扩散状态高出穿越长期组,可做多;反之做空。如图 6-9 所示。

F.长期组呈向上扩散状态匀速缓慢(2 个小阴线)向下聚拢,短期组呈扩散状态向下穿越长期组,可做空。如图 6-10 所示。

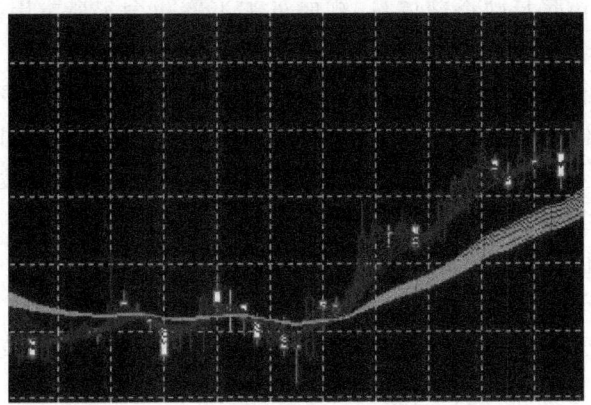

图 6-9

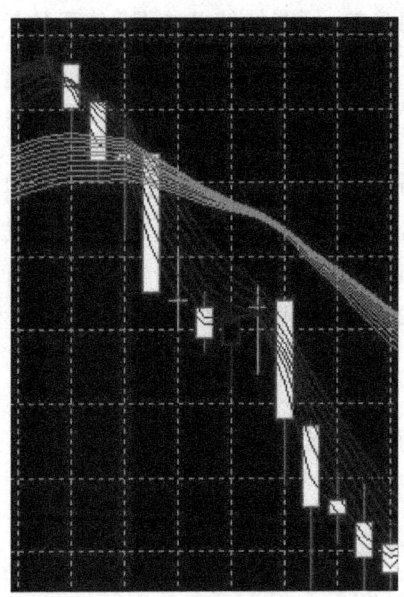

图 6-10

二、趋势分析原理经典理论之二——道氏理论

(一)道氏理论的含义

道氏理论源于 1900 年至 1902 年,查尔斯·道在《华尔街杂志》发表的一系列文章,《华尔街杂志》的一个编辑汉米尔顿(William Hamilton)进一步发展了这个理论。它主要研究的是金融市场发展趋势的决定问题。道氏理论的一

个基本假定是市场反映全部信息,现时外汇汇率包含了所有因素的影响和作用。

道氏理论的主要内容是,它认为金融市场的走势表现为三种不同的趋势:主要趋势、次级回应、细小波动。主要趋势代表长期的走向。次级回应是对主要趋势的修正,是走势的中断和反方向运动。牛市中,一个次级回应被称为暂时的下跌;熊市中,一个次级回应被称为暂时的上升。细小的波动是市场每日每时的变化。所有这三种趋势同时发生,分别类似潮汐、波浪、涟漪。

(二)道氏理论的应用

道在提出道氏理论时,主要用于观察汇价的波动,把汇价的波动类比于海潮的运动。在外汇交易行情的分析中,也可以将汇率的波动依照时间的长短区分为三种不同趋势。

1.主要趋势

指汇价变化的长期趋势,可能持续几个月,甚至数年之后才会改变波动方向。其特点是在多头市场中,一段行情的一个高点比前一个高点更高;空头市场中,一段行情的一个低点比前一个低点更低。

2.次级回应

指长期上涨趋势中的下跌阶段,或是长期下跌趋势中的回升阶段。在一个次级回应中,大约可持续两个星期到一个月或更久,反转幅度约为主要趋势的3/8。通常在一个主要趋势中,总会出现两个或三个次级回应。次级回应形态的出现,是由于投资大众的乐观或悲观的心理预期,促进价格暴涨或暴跌,引发的技术性的回档或反弹。

3.细小运动

指汇价每日每时的波动,其波动快则几个小时,慢则几天内结束,适合于短线交易者参考。

### 三、趋势分析的一般原理

(一)上升趋势

通常汇率的波动可分为上升趋势、下跌趋势和水平趋势。从事外汇交易,只有在某种货币汇率的上升趋势中买入才能获得收益,在该货币汇率的下跌趋势中买入则可能招致亏损;在水平趋势中难以判断汇率的走向,因此,水平趋势也是最考验投资者耐心与信心的时刻。在外汇交易市场上,水平趋势行情约占每年交易日的70%~80%,其余的20%~30%才属多头或空头行情。

把上升行情中两个或两个以上的价格最低点连接起来,形成的直线,称为上升趋势线。上升趋势线又称下跌支持线,因为连接最低点的直线把全部交易价支持在直线上方。价格的每次下跌,总跌不破这条直线。判断上升趋势线所指示的买卖信号的可靠性,一是要看连接趋势的点的多少,点越多,可靠性越高。在上升趋势中,每一次汇价的下跌回调均为买入机会,是外汇交易最有利的时期。

（二）下降趋势

在下跌趋势中,每一次汇价的反弹均为卖出的机会。把下降行情中两个或两个以上的价格最高点连接起来形成的直线,称为下降趋势线。下降趋势线又称为上升阻力线,因为这条线将全部交易价格压在其下方。判断下跌趋势线所指示的买卖信号的可靠性,与上升趋势线一样,一是要看连接趋势的点的多少,点越多,可靠性越高;二是看趋势线所跨越时间的长短,时间越长,可靠性越高。

（三）水平趋势

外汇交易中很多投资者经常将反弹错误地判断为下降趋势的转变,例如欧元在2000年的大幅度贬值,每次欧元的反弹均有人被深度套牢。因此,我们在外汇交易过程中要尽量远离处于下跌趋势中的币种,不要轻易认为反弹之后就是反转的到来,在下降趋势的交易中保持"宁让三分钟不抢一秒"的原则,减少发生不必要亏损的可能性。

处于水平趋势中汇价表现为横盘调整,每次波动的波峰、波谷价位差别不大,波幅较小。水平趋势多发生在市场缺乏消息引导时期或有重大消息即将公布之前的时期。

由于水平趋势突破后,汇价走势将进入上升趋势或下跌趋势,很多投资者害怕错过抄底的机会,汇价上涨立刻追进,结果汇价开始下跌,投资者又害怕汇价进入下降趋势,发生了步调错误。因此在汇价处于水平趋势时期,投资者要控制自己追涨杀跌的行为,调整操作的步调,顺应市场变化。

（四）支持(Support)线和阻力(Resistance)线

支持或阻力价位被测试的次数越多,其之后所产生的支持与阻力的作用就会越强。

支持线:是指在上升趋势中连接两个谷底并倾斜向上的一条直线。倾斜向下的连线是无效的。我们在同一个图形中可以画出很多条不同的支持线,它们的支持作用大小不同。通常来讲,支持线所跨越的时间间隔越长,汇价波动触及的次数越多,将起到的支持作用越有效。

阻力线:是在下降趋势中连接两个波峰并倾斜向下的一条直线。倾斜向上的连线是无效的。与支持线一样,我们在同一个图形中可以画出很多不同的阻力线,它们的阻力作用大小不同。通常来讲,阻力线所跨越的时间间隔越长,汇价波动触及的次数越多,将起到的阻力作用越有效。

如果阻力线被突破,在很多时候将起到支持作用,阻力线被突破后,对汇价的下跌形成一定的支持。无论支持线或阻力线通常在汇价突破后的第一次返回时这种作用最强。

在外汇交易中,往往需要参考 10 分钟图、1 小时图、4 小时图、日线图、周线图。在不同图形中,支持线、阻力线相互所产生的影响要远远大于短时间图形对长时间图形的影响。

支持价位和阻力价位的计算

支持价位和阻力价位的计算方法,主要有前期的成交密集区、图形形态显示的阻力线和支持线以及 $CDP$ 逆转操作系统。其中,逆势操作系统作为短期投资的分析工具,对汇率变动的分析与预测较为实用,其具体计算方法如下:

首先,计算 $CDP$ 数值,公式为:

$$CDP = \frac{H_n + L_n + C_n \times 2}{4}$$

其中:$H_n$ 为当前时段最高价,$L_n$ 为当前时段最低价,$C_n$ 为当前时段收盘价。

其次,计算 $P_t$ 数值,公式为:

$$P_t = H_n - 1 - L_n - 1$$

其中,$P_1$ 为阻力支持价位。

下一时段强阻力位 $= CDP + P_1$,下一时段弱阻力位 $= (CDP \times 2) - L_n$;下一时段强支持位 $= CDP - P_1$,下一时段支持位 $= (CDP \times 2) - H_n$。例如,昨日最高价 $H_n - 1 = 1.45$,最低价 $L_n - 1 = 1.42$,今日最高价 $H_n = 1.46$,最低价 $L_n = 1.43$,收盘价 $C_n = 1.455$。$CDP = (H_n + L_n + C_n \times 2) \div 4 = (1.46 + 1.43 + 1.455 \times 2) \div 4 = 1.45$,$P_t = H_n - 1 - (L_n - 1) = 1.46 - 1.43 = 0.03$,则明白阻力位和支持位结果为:

下一时段强阻力位 $= CDP + P_t = 1.45 + 0.003 = 1.48$

下一时段弱阻力位 $= CDP \times 2 - L_n = 1.45 \times 2 - 1.43 = 1.47$

下一时段强支持位 $= CDP - P_t = 1.45 - 0.03 = 1.42$

下一时段弱支持位 $= CDP \times 2 - H_n = 1.45 \times 2 - 1.46 = 1.44$

$CDP$ 的计算方法通常适用于汇率波动不大的行情走势,如果市场波动剧烈,这些阻力位和支持位很容易被突破。

(五)轨道线

在外汇交易的价格走势中,当汇价沿着趋势线上升或下降后,汇价的变动总是在一个狭窄的带状区内,这被称为轨道,构成轨道线的则是两条平行的趋势线。当价格徘徊于这个轨道之间时,交易者能够在某种程度上预测价格的变动,确定买卖行为。

汇率波动的轨道,分为侧向轨道、上升轨道和下降轨道三种。一旦汇率波动的轨道形成,投资者便可以采取适当的买卖行为,一般应该在低价位时买入,在高价位时卖出。在上升轨道中,如果汇价突破上升轨道线,投资者可以追加购买;在下降轨道中,如果汇价突破下降轨道线,投资者可以追加出售。这是因为市场力量在汇价的轨道内来回波动期间,积蓄了巨大的力量,一旦突破了轨道的局限,就会向新的方向急剧发展。

(六)突破

突破(跌破)是外汇汇率走势的一种状况和形式,外汇汇率在阻力区的上限和支持区的下限之间波动时,即市场于一个狭小的价格差距间交易了一段时间后,就形成所谓的突破走势。

在外汇交易活动中,投资者千方百计地要赚取利润,此时无论多方还是空方总会想方设法予以突破,造成趋势的反转以形成对自己有利的走势。因为盘局意味着价格波动的空间很小,赚取利润的空间也很小。

随着技术图形分析方法的普及,越来越多的外汇投资者在同一时间观看着相同的图形,使用着相似的分析方法。由于入市心态的不同,造成不同的操作观点,因此在趋势线分析方法的实际应用中出现的假突破情况也越来越多。当出现假突破的情况时,很多投资者一看到汇价突破了支持线或阻力线就立即抛出或追进,但没有多久汇价又返回了,造成亏损。

因此,在外汇交易的技术分析中,要注意判断突破的真实性,这可从市场外部和内部两方面综合分析。外部因素是指市场中是否存在能够使多方、空方足以借题发挥的消息。需要注意的是,这些消息有可能是一则正式渠道公布出来的消息,也可能是一则小道消息。内部因素是指图形上突破后的第二根或第三根K线能否保持在支持线或阻力线之外,如果有足够的能量来进行这种突破,也就表明多空双方势均力敌的平衡点能够在此被破坏。虽然这种判断突破的方法可能会使我们减少一部分赢利,但可以确保我们的判断是准确无误的。

1.支撑线

在上升行情中,连接两个或两个以上的高点形成的连线就称为支撑线,往往对行情形成支撑作用。一般而言,支撑线连接的点越多,与水平线形成的角度越小,其所形成的支撑就越来越强。一旦支撑线被跌破,很可能行情的趋势会被破坏,行情可能会转向。

2.压力线

在下降行情中,连接两个或两个以上的高点形成的连线就称为压力线,往往对行情形成压制作用。一般而言,压力线连接的点越多,与水平线形成的角度越小,其所形成的压力就越来越强。一旦压力线被突破,很可能行情的趋势会被破坏,行情可能会转向。

3.趋势线的修正

在实战中,趋势线需要不断地进行修正,以对行情的操作带来新的指引,这就是轨道线(通道)。

(1)上行通道。通过行情的波峰,平行于支撑线画一根线,形成一个上行的通道(轨道),我们称之为上行通道线。

(2)下行通道。通过行情的波谷,平行于压力线画一根线,形成一个下行的通道(轨道),我们称之为下行通道线。

当行情能够形成通道,行情的趋势就会十分明确,趋势能够维持的时间也会比较长,其所能运动的幅度也会比较大。在这种情况下,应该坚定一个方向做单策略。

(3)超强通道。在一些情况下,行情会出现超强通道。即行情在原有趋势上运行已经不能满足趋势的需求了,会出现一个更强、更陡峭的通道,这种超强通道一般会比原来通道狭窄一些。出现这样的行情如果不是因为基本面发生重大变化,则大多数情况是行情的最后一搏,是原有趋势在衰亡线的回光返照,会出现极端行情后的反转。

当然,超强通道的出现虽然不一定绝对预示行情的反转,但至少也会出现相当一段时间的整理行情。

4.趋势线突破的判断标准

使用不同周期的图表所得到的趋势线会有一些不同。而在实际的行情中,也常常出现对趋势线的假突破。如何识别这种假突破是我们应该特别关注的问题。投资者可以从以下几个方面来判断行情是否为假突破:

(1)仅仅是最低价突破趋势线,而收盘价收回趋势线内,为假突破;

(2)一至两根比较小的K线实现的突破可能是假突破;

(3)突破后,后续K线不能以较大幅度实现行情的反转,甚至返回趋势线内,为假突破;

(4)在日线图中,突破价格不能够在1‰~3‰区域内站稳,可能为假突破;

(5)在日线图中,少于连续3日的K线突破可能为假突破;

(6)结合形态理论、行情的最高价、最低价来判别突破的有限性。

## 第四节 技术指标分析法

### 一、相对强弱指标

相对强弱指标(Relative Strength Index,简称 RSI)是市场超买或超卖的技术指标,用来衡量一种汇率走势的可能性大小,是一个介于 0～100 之间的数值。相对强弱指标最早被应用于期货买卖,后来人们发现在众多的图表技术分析中,相对强弱指标的理论和实践极其适合于股票市场的短线投资,于是被用于股票升跌的测量和分析中。外汇交易同期货买卖、股票买卖相同之处是汇价的升跌最终取决于供求关系,因此,相对强弱指标在分析外汇行情上也有着广泛的应用。后来,投资者还把 RSI 的计算公式制作成电脑程序,操作者只要每天把汇价资料输入电脑,就能够获得 RSI 的数值。目前,路透社的图表分析及德励财经的图表分析均能取出 RSI 的走势图。

(一)相对强弱指标的原理

相对强弱指标的原理简单来说是以数字计算的方法求出买卖双方的力量对比,譬如有 100 个人面对一件商品,如果有 50 个人以上要买,竞相抬价,商品价格必涨。相反,如果 50 个人以上争着卖出,价格自然下跌。

相对强弱指标理论认为,任何市价的大涨或大跌,均在 0～100 之间变动,根据常态分配,认为 RSI 值多在 30～70 之间变动,通常达到 80 甚至 90 时被认为市场已达到超买状态(Overbought),至此市场价格自然会回落调整。当价格低跌至 30 以下即被认为是超卖(Oversold),市价将出现反弹回升。

(二)相对强弱指标测量法的优点

1.能较清楚地看出买卖双方的意向

何时呈现超买状态,何时呈现超卖状态一目了然,从而使人们较好地掌握买入时机。不过,任何分析工具都有其缺点,应用 RSI 的分析不能掉进公式化、机械化的泥潭中,因为任何事物都有特殊情况,RSI 超过 95 或低于 15 也并不出奇,不要一低于 30 就入市买进,高于 70 就抛售,应当结合其他图形具体分析。

2.能构成柱状图的各种图形

诸如头肩顶、双顶双底三角形、旗形、放大型、支持线、阻力线等。

RSI 的计算一般以 14 天为周期,把上升幅度作为买方力量的总和,将下跌的幅度作为卖方力量的总和,而判断汇价的未来动向,则是参看两种力量对比的结果。

### (三)相对强弱指标的五种不同的用途

(1)顶点及底点——30及70通常为超卖及超买讯号。

(2)分歧——当市况创下新高(低)但RSI并不处于新高,这通常表明市场将出现反转。

(3)支持及阻力——RSI能显示支持及阻力位,有时比价格图更能清晰反应支持及阻力。

(4)价格趋势形态——与价格图相比,价格趋势形态如双顶及头肩在RSI上表现更清晰。

(5)峰回路转——当RSI突破(超过前高或低点)时,这可能表示价格将有突变。与其他指标相同,RSI不能单独产生讯号,需与其他指标配合使用,价格的确认是决定入市价位的关键。

---

**专栏 6-1**

**相对强弱指标的计算**

1. 确定指数的跨越期

跨越期一般选择14天,有时也取20天。具体视市场波动的剧烈程度和波动周期的长短而定,如果市场波动剧烈而且周期较短,跨越期应短些;如果市场波动比较平缓,或波动周期较长,跨越期就应定长些。选择天数短则可能反应过于敏感,选择天数长则可能反应太慢。

A. 记录跨越期内每天的收盘价的涨跌值。

B. 分别计算出跨越期内收盘价上涨数的平均值和下跌数的平均值。

C. 计算相对强度(Relative Strength,简称RS)。

D. 计算RS的标准值(1+RS)。

E. 通过下面公式计算出相对强弱指数(RSI):

$$RSI = \frac{100 - 100}{1 + RS}$$

这个值就是跨越期内某一天的相对强弱指数,也就是收盘价上涨数占收盘价变动总和(上升数和下跌数之和)的百分比。

得出第一个平均数后,在计算以后的上升数或下跌数的平均值时,就可以用一个简便的公式计算。设跨越期为14天,那么以后每天上涨数或下跌数平均值 $= \dfrac{\text{前一天的平均数} \times 13 + \text{今日上涨数或下跌数}}{14}$。

这就是随后一天新的平均数的近似值。有了这两个新值,就可用上面的计算步骤求出后面这一天的相对强弱指数。现以14天为跨越期举例说明。

假设某种外汇收盘价的涨跌变化如下表所示。

**某种外汇收益盘价的涨跌情况表**

| 日期 | 涨(↑)跌(↓) | 幅度(元) | 日期 | 涨(↑)跌(↓) | 幅度(元) |
|---|---|---|---|---|---|
| 第一天 | ↑ | 3 | 第八天 | ↓ | 1 |
| 第二天 | ↓ | 2 | 第九天 | ↑ | 5 |
| 第三天 | ↑ | 5 | 第十天 | ↓ | 2 |
| 第四天 | ↑ | 7 | 第十一天 | ↓ | 8 |
| 第五天 | ↓ | 6 | 第十二天 | ↓ | 6 |
| 第六天 | ↑ | 3 | 第十三天 | ↑ | 5 |
| 第七天 | ↓ | 4 | 第十四天 | ↑ | 3 |

14 天内所有收盘价上涨幅度的平均值=2.214

14 天内所有收盘价下跌幅度=2.071

相对强度 $RS = \dfrac{2.214}{2.071} = 1.069$

标准化 $RS = 1 + 1.069 = 2.069$

相对强弱指数 $RSI = 100 - \dfrac{100}{1+1.069} = 51.668$

因此,计算日的相对强弱指数等于 51.668。

假如随后一天(第十五天)的收盘价比前一天上升 2 元,则:

该日的上升平均数 $= \dfrac{2.214 \times 13 + 2}{14} = 2.199$

该日下跌平均数 $= \dfrac{2.071 \times 13 + 0}{14} = 1.923$

$RS = \dfrac{2.199}{1.923} = 1.144$

$RSI = 100 - \dfrac{100}{1+1.144} = 53.358$

(摘自《外汇业务操作与风险管理》,吴丽华编著,厦门大学出版社,第 277~230 页)

## 二、MACD 指标

MACD 指标又叫指数平滑异同移动平均线,由查拉尔·阿佩尔(Gerald Apple)所创造的,是一种研判外汇买卖时机、跟踪汇价运行趋势的技术分析工具。

### (一)MACD 指标的原理

MACD 指标是根据均线的构造原理,对外汇价格的收盘价进行平滑处理,求出算术平均值以后再进行计算,是一种趋向类指标。

MACD 指标是运用快速(短期)和慢速(长期)移动平均线及其聚合与分离的征兆,加以双重平滑运算。根据移动平均线原理发展出来的 MACD,一则去除了移动平均线频繁发出假信号的缺陷,二则保留了移动平均线的效果,因此,MACD 指标具有均线趋势性、稳重性、安定性等特点,是用来研判买卖外汇的时机、预测外汇价格涨跌的技术分析指标。

MACD 指标主要是通过 EMA、DIF 和 DEA(或叫 MACD、DEM)这三值之间关系的研判,DIF 和 DEA 连接起来的移动平均线的研判以及 DIF 减去 DEM 值而绘制成的柱状图(BAR)的研判等来分析判断行情,预测汇价中短期趋势的主要的汇市技术分析指标。其中,DIF 是核心,DEA 是辅助。DIF 是快速平滑移动平均线(EMA1)和慢速平滑移动平均线(EMA2)的差。BAR 柱状图在外汇交易技术软件上是用红柱和绿柱的收缩来研判行情。

### (二)MACD 指标的计算方法

MACD 在应用上,首先计算出快速移动平均线(即 EMA1)和慢速移动平均线(即 EMA2),以此两个数值来作为测量两者(快慢速线)间的离差值(DIF)的依据,然后再求 DIF 的 N 周期的平滑移动平均线 DEA 线。

以 EMA1 的参数为 12 日,EMA2 的参数为 26 日,DIF 的参数为 9 日为例来看看 MACD 的计算过程:

1.计算移动平均值(EMA)

12 日 EMA 的算式为:

$$EMA(12)=前一日\ EMA(12)\times \frac{11}{13}+今日收盘价\times \frac{2}{13}$$

26 日 EMA 的算式为:

$$EMA(26)=前一日\ EMA(26)\times \frac{25}{27}+今日收盘价\times \frac{2}{27}$$

2.计算离差值(DIF)

$$DIF=今日\ EMA(12)-今日\ EMA(26)$$

### 3.计算 DIF 的 9 日 EMA

根据离差值计算其 9 日的 EMA，即离差平均值，是所求的 MACD 值。为了不与指标原名相混淆，此值又名 DEA 或 DEM。

$$今日 DEA(MACD)=前一日 DEA\times\frac{8}{10}+今日 DIF\times\frac{2}{10}$$

计算出的 DIF 和 DEA 的数值为正值或负值。

理论上，在持续的涨势中，12 日 EMA 线在 26 日 EMA 线之上，其间的正离差值（＋DIF）会越来越大；反之，在跌势中离差值可能变为负数（－DIF），也会越来越大，而在行情开始好转时，正负离差值将会缩小。指标 MACD 正是利用正负的离差值（±DIF）与离差值的 N 日平均线（N 日 EMA）的交叉信号作为买卖信号的依据，即再度以快慢速移动线的交叉原理来分析买卖信号。另外，MACD 指标还有个辅助指标——BAR 柱状线，其公式为：

$$BAR=2\times(DIF-DEA)$$

我们可以利用 BAR 柱状线的收缩来决定买卖时机。

离差值 DIF 和离差平均值 DEA 是研判 MACD 的主要工具。其计算方法比较繁琐，由于目前这些计算值都会在外汇交易分析软件上由计算机自动完成，因此，投资者只要了解其运算过程即可，而更重要的是掌握它的研判功能。另外，和其他指标的计算一样，由于选用的计算周期不同，MACD 指标也包括日 MACD 指标、周 MACD 指标、月 MACD 指标、年 MACD 指标以及分钟 MACD 指标等。经常被用于汇市研判的是日 MACD 指标和周 MACD 指标。虽然它们计算时的取值有所不同，但基本的计算方法是一样的。

在实践中，将各点的 DIF 和 DEA(MACD) 连接起来就会形成在零轴上下移动的两条快速（短期）和慢速（长期）线，此即为 MACD 图。

### （三）MACD 指标的一般研判标准

MACD 指标的一般研判标准主要是围绕快速和慢速两条均线及红、绿柱线状况和它们的形态展开。一般分析方法主要包括 DIF 和 MACD 值及它们所处的位置、DIF 和 MACD 的交叉情况、红柱状的收缩情况和 MACD 图形的形态这四个大的方面分析。

### 1.DIF 和 MACD 的值及线的位置

（1）当 DIF 和 MACD 均大于 0（即在图形上表示为它们处于零线以上）并向上移动时，一般表示为汇市处于多头行情中，可以买入或继续持有；

（2）当 DIF 和 MACD 均小于 0（即在图形上表示为它们处于零线以下）并向下移动时，一般表示为汇市处于空头行情中，可以卖出外汇或观望；

(3)当 DIF 和 MACD 均大于 0(即在图形上表示为它们处于零线以上)但都向下移动时,一般表示为外汇行情处于退潮阶段,汇率将下跌,可以卖出外汇和观望;

(4)当 DIF 和 MACD 均小于 0 时(即在图形上表示为它们处于零线以下)但向上移动时,一般表示为行情即将启动,外汇将上涨,可以买进外汇或持有待涨。

2.DIF 和 MACD 的交叉情况

(1)当 DIF 与 MACD 都在零线以上,而 DIF 向上突破 MACD 时,表明汇市处于一种强势之中,汇率将再次上涨,可以加码买进外汇或持有待涨,这就是 MACD 指标"黄金交叉"的一种形式;

(2)当 DIF 和 MACD 都在零线以下,而 DIF 向上突破 MACD 时,表明汇市即将转强,汇价跌势也即将止跌朝上,可以开始买进外汇或持有,这是 MACD 指标"黄金交叉"的另一种形式;

(3)当 DIF 与 MACD 都在零线以上,而 DIF 却向下突破 MACD 时,表明汇市即将由强势转为弱势,汇价将大跌,这时应卖出大部分外汇而不能买进,这就是 MACD 指标的"死亡交叉"的一种形式;

(4)当 DIF 和 MACD 都在零线以上,而 DIF 向下突破 MACD 时,表明汇市将再次进入极度弱市中,汇率还将下跌,可以再卖出外汇或观望,这是 MACD 指标"死亡交叉"的另一种形式。

(四)MACD 的特殊分析方法——形态法则

1.M 头和 W 底等形态

MACD 指标的研判还可以从 MACD 图形的形态来帮助研判行情。

当 MACD 的红柱或绿柱构成的图形双重顶底(即 M 头和 W 底)、三重顶底等形态时,也可以按照形态理论的研判方法来加以分析研判。

2.顶背离和底背离

MACD 指标的背离就是指 MACD 指标的图形的走势和 K 线图的走势方向正好相反。MACD 指标的背离有顶背离和底背离两种。

(1)顶背离

当汇价 K 线图的走势一峰比一峰高,汇价一直在向上涨,而 MACD 指标图形上的由红柱构成的图形走势是一峰比一峰低,即当汇价的高点比前一次的高点高、而 MACD 指标的高点比指标的前一次高点低,这叫顶背离现象。顶背离现象一般是汇价在高位即将反转形势的信号,表明汇价短期内即将下跌,是卖出外汇的信号。

(2)底背离

底背离一般出现在汇价的低位区。当汇价 K 线图上走势在下跌,而 MACD

指标图形上的由绿柱构成的图形走势是一底比一底高,即当汇价的低点比前一次低点低,而指标的低点却比前一次低点高,这叫底背离现象。底背离现象一般是预示汇价在低位可能反转向上的信号,表明汇价短期内可能反弹向上,是短期买入外汇的信号。

在实践中,MACD指标的背离一般出现在强势行情中比较可靠,汇价在高价位时,通常只要出现一次背离的形态即可确认为汇价即将反转,而汇价在低位时,一般要反复出现几次背离后才能确认。因此,MACD指标的顶背离研判的准确性要高于底背离,这点投资者要加以留意。

(五)MACD指标的实战技巧

MACD指标的实战技巧主要集中在MACD指标的"金叉"、"死叉"以及MACD指标中的红、绿柱状线的情况等方面。

1.买入信号

DIF线和MACD线的交叉情况分析

(1)0值线以下区域的弱势"黄金交叉"

MACD指标中的DIF线和MACD线在远离0值线以下区域同时向下运行很长一段时间后,当DIF线开始进行横向运行或慢慢勾头向上靠近MACD线时,如果DIF线接着向上突破MACD线,这是MACD指标的第一种"黄金交叉"。它表示汇价经过很长一段时间的下跌,并在低位整理后,汇价将开始反弹向上,是短线买入信号。对于这一种"黄金交叉",只是预示着反弹行情可能出现,并不表示该外汇的下跌趋势已经结束,汇价还有可能出现反弹行情很快结束、汇价重新下跌的情况,因此,投资者应谨慎对待,在设置好止损价位的前提下,少量买入做短线反弹行情。如图6-11所示。

(2)0值线附近区域的强势"黄金交叉"

当MACD指标中的DIF线和MACD线都运行在0值线附近区域时,如果DIF线在MACD线下方、由下向上突破MACD线,这是MACD指标的第二种"黄金交叉"。它表示汇价在经过一段时间的涨势、并在高位或低位整理后,汇价将开始一轮比较大的上涨行情,是中长线买入信号。它可能就预示着汇价的一轮升幅可观的上涨行情将很快开始,这是投资者买入外汇的比较好的时机。对于这一种"黄金交叉",投资者应区别对待。

第一,当汇价是在底部小幅上升,并经过了一段短时间的横盘整理,然后外汇放量向上突破、同时MACD指标出现这种金叉时,是长线买入信号。此时,投资者可以长线逢低建仓。

第二,当汇价是从底部启动、已经出现一轮涨幅比较大的上升行情,并经过上涨途中的比较长时间的中位回档整理,然后汇价再次掉头向上扬升、同时

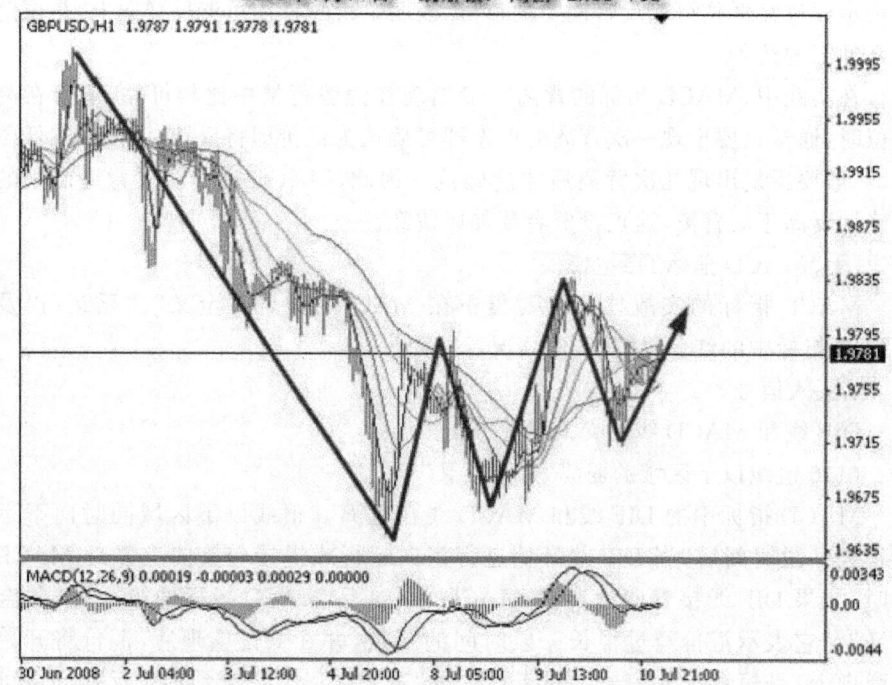

图 6-11　0 值线以下区域的弱势"黄金交叉"

MACD 指标出现这种金叉时,是中线买入信号。

(3) 0 值线以上区域的一般"黄金交叉"

当 MACD 指标中的 DIF 线和 MACD 线都运行在 0 值线以上区域时,如果 DIF 线在 MACD 线下方掉头、由下向上突破 MACD 线,这也是 MACD 指标的"黄金交叉"。它表示汇价经过一段时间的高位回档整理后,新一轮涨势开始,是买入信号。此时,激进型投资者可以短线加码买入外汇,稳健型投资者则可以继续持币待涨。

## 第五节　布林线

BOLL 指标又叫布林线指标,其英文全称是"Bolinger Bands",是用该指标的创立人(约翰·布林)的姓来命名的,是研判汇价运动趋势的一种中长期技术分析工具。

## 一、BOLL 指标的原理

BOLL 指标是约翰·布林根据统计学中的标准差原理设计出来的一种非常简单实用的技术分析指标。正是由于它具有灵活性、直观性和趋势性的特点,BOLL 指标渐渐成为市场上投资者广为应用的热门指标。

在众多技术分析指标中,BOLL 指标属于比较特殊的一类指标。绝大多数技术分析指标都是通过数量的方法构造出来的,它们本身不依赖趋势分析和形态分析,而 BOLL 指标却与汇价的形态和趋势有着密不可分的联系。

投资者常常会遇到两种最常见的交易陷阱,一是买低陷阱,投资者在所谓的低位买进之后,汇价不仅没有止跌反而不断下跌;二是卖高陷阱,投资者在所谓的高点卖出后,汇价却一路上涨。布林线特别运用了爱因斯坦的相对论,认为各类市场间都是互动的,市场内和市场间的各种变化都是相对性的,是不存在绝对性的,汇价的高低是相对的,汇价在上轨线以上或在下轨线以下只反映该汇价相对较高或较低,投资者作出投资判断前还需综合参考其他技术指标,包括价量配合、心理类指标、类比类指标、市场间的关联数据等。

总之,BOLL 指标中的汇价通道对预测未来行情的走势起着重要的参考作用,它也是布林线指标所特有的分析手段。

## 二、BOLL 指标的计算方法

在所有的指标计算中,BOLL 指标的计算方法是最复杂的之一,其中引进了统计学中的标准差概念,涉及中轨线(MB)、上轨线(UP)和下轨线(DN)的计算。另外,和其他指标的计算一样,由于选用的计算周期的不同,BOLL 指标也包括日 BOLL 指标、周 BOLL 指标、月 BOLL 指标、年 BOLL 指标以及分钟 BOLL 指标等各种类型。经常被用于汇市研判的是日 BOLL 指标和周 BOLL 指标。虽然它们的计算时的取值有所不同,但基本的计算方法一样。

以日 BOLL 指标计算为例,其计算方法如下:

1.日 BOLL 指标的计算公式

　　中轨线＝N 日的移动平均线
　　上轨线＝中轨线＋两倍的标准差
　　下轨线＝中轨线－两倍的标准差

2.日 BOLL 指标的计算过程

(1)计算 MA

$$MA = \frac{N 日内的收盘价之和}{N}$$

(2)计算标准差 MD

$$MD = \frac{平方根 N 日的(C-MA)的两次方之和}{N}$$

(3)计算 MB、UP、DN 线

MB=(N−1)日的 MA
UP=MB+2×MD
DN=MB−2×MD

在汇率的分析软件中,BOLL 指标一共由四条线组成,即上轨线 UP、中轨线 MB、下轨线 DN 和价格线。其中上轨线 UP 是 UP 数值的连线,用黄色线表示;中轨线 MB 是 MB 数值的连线,用白色线表示;下轨线 DN 是 DN 数值的连线,用紫色线表示;价格线是以美国线表示,颜色为浅蓝色。和其他技术指标一样,在实战中,投资者不需要进行 BOLL 指标的计算,主要是了解 BOLL 的计算方法和过程,以便更加深入地掌握 BOLL 指标的实质,为运用指标打下基础。

### 三、BOLL 指标的一般研判标准

(一)BOLL 指标中的上、中、下轨线的意义

(1)BOLL 指标中的上、中、下轨线所形成的汇价通道的移动范围是不确定的,通道的上下限随着汇价的上下波动而变化。在正常情况下,汇价应始终处于汇价通道内运行。如果汇价脱离汇价通道运行,则意味着行情处于极端的状态下。

(2)在 BOLL 指标中,汇价通道的上下轨是显示汇价安全运行的最高价位和最低价位。上轨线、中轨线和下轨线都可以对汇价的运行起到支撑作用,而上轨线和中轨线有时则会对汇价的运行起到压力作用。

(3)一般而言,当汇价在布林线的中轨线上方运行时,表明汇价处于强势趋势;当汇价在布林线的中轨线下方运行时,表明汇价处于弱势趋势。

(二)BOLL 指标中的上、中、下轨线之间的关系

(1)当布林线的上、中、下轨线同时向上运行时,表明汇价强势特征非常明显,汇价短期内将继续上涨,投资者应坚决持有待涨或逢低买入。

(2)当布林线的上、中、下轨线同时向下运行时,表明汇价的弱势特征非常明

显,汇价短期内将继续下跌,投资者应坚决持币观望或逢高卖出。

(3)当布林线的上轨线向下运行,而中轨线和下轨线却还在向上运行时,表明汇价处于整理态势之中。如果汇价是处于长期上升趋势时,则表明汇价是上涨途中的强势整理,投资者可以持有观望或逢低短线买入;如果汇价是处于长期下跌趋势时,则表明汇价是下跌途中的弱势整理,投资者应以持币观望或逢高减仓为主。

(4)布林线的上轨线向上运行,而中轨线和下轨线同时向下运行的可能性非常少,这里就不作研判。

(5)当布林线的上、中、下轨线几乎同时处于水平方向横向运行时,则要看汇价目前的走势处于什么样的情况下来判断。

A.当股价前期一直处于长时间的下跌行情后开始出现布林线的三条线横向移动时,表明汇价是处于构筑底部阶段,投资者可以开始分批少量建仓。一旦三条线向上发散则可加大买入力度。

B.当汇价前期是处于小幅的上涨行情后开始出现布林线的三条线横向移动,表明汇价是处于上升阶段的整理行情,投资者可以持有待涨或逢低短线吸纳,一旦三条线向上发散则可短线加码买入。

C.当汇价刚刚经历一轮大跌行情时开始出现布林线的三条线横向移动,表明汇价是处于下跌阶段的整理行情,投资者应以持币观望和逢高减仓为主,一旦三条线向下发散则坚决清仓离场。

D.布林线三条线在顶部横向运动的可能性极小,这里也不作研判。

(三)美国线(或 K 线)和布林线上、中、下轨之间的关系

(1)当美国线从布林线的中轨线以下、向上突破布林线中轨线时,预示着汇价的强势特征开始出现,汇价将上涨,投资者应以中长线买入为主。

(2)当美国线从布林线的中轨线以上、向上突破布林线上轨时,预示着汇价的强势特征已经确立,汇价将可能短线大涨,投资者应以持有待涨或短线买入为主。

(3)当美国线向上突破布林线上轨以后,其运动方向继续向上时,如果布林线的上、中、下轨线的运动方向也同时向上,则预示着汇市的强势特征依旧,汇价短期内还将上涨,投资者应坚决持有待涨,直到美国线的运动方向开始有掉头向下的迹象时才密切注意行情是否转势。

(4)当美国线在布林线上方向上运动了一段时间后,如果美国线的运动方向开始掉头向下,投资者应格外小心,一旦美国线掉头向下并突破布林线上轨时,预示着汇价短期的强势行情可能结束,汇价短期内将大跌,投资者应及时短线卖出股票、离场观望。

(5)当美国线从布林线的上方、向下突破布林线上轨后,如果布林线的上、中、下轨线的运动方向也开始同时向下,预示着汇价的短期强势行情即将结束,汇价的短期走势不容乐观,投资者应以逢高减仓为主。

(6)当美国线从布林线中轨上方、向下突破布林线的中轨时,预示着汇价前期的强势行情已经结束,汇价的中期下跌趋势已经形成,投资者应中线及时卖出外汇。如果布林线的上、中、下线也同时向下则更能确认。

(7)当美国线向下跌破布林线的下轨并继续向下时,预示着汇价处于极度弱势行情,投资者应坚决以持币观望为主,尽量不买入。

(8)当美国线在布林线下轨运行了一段时间后,如果美国线的运动方向有掉头向上的迹象时,表明汇价短期内将止跌企稳,投资者可以少量逢低建仓。

(9)当美国线从布林线下轨下方、向上突破布林线下轨时,预示着汇价的短期行情可能回暖,投资者可以及时适量买进,作短线反弹行情。

(10)当美国线一直处于中轨线上方,并和中轨线一起向上运动时,表明汇价处于强势上涨过程中,只要美国线不跌破中轨线,投资者坚决一路持有。

(11)当美国线一直处于中轨线下方,并和中轨线一起向下运动时,表明汇价处于弱势下跌过程中,只要美国线不向上反转突破中轨线,稳健的投资者都可一路观望。

**【本章小结】**

1.技术分析法是一种借助技术分析工具——图表来分析外汇市场过去的汇率和外汇成交量的变动趋势,预测未来汇率变动的走势的分析方法。技术分析是建立在一系列理论假设的基础上的。其主要假设如下:第一,外汇汇率的变动,仅由供求关系决定;第二,影响供求的因素极其复杂;第三,不计市场微小的波动,汇率会在一段相当长的时间内保持一种趋势;第四,汇率移动固然是根据供求关系的变动而变动,但这种变动迟早可以用线路图形形态观察出来。

2.技术分析有三个前提条件:一是市场行情说明一切,所有的技术因素都反映在价格走势中;二是历史不断重复其自身;三是价格按照趋势变动,有一定的规律存在,人们可以发现并利用它来指导自己的实践。技术分析包括很多种方法,大体可以分成三类:第一类,机械趋势交易;第二类,线路趋势交易;第三类,技术性资料分析。

3.技术分析所利用的图表主要有点数图、曲线图、直线图和K线图。技术分析方法主要有趋势分析、形态分析以及技术指标分析(包括相对强弱指标和MACD指标等)等。

4.技术分析原理中的移动平均线是大部分技术分析指标的基础。移动平均线是利用数理统计的方法,将数个时间段的汇价进行平均值计算,以计算出在某个指定的时间内某种外汇的平均值。道氏理论是根据价格模式的研究,推测未来价格行为的一种方法,它对后来出现的技术分析方法有相当重要的影响。BOLL 指标又叫布林线指标,是研判汇价运动趋势的一种中长期技术分析工具。它与汇价的形态和趋势有着密不可分的联系。

【习题】

(一)思考题

1.名词解释:移动平均线 MA、随机指数 KD、道氏理论、波浪理论
2.什么是图表分析法?
3.简述平滑线图、柱状图、蜡烛图以及点数图的基本特征。

(二)选择题

1.银行间外汇交易额通常以(　　)为整数倍。
A.100 万美元　　　　　　　　B.50 万美元
C.1 000 万美元　　　　　　　D.10 万美元
2.移动平均线一般有以每 5 天、10 天、20 天、30 天以及半年计算的平均线。移动平均线包含的天数越多,(　　)。
A.画出的曲线越平缓,汇率走势就越缓慢
B.画出的曲线越平缓,汇率走势就越急迫
C.画出的曲线越陡峭,汇率走势越缓慢
D.画出的曲线越陡峭,汇率走势越急迫
3.下面陈述中,正确的是(　　)。
A.道氏理论不预测趋势持续的方向,仅预测趋势持续的时间
B.道氏理论不预测趋势持续的时间,仅预测趋势持续的方向
C.道氏理论预测趋势持续的方向和时间
D.以上都不对

第三篇

# 外汇交易的品种

WAI HUI JIAO YI SHI WU

第三卷

作出国之作

# 第七章

# 传统的外汇交易一
## ——即期外汇交易

**学习目的**

通过本章学习,要求掌握即期外汇交易的概念、交割日的确定、报价惯例与报价依据,熟练掌握即期套算汇率的计算,熟悉即期外汇交易的操作技巧。本章难点是即期套算汇率的计算。

## 第一节 即期外汇交易的定义与作用

### 一、即期外汇交易概念及基本术语

(一)即期外汇交易的概念

即期外汇交易(Spot Exchange Transactions):又称现汇交易,是指外汇买卖成交后,交易双方于当天或两个营业日内办理交割手续的一种外汇业务。即期外汇交易是国际外汇市场上最常用的一种交易方式,其交易量居各类外汇交易之首,主要是因为即期外汇买卖不但可以满足买方临时性的付款需要,也可以帮助买卖双方调整外汇头寸的货币比例,以避免外汇汇率风险。

(二)即期外汇交易的基本术语

1.成交

在外汇交易中,成交是指确定外汇买卖协议,该协议规定了外汇交易的买方、卖方、买卖币种、数量、价格及交割标准。成交仅指确定买卖关系,并不发生实际收付行为。

2.营业日

即工作日(Working Day),指一国法定休息日和节假日以外的工作日期。

3.交割(Delivery)

指买卖成交后交易双方完成实际货币收付的"钱货两清"行为,具体表现为:成交后交易双方分别按照对方的要求,将卖出的货币解入对方指定的银行账户中。

## 二、即期外汇交易交割日的确定

(一)即期交割日的分类

即期外汇交易的交割日(Delivery Date)也称为结算日或起息日(Value Date),是买卖双方实际收付资金的日期,也是双方资金开始计息的日子。即期外汇的交割日包括以下三种情况:

(1)T+2,标准交割日(Value Spot or Val SP):交割日为成交后的第二个营业日。目前世界上大多数即期外汇交易采用T+2交割。

(2)T+1,翌日或明日交割(Value Tomorrow or VAL TOM):交割日为成交后第一个营业日。

(3)T+0,当日交割(Value Today or VAL TOD):交割日为成交当天。

(二)即期交割日的确定规则

交割日必须是两种货币共同的营业日,只有这样才能将货币交付对方,故其规则如下:

(1)交割日必须是两种货币共同的营业日,至少应该是付款地市场的营业日。

(2)交易必须遵循"价值抵偿原则",即一项外汇交易合同的双方必须在同一时间进行交割,以免任何一方因交割不同而蒙受损失。

(3)成交后若不是营业日,则即期交割日必须向后顺延。比如一笔周五达成的标准交割日的即期外汇交易,周六、周日不是工作日,交割日应该顺延至下一周的周二。另外如果成交后的第一天是两个结算国中某国银行的节假日,则这一天不算营业日,交割时间顺延一天。同理,成交后的第一天是两国的营业日,而第二天是一国的假日,则同样要顺延一天;但是如果交易涉及美元的交割则情况例外,如果交易后的第一天在美国是假日而在另一国不是,则这一天也算作营业日。如美元买入欧元,成交日在周一,周二是美国的假日而另一国不是,周三是双方的营业日,则双方仍然在周三进行交割。

## 三、即期外汇交易的作用

即期外汇交易是最基本的外汇交易形式。它主要有以下三个作用:

（一）即期外汇交易可以满足客户临时性的支付需要

通过即期外汇交易业务,客户可以将手上的一种外币即时兑换成另一种外币,用以应付进出口贸易、投标、海外工程承包等的外汇结算或归还外汇贷款。例如,A公司需在星期三归还某外国银行美元贷款100万,而A公司只持有日元,它可以在星期一按当日即期汇率向银行购入美元100万,出售日元。星期三,A公司将1亿500万日元通过转账划给银行;同时银行将100万美元交付给A公司,A公司便可将美元汇出以归还贷款。

（二）即期外汇交易可以帮助客户调整手中外币的币种结构

通过即期外汇交易,可以帮助客户调整手中外币的币种结构。如某公司原有的外币资产均为美元,现遵循"不要把所有的鸡蛋放在同一个篮子里"的原则,通过即期外汇交易,将其全部外币资产的10%由美元调整为欧元,5%调整为日元,通过此种组合可以分散外汇风险。

（三）即期外汇交易还是外汇投机的重要工具

这种投机行为既有可能带来丰厚利润,也可能造成巨额亏损。

## 第二节　即期外汇交易的报价与套算汇率

### 一、即期外汇交易的报价惯例

**案例 7-1**

询价方:What's your spot USD JPY,pls?（请问即期美元兑日元报什么价?）

报价方:20/30.

询价方:Yours USD 1 或 Sell USD 1.("1"代表100万)。

报价方:OK,done.（好了,成交）

注:在即期外汇市场上,一般把提供交易价格（汇价）的机构称为报价方,通常由外汇银行充当这一角色;与此相对,把向报价方索价并在报价方所提供的即期汇价上与报价方成交的其他外汇银行、外汇经纪商、个人和中央银行等称为询价方。

下面结合这个典型而简短的交易案例,谈谈外汇交易的报价方法及报价惯例。

### (一)采用美元标价法

在外汇交易中,除特殊标明外,所有货币的汇价都是针对美元的,即采用以美元为中心的报价方法。在美元标价法中,除英镑、欧元、澳大利亚元、新西兰元、南非兰特的汇价是采用以一单位货币等值多少美元标价,其他可兑换货币的汇价均采用以一单位美元等于多少该币标价。

### (二)采用双向报价法

即报价方(Quoting Party)对所有可兑换货币的报价,都必须同时报出买入价格(Bid Rate)和卖出价格(Offer Rate)。

例如,当外汇银行 A 某时接受对方询价,报出英镑汇率为:GBP/USD 1.4650/60。在该报价中,1.4650 为买入价格,表示外汇银行 A 此时买入单位货币英镑的价格;1.4660 为卖出价格,表示外汇银行 A 此时卖出单位货币英镑的价格。

在外汇交易中,当报价方对询价方(Calling Party)报出某种货币买卖价的同时,报价银行(Quoting Bank)也就承担了以这一价格买进或卖出一定金额货币的义务,但条件是询价方同意在报价方报价的基础上立即成交。报刊公布的外汇交易中间价只供参考,不能作为外汇交易的依据。

### (三)使用点数报价法

由于外汇市场的汇率波动极其频繁,银行同业间的外汇买卖往往采用省略形式,按惯例一般只报汇率的最后两位数,例如,GBP/USD 的汇率 1.4650/60,一般只报 50/60,只有双方成交后进行证实时,才使用全数报价法。案例 7-1 中 20/30 也是点数报价法。

### (四)交易额通常以 100 万为 1 个单位

我国股票交易的交易单位"1 手"为 100 股,而外汇交易的交易单位"1 手"为 100 万美元,上例的"USD 1"即表示 100 万美元。外汇交易的金额一般为 100 万美元的整数倍,如 Five Dollar 表示 500 万美元。如果交易额低于 100 万美元者,应在询价时预先说明是小额(Small),并报出具体交易金额。

### (五)交易双方必须恪守信用

交易双方必须恪守信用,共同遵守"一言为定"和"我的话就是合同"的惯例,即买卖一经成交就不得反悔,以电话录音、电传机打印的交易记录或路透社交易系统打印出来的文字记录为交易依据。

### (六)采用简洁明了的规范化语言即行话,做到省时省事

由于汇率变化很快,客观上要求交易双方以最短的时间完成交易,为了节省

时间,交易者常使用规范化的行话,做到省时省事。以下就是一些常用的交易术语即行话:

| | |
|---|---|
| TAKE | 买进 |
| BUY | 买进 |
| BID | 买进 |
| MINE | 我方买进 |
| GIVE | 卖出 |
| SELL | 卖出 |
| OFFER | 卖出 |
| YOURS | 我方卖出 |
| MARKET MAKER | 报价行 |
| I SELL YOU FIVE USD | 我卖给你500万美元 |
| VALUE | 起息日 |
| ODD DATE | 不规则起息日 |
| BROKEN DATE | 不规则起息日 |
| DEALING PRICE | 交易汇价 |
| INDICATION RATE | 参考汇价 |
| SMALL | 小金额 |
| CABLE | 英镑/美元汇率 |
| STOCKY | 瑞典克朗/美元汇率 |
| OSLO | 挪威克朗/美元汇率 |
| COPEY | 丹麦克朗/美元汇率 |
| OZZIE | 澳大利亚元/美元汇率 |
| FUNDS | 加拿大元/美元汇率 |
| TT | 港币/美元汇率 |
| SWISSY | 瑞士法郎/美元汇率 |
| MP( MOMENT PERIOD) | 稍候 |
| OUT | 取消报价 |
| OFF | 取消报价 |
| OVERBOUGHT(LONG) | 多头 |
| OVERSOLD(SHORT) | 空头 |
| POSITION | 头寸 |
| SQUARE | 平仓(平头寸,将多头抛出,或将空头补进) |

## 二、即期外汇交易的报价依据

外汇银行在进行报价时,要综合考虑各种因素,这些因素是其报价的依据。

### (一)当前的市场行情

当前的市场最新行情是决定性报价依据。市场行情包括:

(1)现行的市场价格,指市场上前一笔交易的成交价或市场上核心成员的买价或卖价。

(2)市场情绪,即指报价行对外报价时,市场是处于上升或下降的压力下。若市场有明显的上升或下降心理预期,货币的走势就较容易朝预期的价位波动,交易员必须了解目前市场的预期心理以调整所持的头寸,使自己处于有利的地位。

(3)询价者的交易意图

通常情况下,询价者在询价时是不透露交易意图的,有经验的交易员在报价时,会努力推测询价者的交易目的(买入或卖出),借此调整价格。若询价方欲卖出某种货币,报价则稍稍压低一些,反之则抬高一点。但不一定实际有效。

### (二)交易员本身已持有的头寸

交易员接到询盘时,首先要考虑已持有货币的头寸情况及金额大小。若已持询价者所询货币为多头且金额很大,则报价者可能偏低开报该币价格,反之,则高报以吸引询价者抛售。

### (三)各种货币的风险特性

每种货币都有其个性。交易员必须了解每种货币的特性,才能在报价时,报出适当的价格。

## 三、即期套算汇率的计算

在国际市场上,几乎所有的货币兑美元都有一个兑换率,银行一般报出美元与其他货币之间的即期汇率(即直盘或直接汇率),但有时候,往往需要知道一种非美元货币对另外一种非美元货币的汇率(即交叉盘),如瑞士法郎兑日元、英镑兑瑞士法郎等。这时就需要以美元为桥梁来计算两种非美货币之间的汇率,这种套算出来的汇率就称为套算汇率或交叉汇率(Crossing Rate)。套算汇率的一个显著特征是一个汇率所涉及的是两种非美元货币间的兑换率。

套算汇率的计算方法可以概括为:"三种情况,两种方法——交叉相除和同边相乘",下面进行详细说明。

### (一)第一种情况

已知的两个即期汇率中,美元都是单位货币,则求两个非美元货币之间的套算汇率应通过交叉相除计算得出。

【例7-1】已知:USD/JPY=100.10/20

USD/HKD=7.7860/80

求:HKD/JPY=?

解:已知的两个即期汇率中,美元都是单位货币,计算套汇汇率应交叉相除得出。具体过程如下:

由 USD/JPY=100.10/20

USD/HKD=7.7860/80

得,HKD/JPY = $\dfrac{100.10}{7.7880}$ / $\dfrac{100.20}{7.7860}$

= 12.8531/12.8693

故 HKD/CNY 的汇率为 12.8531/12.8693。

(二)第二种情况

已知的两个即期汇率中,美元都是报价货币,则求两个非美元货币之间的套算汇率应通过交叉相除计算得出。

【例7-2】已知:GBP/USD=1.5260/80

AUD/USD=0.7150/60

求 GBP/AUD=?

解:已知的两个即期汇率中,美元都是报价货币,计算套汇汇率也应交叉相除得出。具体过程如下:

由 GBP/USD=1.5260/80

AUD/USD=0.7150/60

得,GBP/AUD = $\dfrac{1.5260}{0.7160}$ / $\dfrac{1.5280}{0.7150}$

= 2.1313/2.1371

故 GBP/AUD 的汇率为 2.1313/2.1371。

(三)第三种情况

已知的两个即期汇率中,其中一个即期汇率以美元作为单位货币,另一个即期汇率以美元作为报价货币,则计算非美货币之间的套算汇率应通过同边相乘得出。

【例7-3】已知:EUR/USD=1.2020/40

USD/CNY=6.8760/80

求:EUR/CNY=?

解:已知的两个即期汇率中,美元分别充当单位货币和报价货币,套算汇率应通过同边相乘的方法得出。具体过程如下:

由 EUR/USD=1.2020/40

USD/CNY=6.8760/80

得,EUR/CNY =1.2020×6.8760/1.2040×6.8780
=8.2650/8.2811

故 EUR/CNY 的汇率为 8.2650/8.2811。

## 第三节　即期外汇交易的交易程序及范例

### 一、即期外汇交易的交易程序

**案例 7-2**

Date: October 11 Wednesday.

Bank A: "Hi! Bank of China, Beijing Branch calling, spot dollar for HK dollar please?" ——询价行询价

Bank B: "55—60." ——报价行报价

Bank A: "At 55 I sell you 3 million dollars."

Bank B: "OK, done." ——成交

At 7.8755 I buy 3 million dollars agaist HK dollars, value October 13, dollars to Citybank New York, my account No. 123456 please. For you?" ——证实

Bank A: "My HK dollars to Bank of China Beijing, account No. 654321. Thank you for deal." ——证实

译文:

A 银行:"您好!中国银行北京分行,请报出即期美元兑港币的汇价?"

B 银行:"55—60。"

A 银行:"我以 55 的价格卖出 300 万美元。"

> B银行:"好,成交。我以7.8755的汇率买入300万美元,起息日10月13日。请将美元汇入我纽约花旗银行,账户是123456。您的港元要到汇哪儿?"
>
> A银行:"请将港元汇入到中国银行北京分行,账户是654321。谢谢。"

从该交易案例可以看出,银行同业间外汇买卖的交易程序包括:

(1)询价行叫通对方电话、电传,或在路透交易机上输入自己终端密码,呼叫对方银行,自报家门,说明自己的行名。

(2)询价行询价(Asking)。自报家门后即要求向对方银行(报价行)询价,询价内容包括买卖货币名称、外汇种类、交割日、金额。

(3)报价行报价(Quotation)。报价行要根据询价行要求以最快的速度报出买价和卖价。如果对于一些比较复杂的报价,需要进行简单的计算,可以要求询价行稍候,但也不能拖得太久。为了提高效率,报价行报价时只报出汇率的最后两位数,即"小数"。如案例7-2中B银行美元对港币的行情是7.8755/7.8760,汇率中的大数部分7.87被省略,只有小数部分"55—60"才被提到。另外,由于外汇市场汇率波动频繁,询价方在报价方报出价格后,应立即决定成交还是不成交(Nothing)。若询价方没有说出"买入"或"卖出"之前,报价方有权力更改报价,之前的报价随之失效,询价方需要等待对方重新给出一个新的报价才能继续进行交易。

(4)成交(Done)。先由询价行表示买的金额或卖的金额,然后由报价行拍板承诺,表示"OK DONE"。

(5)证实(Confirmation)。证实是指交易做成后,交易双方再把交易内容不厌其烦地复述一遍,并告诉对方资金清算路线,记录在案。按国际外汇交易惯例,不管交易的过程或双方的初衷如何,一切的一切均以最后的证实为准。因此不管交易如何匆忙,为保证交易不出差错,交易双方必须互相证实,其内容包括:买卖货币的名称、汇率、具体金额、起息日及交割办法等。即期外汇交易一经成交,双方不得反悔、更改或取消。

二、即期外汇交易的交易范例

范例一:

| | |
|---|---|
| A:SP JPY. | A银行:请报即期日元的价格。 |
| B:30/50. | B银行:30/35。 |
| A:5MINE. | 银行:买入美元500万。 |
| B:DONE! | B银行:成交! |
| AT 109.50 I SELL USD | 证实在109.50我卖出美元 |

| | |
|---|---|
| 5 MIO AGAINST JPY | 500万对日元， |
| VAL NOV 13 2004, | 起息日为2004年11月13日， |
| MY JPY PLS TO BANK B TOKYO, | 我的日元请入B银行东京分行账户， |
| THANK FOR THE DEAL BIBI. | 谢谢！ |
| A:ALL AGREED! | A银行:同意以上条款！ |
| MY USD PLS TO BANK A N.Y., | 我的美元请入A银行纽约分行账户， |
| TKS FOR THE DEAL BIBI FRDS. | 谢谢交易,再见。 |

范例二：

| | |
|---|---|
| W:SPOT CHF 1? | 询价行W询价:金额为100万美元的即期瑞士法郎汇价？ |
| Q:CHF 1.2213/18. | 报价行Q报价:价格为1美元=1.221 3/18瑞士法郎。 |
| W:13 DONE MY CHF TO | W行:以1.2213的价格,卖出美元100万, |
| OUR ZURICH A/C. | 把瑞士法郎汇入我们苏黎世的瑞郎账户。 |
| Q:AGREE CHF AT 1.2213 | Q行:此笔交易已经成交, |
| WE BUY USD 1 MIO AG CHF | 我行以1.2213买入美元100万,卖出瑞士法郎， |
| VAL MAY 20 USD TO OUR N.Y. | 交割日为5月20日,请将美元汇入我行在纽约的美元账户。 |
| TKS FOR CALLING AND DEAL BIBI. | 谢谢W行的询价及交易。 |
| W:TKS FOR PRICE BIBI. | W行:谢谢Q行的报价。 |

【本章小结】

1.即期外汇交易(Spot Exchange Transactions):又称现汇交易,是指外汇买卖成交后,交易双方于当天或两个营业日内办理交割手续的一种外汇业务。即期外汇交易是国际外汇市场上最常用的一种交易方式,其交易量居各类外汇交易之首,主要是因为即期外汇买卖不但可以满足买方临时性的付款需要,也可以帮助买卖双方调整外汇头寸的货币比例,以避免外汇汇率风险。

2.即期外汇交易交割日期主要有:标准交割日(VAL SP)、隔日交割(VAL

TOM)、当日交割(VAL TOD)。

3.在外汇市场上,即期外汇交易的报价惯例主要包括:美元标价法、双向报价法、点数报价法;即期外汇交易的报价依据必须考虑:当前的市场行情、交易者手中的头寸及各种货币的风险特性等。

4.在国际市场上,几乎所有的货币兑美元都有一个兑换率,银行一般报出美元与其他货币之间的即期汇率(即直盘或直接汇率),但有时候,往往需要知道一种非美元货币对另外一种非美元货币的汇率(即交叉盘),如瑞士法郎兑日元、英镑兑瑞士法郎等。这时就需要以美元为桥梁来计算两种非美货币之间的汇率,这种套算出来的汇率就称为套算汇率或交叉汇率(Crossing Rate)。套算汇率的一个显著特征是一个汇率所涉及的是两种非美元货币间的兑换率。套算汇率的计算方法可以概括为:"三种情况,两种方法——交叉相除和同边相乘"。

5.银行同业间即期外汇买卖的交易程序是:询价行询价→报价行报价→成交→交割。

【习题】

(一)思考题

1.什么是即期外汇交易?
2.简述成交与交割的含义。
3.即期外汇交易的交割日有几种情况,如何确定?
4.即期外汇交易是如何报价的?报价惯例和依据是什么?
5.即期外汇交易的交易程序是什么?
6.如何计算即期套算汇率?
7.请翻译以下函电:

A BANK:HI BANK OF CHINA TIANJIN,CALLING SPOT GBP FOR 5USD,PLS

B BANK:37/41

A BANK:5 YOURS

B BANK:OK DONE,AT 1.5441 WE BUY USD 5MIO AGAINST GBP VALUE JAN 20 USD TO MANTRUST FOR OUR A/C 632-9-52781

A BANK:OK,ALL AGREED GBP TO STANCHART BANK LONDON FOR OUR A/C 483 726,TKS

(二)计算题

1.某日中行报价：USD/JPY=108.00/15。

问：若A公司买100万日元,适用汇率是多少？同时,B公司卖100万日元,适用汇率又是多少？

2.计算下列即期套算汇率：

已知 USD/CAD=1.2150/60,GBP/USD=1.9260/80,求 GBP/CAD。

已知 USD/CAD=1.2150/60,USD/JPY=107.50/60,求 CAD/JPY。

已知 GBP/USD=1.3260/80,AUD/USD=0.8150/60,求 GBP/AUD。

(三)单项选择题

1.某日市场上的即期汇率为 USD/CAD=1.2155,该报价中小数为(　　)。

A.1　　　　　B.1.21　　　　　C.55　　　　　D.0.0055

2.某银行交易员今天作了如下交易(+表示 LONG,-表示 SHOT)：

| 被报价货币 | 汇率 | 报价货币 |
|---|---|---|
| USD+100 000 | 1.3520 | CHF-135 200 |
| USD-200 000 | 110.20 | JPY+22 040 000 |
| GBP-100 000 | 1.3000 | USD+170 000 |

则 USD、GBP、CHF、JPY 分别为(　　)。

A.多头、空头、空头、多头　　　　B.多头、多头、空头、空头

C.空头、空头、空头、多头　　　　D.空头、多头、多头、多头

3.某市场上的昨日收盘价为 USD/SGD=1.5820,若今日开盘被报价货币上涨50BP,则其开盘价为(　　)。

A.1.5770　　　B.1.5870　　　C.1.5820　　　D.1.5850

4.某银行的汇率报价 AUD/USD=0.6970/80,若询价者要买入 AUD,他将按(　　)价格成交。

A.0.6970　　　B.0.6980

5.甲、乙、丙三家银行的报价分别为 USD/SGD=1.6150/57、1.6152/58、1.6151/56,若询价者要购买美元,哪家银行的报价最好？哪家银行的报价最具竞争性？(　　)

A.甲、乙　　　B.乙、丙　　　C.甲、甲　　　D.丙、丙

E.甲、丙

6.根据下列行情,回答问题：

| EUR | JPY | 127.74 | 127.78 | 04—13 22:05 |
| EUR | CHF | 1.5518 | 1.5522 | 04—13 22.05 |
| EUR | GBP | 0.6568 | 0.6572 | 04—1 322.05 |

(1)在外汇交易的行情中,这种行情被称为(　　)。
A.直盘　　　　B.交差盘　　　C.欧元报价法　D.套算盘
(2)行情表中,被报价货币为(　　)。
A.EUR　　　　B.JPY　　　　　C.CHF　　　　D.GBP
(3)行情表中,能正确表示报价行的OFFER价的一组数据是(　　)。
A.127.74,1.5518,0.6568　　　　B.127.78,1.5522,0.6572
C.27.74,1.5522,0.6572　　　　　D.127.78,1.5522,0.6568

外汇交易实务

# 第八章

# 传统的外汇交易二
## ——远期外汇交易

**学习目的**

通过本章学习,要求了解远期外汇交易的概念、分类及交易动机,理解远期外汇交易的特点及其交割日的确定惯例,掌握远期外汇交易的报价方法和远期汇率的概念及其相关计算,熟悉远期外汇交易的运用。本章的难点是择期交易原理、特点和报价及远期外汇交易的套期保值的计算。

某日本进口商从美国进口一批商品,按合同规定日进口商3个月后需向美国出口商支付100万美元货款。签约时,美元兑日元的即期汇率为110.20,付款日的市场即期汇率为110.30,假定日本进口商在签约时未采取任何保值措施,而是等到付款日时在即期市场上按110.30的价格买入美元支付货款,显然因计价货币美元升值,日本进口商需付出更多的日元才能买到100万美元,用以支付进口货款,由此增加进口成本遭受了汇率变动的风险。

那么,外汇市场上有没有交易手段可使日本进口商能够预先锁定进口成本,避免因汇率变动而遭受的损失呢?本章将要介绍的远期外汇交易就是日进口商可以选择的一种保值手段。

# 第一节 远期外汇交易的概述

## 一、远期外汇交易的概念

远期外汇交易(Forward Exchange Transaction),又称期汇交易,是指外汇买卖成交后并不立即办理交割,而是事先约定币种、金额、汇率、交割时间等交易条件,于两个工作日以后才进行实际交割的外汇业务。

学习远期外汇交易的概念应注意以下几点:

(1)在远期外汇交易中,双方必须订立远期合约(Forward Exchange Contract)。合约规定交易币种、金额、约定的远期汇率、交割时间及地点等交易内容。

(2)远期期限:最短的远期外汇交易期限为成交日后的第 3 个营业日,最长的远期期限可达到 10 年。远期外汇合约较常见的远期期限有 1 个月、2 个月、3 个月、6 个月、9 个月和 12 个月等,最常用的是 3 个月期的远期外汇交易,这是因为国际贸易往往是在双方成交后的 3 个月付款。另外,有些客户需要特殊期限的远期交易,比如 52 天、97 天等,这些客户可以同银行签订特殊日期的远期外汇合约,进行零星交易(Odd Date Transaction 或 Broken Date Transaction)。

(3)远期外汇交易与即期外汇交易的区别在于:第一,远期外汇交易的交割日至少在成交后的两个营业日之后,而即期外汇交易的交割日则在成交后的两个营业日之内,这是两者最主要的区别。第二,远期外汇交易一定要签订正式的书面合约,即期外汇交易一般不需要签订书面合约。

## 二、远期外汇交易的特点

远期外汇交易的特点主要有:

(1)远期外汇合约中的条款,如汇率、交割方式、金额等由交易双方自行协商确定,双方签订合同后,无需立即支付外汇或本国货币,而是延至将来某个约定的时间。

(2)远期外汇交易一般在场外进行,它属于无形市场,没有固定场所和交易时间,可以 24 小时进行交易。

(3)买卖规模较大;买卖的目的,主要是为了保值或投机。

(4)外汇银行与客户签订的合同须经外汇经纪人担保。此外,客户还应缴存一定数量的押金或抵押品。当汇率变化不大时,银行可把押金或抵押品抵补应负担的损失。当汇率变化使客户的损失超过押金或抵押品时,银行就应通知客户加存押金或抵押品,否则,合同就无效。客户所存的押金,银行视其为存款予以计息。

### 三、远期外汇交易交割日的确定惯例

远期外汇交易交割日的确定规则可以概括为"日对日、月底日对月底日、节假日顺延、不跨月"。具体情况如下:

(1)"日对日":指远期交割日与成交时的即期交割日相对,即远期外汇交易交割日的确定一般是以即期外汇交易的交割日为基准,在当天即期外汇交易交割日的基础上加上相应的远期期限。例如,如果远期外汇交易的成交日是 2009 年 3 月 9 日(星期一),3 月 11 日为即期交割日,则标准远期交割日为 4 月 11 日(一个月远期)、5 月 11 日(两个月远期)、6 月 11 日(三个月远期)、9 月 11 日(六个月远期)等等。

(2)"月底日对月底日":即"双底"惯例,指如果即期交割日是当月的最后一个营业日,则远期外汇交易的交割日也应该是交割月的最后一个营业日,而不论日期是否相符。如即期交割日为 1 月 31 日,则一个月期限的远期交割日为 2 月 26 日至 29 日之间的最后一个营业日,而绝对不可能为 2 月 31 日,因为 2 月份没有 31 日。

(3)"节假日顺延":指远期外汇交易的交割日必须是交易双方的营业日,如正好碰上非营业日则交割日顺延。

(4)"不跨月":指若远期交割日遇上节假日顺延时,不能跨过交割日所在月份,只能回推到前一个营业日。比如远期交割日为 5 月 30 日,恰逢该日是星期六为非营业日,则应在 5 月 29 日(双方的营业日)进行交割,而不能跨过 5 月推到 6 月 1 日交割。

### 四、远期外汇交易的类型

远期外汇交易根据交割日是否固定,可分为两种类型:

(一)固定交割日的远期外汇交易

固定交割日的远期外汇交易又称标准交割日的远期外汇交易,是指具体的交割日已在远期合约中载明,交易双方在该确定的交割日进行交割,不能推迟或提前。如按约定 3 月 16 为远期交割日,到这一天,双方按时按对方要求将把各自的货币划转到对方指定的银行账户内,如果有一方推迟交割,则必须向对方交纳一定资金作为补偿。

## (二)非固定交割日的远期外汇交易

非固定交割日的远期外汇交易,即选择交割日的远期外汇交易,也称为择期交易(Optional Forward),即交易双方确定一个交割期限,双方可以在约定期限内任何一个有效的营业日办理交割。

择期外汇交易又可分为两种:

(1)部分择期确定交割月份但未确定交割日。例如,5月20日,A公司与B银行达成一笔3个月的择期外汇交易,约定8月份进行交割,则A公司可以在8月1日至8月22日的任一个营业日内向B银行提出交割。

(2)完全择期客户可以选择双方成交后的第三个营业日到合约到期之前的任何一天为交割日。如上例中A公司可以选择从5月23日至8月22日这一段时间的任一个营业日向B银行提出交割。

# 第二节 远期汇率

## 一、远期汇率的概念及相关术语

远期汇率(Forward Rate)是指在远期外汇合同中规定的买卖有关货币所使用的汇率。远期汇率不是远期外汇交易交割日当天的即期汇率,两者很少一致,远期汇率是预先确定的,而远期外汇交易交割日当天的即期汇率在签约时是未知的。远期汇率与签订远期外汇交易合约当天的即期汇率也是两回事。

与远期汇率相关的基本术语在远期外汇交易中很重要,有必要对这些术语进行了解。

**远期汇水(Forward Margin)**:即远期差价,指远期汇率与即期汇率的差额。

**升水(Premium)**:当某货币在外汇市场上的远期汇价高于即期汇率时,称之为升水,表示单位货币远期价格比即期价格贵。如,美元兑日元的即期汇率为110.15/20,3个月期美元兑日元的远期汇率若为110.30/40。则称此时美元对日元升水,升水点数为15/20BP。

**贴水(Discount)**:当某货币在外汇市场上的远期汇价低于即期汇率时,称之为贴水,表示单位货币远期价格比即期价格便宜。如,美元兑日元的即期汇率为110.15/20,三个月期美元兑日元的远期汇率若为110.00/10。则称此时美元对日元贴水,贴水点数为15/10BP。

**平价(At Par)**:表示远期汇率等于即期汇率。

## 二、远期汇率的报价方法

在实务中,远期汇率有两种报价方法:

### (一)直接报价法

即直接报出远期汇率,又称买断或卖断远期汇率(Outright Rate)。银行对顾客的远期外汇报价通常采用这一形式。例,欧元兑美元 1 个月远期汇率为 1.1550/60。

### (二)远期差价报价法

即只报出远期汇率与即期汇率的差异点数,称点数汇率或换汇汇率(Point Rate/Swap Rate)。在外汇市场上以升水、贴水或平价来表示。银行同业间的远期汇率报价通常采用这种报价法。这种报价方法使银行可以不用根据即期汇率的频繁波动而调整远期汇率的报价。

下面是路透社交易终端显示的巴克莱银行以远期差价报价法报出的远期汇率。

Barclays Bank PLC London TEL 283—0909
TX 8 878/41 BAXX

|     | Spot | 1MTH | 2MTHS | 3MTHS | 6MTHS | 12MTHS |  |
|-----|------|------|-------|-------|-------|--------|--|
| STG | 1.2960/70 | 92/90 | 160/157 | 231/228 | 415/410 | 703/69 |
| CHF | 1.0700/20 | 31/34 | 63/67 | 94/98 | 167/173 | 217/227 |
| JPY | 118.30/40 | 26/28 | 44/47 | 62/65 | 100/105 | 100/110 |
| XEU | 1.1800/05 | 39/36 | 75.5/71.5 | 109/103 | 200/190 | 328/318 |
| ESB | 107.60/70 | 67/69 | 131/133 | 190/198 | 345/352 | 617/621 |

其中,spot 表示即期汇率,1MTH、2MTHS、3MTHS、6MTHS、12MTHS 分别表示 1 个月、2 个月、3 个月、6 个月、12 个月的远期汇水。

## 三、远期汇率的计算

在远期差价报价法中,要知道远期汇率是多少,需要根据即期汇率与远期差价计算得出,简单起见,计算远期汇率可以遵循如下规则:

(1)若远期差价按"前小后大"的顺序排列,在任何标价法下,

远期汇率＝即期汇率＋远期差价　　　　　　　　　　　(公式 8-1)

(2)若远期差价按"前大后小"的顺序排列,在任何标价法下,

远期汇率＝即期汇率－远期差价　　　　　　　　　　　(公式 8-2)

【例 8-1】某日纽约外汇市场美元/日元的即期汇率为 110.56/77,美元 3 个月

的远期差价为 10/20BP,欧元/美元的即期汇率为 1.2021/35,欧元 3 个月的远期差价为 25/15BP。分别计算美元/日元、欧元/美元 3 个月的远期汇率。

解:由于美元对日元的远期差价为 10/20BP,按"前小后大"的顺序排列,求远期汇率适用公式 8-1,因此

美元/日元 3 个月远期汇率为:

$$
\begin{array}{r}
110.56/77 \\
+10/20 \\
\hline
110.66/97
\end{array}
$$

由于欧元对美元的远期差价为 25/15BP,按"前大后小"的顺序排列,求远期汇率适用公式 8-2,因此

欧元/美元 3 个月远期汇率为:

$$
\begin{array}{r}
1.2021/35 \\
-25/15 \\
\hline
1.1996/20
\end{array}
$$

再如:

根据上述巴克莱银行的汇率表,我们可以计算美元对其他若干货币的远期汇率如下:

(1)日元 3 个月期的买价为 118.30＋62BP＝118.92,而卖价为 118.40＋65BP＝119.05。

(2)英镑 2 个月期的买价为 1.2960－160BP＝1.2800,而卖价为 1.2970－157BP＝1.2813。

**四、远期汇水的计算与升水或贴水的判断**

(一)远期汇水的计算

在远期差价报价法中,远期汇水是根据以下公式计算得到的,公式为:

$$远期汇水 = 即期汇率 \times (报价币利率 - 被报价币利率) \times \frac{天数}{360} \qquad (公式 8-3)$$

从上述公式可以看出,远期汇水由 3 个因素决定:两种货币的即期汇率、两种货币的利率水平、远期期限的长短。这是因为远期外汇交易的交割日不同于即期交易的交割日,因此远期汇率必须视两种货币的利率差及期间的长短而做适当调整。在充分流通的外汇市场与货币市场里,远期外汇汇率与即期外汇汇率的差异必可充分地反映两种货币的利率差;也就是远期外汇汇率是即期汇率加上两种货币的利率差计算出来的。在一个不充分流通的市场中,远期外汇汇率除了包含即期汇率与利率差的因素外,也包含了对未来汇率走势的预测。在

此情况下,套利的机会可能因市场的资金不均衡状况而产生。因此,远期外汇价格决定因素中"可准确衡量"的有:

1. 即期汇率价格
2. 买入与卖出货币间的利率差
3. 期间长短

下面以一个具体的案例说明公式 8-3 的由来。

【例 8-2】某美国出口商在 6 个月(180 天)后会得到货款 AUD 100 000,该出口商若通过即期市场及资金借贷以规避此远期汇率风险的过程如下(设当时即期汇率 AUD/USD 为 0.8500,6 个月美元利率为 6.5%,6 个月澳元利率为 4.5%):

第一步:出口商先行借入澳元,并在即期市场预先卖出澳元 100 000 以规避 6 个月后出口收到的澳元外汇风险,借入澳元的期限为 6 个月,利率为 4.5%,同时可使用因卖出澳元所获得的美元资金 6 个月,利率为 6.5%。

第二步:借入澳元 100 000 应支付的利息成本为:

AUD 100 000 × 4.5% × 180/360 = AUD 2 250

AUD 2 250 × 0.85AUD/USD = USD 191 2.5

第三步:卖出即期澳元所获得的美元 6 个月的利息收益为:

USD 85 000 × 6.5% × 180/360 = USD 2 762.5

第四步:客户通过上述方式规避外汇风险的损益如下:

USD 85 000(卖出即期澳元所得的美元)
＋USD 2 762.5(使用美元 6 个月所获得的利息收益)
－USD 1 912.5(借入澳元 6 个月支付的利息成本)
＝USD 85 850

USD 85 850/AUD 100 000 = 0.8585(此即远期外汇的价格)

由上述使用即期外汇交易规避远期汇率风险措施及理念,可以推得远期汇水的计算公式,即公式 8-3,从而可以得出远期汇率简易的计算公式为:

$$远期汇率 = 即期汇率 + 即期汇率 \times (报价币利率 - 被报价币利率) \times \frac{天数}{360} \quad (公式 8-4)$$

将上例导入公式 8-4 得:

$$6个月澳元远期的价格 = 0.85 + 0.85 \times (6.5\% - 4.5\%) \times \frac{180}{360} = 0.8585,与上述推导结果同。$$

在公式 8-4 中，若：

(1)报价币利率大于被报价币利率，其利率差为正数，此时远期汇率减其即期汇率大于零，称为升水；

(2)报价币利率小于被报价币利率，其利率差为负数，此时远期汇率减其即期汇率小于零，称为贴水。

(二)升水或贴水的判断

远期汇率是升水，还是贴水，有两种判断方法。

方法一：在其他条件不变的情况下，低利率国家的货币远期汇率为升水，高利率国家的货币远期汇率会贴水——即利率平价原理：高利率货币远期贴水，低利率货币远期升水。如例 8-2 中 6 个月美元利率为 6.5%，6 个月澳元利率为 4.5%，澳元为低利率货币，远期应表现为升水，美元为高利率货币，远期应表现为贴水，计算结果验证了这一结论。

方法二：若在利率未知，已知标价方法和远期汇水的情况下，则：在直接标价法下，远期汇水按前小后大的顺序排列，外币远期升水，远期汇水按前大后小的顺序排列，外币远期贴水；在间接标价法下则相反。

## 第三节　远期外汇交易的应用

远期外汇交易的应用一般包括：

### 一、保值性远期外汇交易

(一)含义

保值性远期外汇交易是指卖出(或买入)金额等于所持有的(或所承担的)一笔外币资产(或负债)的远期外汇，交割期限一般与资产变现(或负债偿付)的日期相匹配，使这笔外币资产(或外币负债)以本币表示的价值免受汇率变动的影响，从而达到保值目的的外汇交易，通常又简称为套期保值。

(二)保值性远期外汇交易的应用案例

1.进出口商预先买进或卖出远期外汇，以规避汇率变动风险

在国际贸易中，进出口商从签订买卖合同到交货、付款往往需要相当长时间(通常达 30 天～90 天，有的更长)，而在此期间外汇市场的汇率变动是经常性的，时间越长，汇率变动给进出口商所带来的风险也就越大，因此，进出口商为避

免汇率波动所带来的风险,经常采用远期外汇交易的方法来保值。

(1) 出口商出口收汇的保值

出口商向国外出口商品,若使用外币计价,出口商就可能面临因为这种外币汇率的下跌所带来的损失。为避免这种损失,出口商可以应用远期外汇交易进行套期保值。

【例 8-3】某美国出口商甲公司向英国出口了一批商品,根据贸易合同甲公司 3 个月后将收到 100 万英镑货款。由于有一笔未来的外币应收账款,甲公司担心 3 个月后英镑汇率出现下跌,为规避汇率波动的风险,甲公司决定与银行叙做一笔远期外汇买卖,假设成交时,纽约外汇市场英镑/美元的即期汇率为 1.6750/60,英镑三个月的远期差价为 30/20,则甲公司当天即可将卖出 100 万 3 月期英镑的价格锁定于 FR(Forward Rate 的简称,下同):(1.6750-0.0030)。这笔远期外汇交易成交后,无论国际外汇市场汇率如何变动,到收款日,甲公司都可收进:

$$1\ 000\ 000 \times (1.6750 - 0.0030) = USD\ 1\ 672\ 000$$

假设甲公司没有预先采取保值措施,到收款日才出售 100 万英镑货款,当时市场即期汇率跌至 1.6250/60,那么甲公司按该汇率卖出英镑,收进:

$$1\ 000\ 000 \times 1.6250 = USD\ 1\ 625\ 000$$

与叙做远期外汇交易相比,甲公司将少收入:$1\ 672\ 000 - 1\ 625\ 000 = USD\ 47\ 000$。

可见,出口商应用远期外汇交易进行出口收汇保值可以预先锁定价格,规避汇率波动风险。当然,如果到期日市场即期汇率不跌反升,采用远期外汇交易锁定汇率,则会失去额外的获利机会。

(2) 进口商进口付汇的保值

进口商从国外进口商品,若使用外币支付货款,该进口商就可能面临因为这种外币汇率上涨所带来的损失。为避免这种损失,进口商可以应用远期外汇交易进行套期保值。

【例 8-4】香港某进口商乙公司向美国进口价值 100 万美元的商品,约定 6 个月后交付货款,成交日即期汇率为 USD=HKD 7.7810,乙公司担心未来美元上涨而导致损失,当天便买入远期:

币种——美元对港元;

金额——100 万;

远期汇率——USD=HKD 7.7815;

期限——6 个月。

待 6 个月后的付款日,不论当天的市场即期汇率是多少,乙公司都可以按预先约定的远期汇率 FR:USD=HKD 7.7815 买入 100 万美元,将进口成本锁定于:

100 万×7.7815=HKD 778.15 万

若乙公司未预先采取保值措施,而是等到 6 个月后的付款日才买入美元支付进口货款,一旦美元升值,比如美元对港元汇率升至 USD=HKD 7.7855,那么乙公司为支付 100 万的美元货款得支付 100 万×7.7825=HKD 778.55 万,乙公司必须多付出 0.4 万港元。

因此,进口商为避免遭受汇率变动的损失,在订立买卖合约时就向银行买进相应期限的远期外汇,即可预先锁定进口成本,避免因计价货币汇率上升而造成损失。

2.外汇银行买卖远期外汇进行远期外汇头寸管理

外汇银行在与客户进行远期交易后,不可避免地会产生某种货币期汇的买入多于卖出,或卖出多于买入的情况,这种外汇买卖的差额称"外汇持有额"或"外汇头寸(Foreign Exchange Position)"。买入多于卖出,称超买(Overbought)或多头(Long Position);卖出多于买入,称超卖(Oversold)或空头(Short Position)。超买所存外汇汇率的下降,或超卖所缺外汇汇率的上升,都会使外汇银行遭受风险损失,因此外汇银行就设法对它的外汇头寸予以平衡,即对不同期限不同货币头寸的余缺进行抛补——抛出多头、补进空头,由此求得期汇头寸的平衡。

3.短期投资者或定期债务投资者预约买卖期汇以规避风险

【例 8-5】我国对美国有一笔 3 个月 1 亿美元的外债,假设当时的即期汇率 USD 1=CNY 6.8520/30,三个月美元对人民币的远期汇水 10/20BP,为防止美元未来升值,我国相关部门预先购买 3 个月美元期汇,则可以将偿债成本锁定于:

100 000 000×(6.8530+0.0020)=CNY 685 500 000

如果未买期汇,恰逢还款日美元上涨,如汇率为 USD 1=CNY 6.8640/50,则 1 亿美元的外债偿还本金将为:

100 000 000×6.8650=CNY 686 500 000。比做远期多支付 1 000 000 元人民币。

综上所述,拥有一笔未来债权的交易主体一般采用卖出远期(即空头套期)的方法来保值,而拥有一笔未来债务的交易主体一般采用买入远期(即多头套期)的方法来保值。

### 二、投机性远期外汇交易

**(一)含义**

投机性远期外汇交易是基于投机者预期未来某一时点市场上的即期汇率与目前市场上的远期汇率不一致而进行的远期外汇交易。由于投机者在签订远期合约时只需缴纳一定比例的保证金,无需付现,一般都是到期轧抵,计算盈亏、支付差额,所以利用远期外汇交易进行投机,投机者并不需要雄厚的资金,可以"以小搏大",炒作成倍于投机本金的外汇资金,进行大规模的投机。

**(二)投机性远期外汇交易的两种基本形式**

1.买空(Buy Long):先买后卖

买空是指当预测某种货币的汇率将会上涨时,投机者先买进这种货币远期,然后在该远期的到期日再卖出这种货币的即期进行投机交易。若远期合约交割日市场即期汇率果然如投机者所料上涨而且高于远期合约协定的汇率,投机者即可获利;反之,则受损。

【例 8-6】假设某日东京外汇市场上美元/日元的 3 个月远期汇率为 96.00/10,一日本投机商预期半年后美元/日元的即期汇率将为 100.20/30,若预期准确,在不考虑其他费用的情况下,该投机商买入 100 万 3 个月 USD 远期,可获多少投机利润?

解:(1)日商买入 100 万美元 3 个月期汇,预期支付:

　　1 000 000×96.10＝96 100 000 日元

(2)3 个月后卖出 100 万美元现汇,可收进:

　　1 000 000×100.20＝100 200 000 日元

　　100 200 000－96 100 000＝4 100 000 日元

当然,若交割日市场即期汇率的变动与投机者预期相反,投机者将会遭受损失。如上例,若 3 个月后市场即期汇率不升反跌为 95.80/90,则该投机者将遭受损失。

2.卖空(Sell Short):先卖后买

所谓卖空,是在预测某种货币的汇率将会下跌时,投机者先卖出这种货币的远期外汇,然后等到远期外汇的交割日再买进这种货币的即期进行冲抵的一种投机活动。

【例 8-7】在伦敦外汇市场上,某投机者判断美元在 1 个月后将贬值,于是他立即在远期外汇市场上以 1 英镑＝1.5250 美元的价格抛售 1 月期 100 万美元,到远期外汇的交割日,即期美元不跌反涨,汇率为 1 英镑＝1.5220 美元。该投机者在即期外汇市场购买100万美元现汇实现远期合约交割,要遭受$\frac{100万}{1.5220}-\frac{100万}{1.5250}=1\,292.52$英镑的损失。

可见,远期外汇投机能否获利,取决于投机者对远期汇率走势的判断。若投机者对汇率行情的判断与实际的市场走势一致,即可获利;反之若投机者对汇率走势判断与实际市场汇率走势背离,就会遭到损失。

## 第四节 择期外汇交易

### 一、择期外汇交易的含义

择期外汇交易(Optional Forward Transaction),即选择交割日的远期外汇交易,具体指交易双方在签订的远期外汇合同中,只规定交易数量和汇价,并不固定具体的交收日,而只是规定一个交割期限,进行交易的一方(一般为进出口商和投机者)可在规定期限的任何一个营业日内要求交易对方(一般为银行)履行合同。

择期外汇交易因没有规定固定的交收日而具有较大的灵活性,对于不知道未来发生的外汇收支具体日期的进出口商来说,是一种非常适合的保值措施。

例如,某德国出口商3月30日(星期一)签订一笔出口交易,预计3个月内将收入一笔美元货款,但具体收款日未定。为规避汇率风险,该出口商就于当日与某银行达成一项为期3个月的择期外汇交易,并约定择期日期为4月2日—6月30日。这笔交易赋予出口商一项权利,即在4月2日—6月30日之间的任何一个营业日内,随时可以将收到的美元货款卖给外汇银行。当然,如果该出口商明确知道4—5月收不到货款,可以做部分择期,择期从6月份开始,尽量缩小择期的范围,对出口商而言可以减少成本。

### 二、择期外汇交易的定价原则及应用

择期外汇交易中,由于客户对交割日在约定的期限内有选择权,可以随时要求交割,处于主动地位,而银行则处于被动地位,要承担更多的风险与成本,因此

银行为改变自己的被动地位,在确定择期汇价时,遵循"对银行最有利,对客户最不利"的原则,如果银行是买入,就压低买入价;如果银行是卖出,就抬高卖出价。

具体而言,择期外汇交易定价步骤与原则如下:

(一)银行对择期交易的定价步骤

第一步:确定客户选择期的第一个工作日和最后一个工作日;

第二步:计算出这两天的远期汇率;

第三步:比较第一天和最后一天的远期汇率,选择一个对银行最有利的汇率作为该期限内的择期远期汇率。

(二)银行对择期交易的定价原则及案例

1. 原则

根据在择期内对银行最有利和对客户最不利的原则,银行对择期远期汇率的定价原则的具体内容如表 8-1 所示。

表 8-1 银行对择期交易的定价原则

| 报价行买卖情况 | 基准货币汇水情况 | 采用汇率 |
| --- | --- | --- |
| 银行买入基准货币 | 升水 | 按择期第一天的远期汇率计算 |
| | 贴水 | 按择期最后一天的远期汇率计算 |
| 银行卖出基准货币 | 升水 | 按择期最后一天的远期汇率计算 |
| | 贴水 | 按择期第一天的远期汇率计算 |

2. 案例

根据表 8-2 所示的行情,完成以下例题。

表 8-2 行 情

| | GBP/USD | USD/HKD | 择期起算日 |
| --- | --- | --- | --- |
| 即期汇率 | 1.4180/90 | 7.7800/10 | 6月6日起算 |
| 1 | 20/10 | 15/25 | 7月6日起算 |
| 3 | 45/35 | 30/40 | 9月6日起算 |

(1)客户向银行买入期限为 6 月 6 日—9 月 6 日的 3 个月完全择期英镑,银行将如何报价?

在汇率表中,英镑是基准货币,客户向银行买入英镑,则银行是卖出基准货币英镑,且英镑对美元贴水(汇水前大后小),应按择期内第一天的卖出价进行交易,价格应为 1.4190。

(2)客户用美元向银行购买期限为7月6日—9月6日的择期港元,银行将如何报价?

依题意,银行是买入基准货币美元,美元对港元升水(汇水前小后大),因此采用择期内第一天的远期买价:7.7800+0.0015=7.7815,这是对银行最有利的买价。

---

**专栏 8-1**

### 中国银行择期外汇买卖业务介绍

**产品说明**

择期外汇买卖是指客户可以在约定的将来某一段时间内的任何一个工作日,按规定的汇率进行交割的外汇买卖业务,它是一种可选择交割日的远期外汇买卖。

**产品特点**

1.客户委托银行在指定的某一段时间以合同约定的汇率交割,买入一种货币,卖出另一种货币,实现不同外币之间的转换。

2.可在交割日不确定的时候,于交割日将未来某段时间的汇率确定在一个水平,将汇率风险完全锁定,并降低客户因贸易项下合同未正常履约面导致外汇买卖合约违约的概率。

**适用客户**

1.适用于将来某段时间内有外币之间买卖需求又不确定具体交割日的客户,用于公司进出口贸易结算、支付信用保证金等。

2.客户需在银行开立有外币账户。

**办理流程**

1.申请者在与中国银行叙做远期外汇交易以前,需与中国银行签订《保值外汇买卖总协议》和《办理外汇买卖申请书》。

2.通过国际结算部门落实授信或相应保证金。

3.申请者通过书面委托形式确定远期外汇交易的细节,以此向中国银行询价。

4.交易一旦达成,中国银行以书面形式向申请者发送交易证实。

5.在交割日进行实际交割。申请者可根据需要,在交易期中要求银行对该交易进行平盘或在交易到期日前要求银行对该交易进行一次展期。

资料来源:中国银行网站

【本章小结】

1.远期外汇交易(Forward Exchange Transaction),又称期汇交易,是指外汇买卖成交后并不立即办理交割,而是事先约定币种、金额、汇率、交割时间等交易条件,于两个工作日以后才进行实际交割的外汇业务。远期外汇交易交割日的确定规则可以概括为"日对日、月底日对月底日、节假日顺延、不跨月"。远期外汇交易根据交割日是否固定,可分为:固定交割日的远期外汇交易和非固定交割日的远期外汇交易。

2.远期汇率(Forward Rate)指在远期外汇合同中规定的买卖有关货币所使用的汇率。远期汇率不是远期外汇交易交割日当天的即期汇率,两者很少一致。远期外汇采用双向报价法,远期汇率的报价方法主要有两种形式:一是完全报价法(Outright Rate),二是远期差价报价法(Swap Rate)。在远期差价报价法中,按汇水点数排列的大小来计算远期汇率。决定远期汇率价格的因素包括:即期汇率价格、买入与卖出货币间的利率差、期间长短。

3.远期外汇交易的应用一般包括保值性的远期外汇交易和投机性的远期外汇交易。保值性的远期外汇交易指卖出(或买入)金额等于所持有的(或所承担的)一笔外币资产(或负债)的远期外汇,交割期限一般与资产变现(或负债偿付)的日期相匹配,使这笔外币资产(或外币负债)以本币表示的价值免受汇率变动的影响,从而达到保值目的的外汇交易,通常又简称为套期保值。投机性远期外汇交易是基于投机者预期未来某一时点市场上的即期汇率与目前市场上的远期汇率不一致而进行的远期外汇交易,分为买空和卖空,利用远期外汇交易进行投机,投机者并不需要雄厚的资金,可以"以小搏大",炒作成倍于投机本金的外汇资金,进行大规模的投机。

4.择期外汇交易(Optional Forward Transaction),即选择交割日的远期外汇交易,具体指交易双方在签订的远期外汇合同中,只规定交易数量和汇价,并不固定具体的交收日,而只是规定一个交割期限,进行交易的一方(一般为进出口商和投机者)可在规定期限的任何一个营业日内要求交易对方(一般为银行)履行合同。择期外汇交易因没有规定固定的交收日而具有较大的灵活性,对于不知道未来发生的外汇收支具体日期的进出口商来说,是一种非常适合的保值措施。银行在择期外汇交易中采用的定价原则是"对银行最有利,对客户最不利"。

【复习与思考】

1.远期外汇交易与即期外汇交易最主要的区别是什么?
2.远期外汇交易交割日的确定有哪些规则?
3.远期汇率

(1)什么是远期汇率?

(2)什么是远期汇水?

(3)远期汇率的报价方法有几种?远期汇率如何计算?

(4)远期汇率的定价原则是什么,如何理解?

(5)远期汇水的计算公式是什么?

(6)如何判断远期汇水?

4.远期外汇交易的运用

(1)进口商和出口商如何利用远期外汇交易来保值?

(2)什么叫买空和买空,两者在什么情况下才能获利?

5.择期外汇交易

(1)什么是择期外汇交易?它有几种类型?

(2)择期外汇交易有何特点?

(3)择期外汇交易如何定价?

6.美国某银行的外汇牌价为 GBP/USD,即期汇率 1.3485/1.3495,90 天远期差价为 140/150,某美国商人买入 90 天远期英镑 10 000,到期需支付多少美元?

7.某公司在 2007 年 11 月 8 日尚无法确定支付日元货款的确定日期,只知道在 12 月份的上旬,这时就可应用择期交易,那么,其择期交易将交割日定在哪段时间?

8.某日伦敦外汇市场报价 GBP/USD 即期汇率 1.3980/1.3990,1 月期差价为 20/10,3 月期差价为 40/30,6 月期差价为 80/90,12 月期差价为 60/50。

请计算 GBP/USD 1 月期、3 月期、6 月期、12 月期的远期汇率是多少?

9.已知英镑的年利率为 4.2%,美元的年利率为 3%,伦敦外汇市场即期汇率为 GBP1=USD1.2950,计算英镑 3 个月的远期汇率,并判断美元的汇水情况。

10.某美国商人向英国出口了一批商品,100 万英镑的货款要到 3 个月后才能收到,为避免 3 个月后英镑汇率出现下跌,美出口商决定做一笔 3 个月的远期外汇交易。假设成交时,纽约外汇市场英镑/美元的即期汇率为 1.2750/60,英镑 3 个月的远期差价为 30/20,若收款日市场即期汇率为 1.3250/60,那么美国出口商做远期交易和不做远期交易会有什么不同(不考虑交易费用)?

11.某个澳大利亚进口商从日本进口一批商品,日本厂商要求澳方在 6 个月内支付 100 亿日元的货款。当时外汇市场的行情是:

即期汇率:1 澳元=90.00~90.12 日元,6 月期远期汇水数:40~30BP

如果该澳大利亚进口商在签订进口合同时预测 6 个月后日元对澳元的即期汇率将会升值到:1 澳元=81.00~81.10 日元。问:

(1)若澳大利亚进口商不采取避免汇率风险的保值措施,现在就支付 100 亿日元,则需要多少澳元？

(2)若现在不采取保值措施,而是延迟到 6 个月后支付 100 亿日元,则到时需要支付多少澳元？

(3)若该澳大利亚进口商现在采取套期保值措施,应该如何进行？6 个月后他实际支付多少澳元？

12.假设某日东京外汇市场上美元/日元的 6 个月远期汇率为 96.00/10,一日本投机商预期半年后美元/日元的即期汇率将为 98.20/30,若预期准确,在不考虑其他费用的情况下,该投机商买入 100 万 6 个月的 USD 远期,可获多少投机利润？

13.在伦敦外汇市场上,某年 3 月 1 日,某投机者判断英镑在 1 个月后将贬值,于是他立即在远期外汇市场上以 1 英镑＝1.2900/10 美元的价格抛售 1 月期 1 000 万英镑,交割日是 4 月 1 日。到 4 月 1 日时,即期英镑汇率不跌反升,为 1 英镑＝1.2950/60 美元。请分析该投机商的损益。

# 第九章

# 传统的外汇交易三
## ——掉期外汇交易

**学习目的**

理解掉期外汇交易的概念和类型;熟练掌握掉期汇率的标价与计算方法;熟悉掉期外汇交易的保值、套利目的;了解掉期外汇交易的程序。

## 第一节 掉期外汇交易概述

### 一、掉期外汇交易的概念

掉期外汇交易(Swap Transaction)也称外汇换汇交易,是指将货币相同、金额相同,而方向相反、交割期限不同的两笔或两笔以上的外汇交易结合起来进行,也就是在买入或卖出某种外汇的同时,卖出或买进金额相同、交割日期不同的这种货币。进行掉期交易最主要的目的包括两个方面,一是轧平外汇头寸,避免汇率变动引发的风险;二是利用不同交割期限汇率的差异,通过贱买贵卖,牟取利润。

在掉期交易中,一种货币在被卖出的同时即被买入,并且所卖出的货币与所买入的货币,在数额上总是相等的,因此掉期交易不会改变交易者的外汇持有额。但是,所卖出的和所买入的货币,在期限上有所不同,因此交易的结果导致交易者所持有的货币期限发生变化,通过这个期限的变化,交易者可以进行外汇保值和投机。可见,掉期交易与一般的套期保值不同:第一,掉期交易改变的不是交易者手中持有的外汇数额,而是交易者所持货币的期限;第二,掉期交易强调买入和卖出的同时性;第三,掉期交易绝大部分是针对同一对手进行的。前面讲到的即期交易和远期交易都是单一的,要么做即期交易,要么做远期交易,并不同时进行,因此,通常也把它叫做单一的外汇买卖,主要用于银行与客户的外汇交易之中。掉期交易的操作涉及即期交易与远期交易买卖的同时进行,故称之为复合的外汇买卖,主要用于银行同业之间的外汇交易。一些大公司也经常利用掉期交易进行套利活动。

### 二、掉期外汇交易的类型

(一)根据交割日的不同,掉期交易可分为三种类型

1. 即期对远期的掉期交易(Spot-forward Swaps)

即期对远期的掉期交易,指买进或卖出某种即期外汇的同时,卖出或买进同种货币的远期外汇,货币的持有时间在即期与远期之间相互对调。这是掉期交易里最基本、最常见的一种形式,其他期限的掉期交易都是在这个基础上发展起来的,因此其报价和计算方法具有一般性,是计算其他类型掉期交易价格的基础。在国际外汇交易市场上,常见的即期对远期的掉期交易有:

(1)即期对次日(Spot/Next,S/N):自即期交割日算起,至下一个营业日为止的掉期交易。

(2)即期对一周(Spot/Week,S/W):自即期交割日算起,为期一周的掉期交易。

(3)即期对整数月(Spot/n Month,S/n M):n Months 表示 1 个月、2 个月、3 个月等。自即期交割日算起,为期 1 个月、2 个月或 3 个月的掉期交易。

例如,某公司从国外借入一笔 3 个月的瑞士法郎,想把它转为美元使用,或将暂时未用的部分转为美元存款。与此同时,为了防止瑞士法郎将来升值,蒙受大的汇率损失,造成还款上的被动,该公司可以做一个掉期交易:卖出即期瑞士法郎,买进即期美元;买入 3 个月的瑞士法郎期汇,卖出 3 个月的美元期汇。到远期交割时,瑞士法郎金额不变,就防范了瑞士法郎兑美元后可能发生的美元贬值损失。

2. 即期对即期的掉期交易(Spot-spot Swaps)

这是一种即期交割日以前的掉期交易,由当天交割或明天交割和标准即期外汇买卖组成,主要是银行为处理即期交割日之前的资金缺口和短期头寸普遍采用的方法。这类掉期交易常见的有:

(1)隔夜交易(Over-Night,O/N):前一个交割日是交易日当天,后一个交割

日是明天,即交易日后的第一个工作日,也称今日对明日的掉期。

(2)隔日交易(Tom-Next,T/N):前一个交割日是明天,即交易日后的第一个工作日,后一个交割日是交易日后的第二个工作日,也称明日对次日的掉期。

隔夜交易和隔日交易的时间跨度虽然都是一个交易日,但它们的第一个交割日和第二个交割日都是不同的。这两种掉期交易主要用于大银行之间的交易,目的在于避免同业拆借过程中存在的汇率风险。

3.远期对远期的掉期交易(Forward-forward Swaps)

远期对远期的掉期交易,是指对不同交割期限的远期外汇双方做货币、金额相同而方向相反的两个交易,即两笔交易均在超过两个交易日后才交割的掉期交易。这类交易的一般原则是:在买进某种货币较短的远期的同时,卖出该货币较长的远期;或是在卖出某种货币较短的远期的同时,买进该种货币较长的远期。交易者进行远期对远期的掉期交易,其基本的好处是可以利用有利的汇率机会。例如,美国某银行在3个月后应向外支付100万英镑,同时在1个月后又将收到另一笔100万英镑的收入。如果此时市场上的汇率较为有利,它就可进行一笔远期对远期的掉期交易。

设此时外汇市场上的汇率为:

即期汇率:GBP 1＝USD 1.6256/1.6266

1个月远期汇率:GBP 1＝USD 1.6140/1.6160

3个月远期汇率:GBP 1＝USD 1.6045/1.6070

这时该银行有两种掉期交易可供选择:(1)进行两次"即期对远期"的掉期交易。即将3个月后应支付的英镑,先在远期市场上买入(期限3个月,汇率为1.6070美元),再在即期市场上将其卖出(汇率为1.6256美元)。这样,每英镑可得益0.0186美元。同时,将一个月后将要收到的英镑,先在远期市场上卖出(期限1个月,汇率为1.6140美元),并在即期市场上买入(汇率为1.6266美元)。这样,每英镑须贴出0.0126美元。两笔交易合计,每英镑可获得收益0.0060美元。(2)直接进行远期对远期的掉期交易。即买入3个月的远期英镑(汇率为1.6070美元),再卖出1个月期的远期英镑(汇率为1.6140美元),每英镑可获净收益0.0070美元。可见,用远期对远期的掉期交易比前一种交易更为有利。本例中两种方法相比,远期对远期的掉期交易可使每英镑多获利0.0010美元。

(二)按照交易对象是否相同,掉期交易可分为两大类

1.纯粹的掉期交易(Pure Swap Transactions)

纯粹的掉期交易即同时向同一对象买进和卖出不同交割日的等额外汇的交易。换言之,交易的买和卖都发生在相同的两个交易者之间。在这一交易中,掉期汇率是双方直接协商的,一旦双方达成协议后,即按约定的汇率成交。

### 2.操纵性的掉期交易(Engineered Swap Transactions)

操纵性的掉期交易又称制造掉期,指包括两个交易行为,而两笔交易的对手并不相同的掉期交易。例如,交易者与一交易对手按远期汇率买入远期外汇之后,再与另一交易对手按即期汇率或另一期限的远期汇率,卖出同一币种的即期或远期外汇。

前者是指交易只涉及两方,及所有外汇买卖都发生于银行与另一家银行或客户之间;后者是指交易涉及三个参与者,即银行与一方进行即期交易的同时,与另一方进行远期交易,或两种交易都为远期交易。

## 第二节 掉期外汇交易的报价与计算

### 一、掉期交易的报价

#### (一)掉期率

在掉期交易中,一个经常使用的重要概念是掉期率(Swap Rate or Swap Point)。掉期率即掉期差价,是掉期交易的价格,是指远期外汇交易和即期外汇交易价格之间的差价,即买进或卖出两种不同期的外汇所使用的汇率之差价。通常报价者对于掉期率的报价采用双向报价的方式,即买/卖价,但含义与远期报价的含义不同。银行在报掉期率时用基本点(Point)来表示买入价和卖出价。买入价表示报价方(Quoting Party)愿意卖出即期被报价货币及买入远期被报价货币(Sell Near Date/Buy Far Date,S/B)的报价,也表示询价者(Calling Party)买入即期被报价货币及卖出远期被报价货币(Buy Near Date/ Sell Far Date,B/S)的报价;卖出价表示报价方愿意买入即期被报价货币及卖出远期被报价货币的报价,也表示询价者卖出即期被报价货币及买入远期被报价货币的报价。

因掉期交易总是包括两笔金额相同、买卖方向相反、期限不同的交易,所以交易双方对使用的即期汇率不是很讲究,重要的是掉期差价。在即期对远期的掉期中,掉期差价就是远期汇率的升水或贴水数。掉期差价和远期差价一样,都用点数报价法来表示:30/40、50/40。掉期汇率的报价也是报出即期汇率和掉期差价(远期差价)。在即期对远期的掉期中,大部分银行直接把远期升贴水作为掉期差价对外报价。

#### (二)掉期率的计算

根据不同的计算基础,掉期率的计算主要有两种方式,一种是以利率差的观念为计算基础,另一种是以利率平价理论的观念作为计算基础。

1.以利率差的观念为计算基础

掉期率实际上是两种货币在某一特定期间内互相交换使用的成本。如果货币市场与外汇市场是充分自由的流通市场,那么这两种货币交换使用的成本就是两种货币的利率差。

$$掉期率＝即期汇率\times(报价币利率-被报价币利率)\times 天数/360$$

根据这一公式计算出的掉期率如果是正数,就是升水;如果是负数,就是贴水。

【例 9-1】

即期汇率　　GBP/USD＝1.6260

USD DEPO 1 Month:3.25/3.375％ P.A.

GBP DEPO 1 Month:10/10.125％ P.A.

请计算 GBP/USD Spot/1 Month 的掉期率(GBP 是被报价货币,GBP 的利率计算以 365 天为计算基础)。

$$B/S: Spot\ Rate\times(报价币利率的\ Bid\ Rate-被报价币利率的\ Offer\ Rate)\times\frac{天数}{360}$$

$$=1.6260\times(3.25\%-10.125\%)\times\frac{31}{365}$$

$$=-0.00949(即\ 94.9\ 点)$$

$$=-0.00915(即\ 91.5\ 点)$$

$$B/S: Spot\ Rate\times(报价币利率的\ Offer\ Rate-被报价币利率的\ Bid\ Rate)\times\frac{天数}{360}$$

$$=1.6260\times(3.375\%-10\%)\times\frac{31}{365}$$

$$=-0.00915(即\ 91.5\ 点)$$

2.以利率平价理论为计算基础

利率平价理论(Interest Rate Parity Theory)是指当两国之间的利率水平不同时,资金就会从利率低的市场流向利率高的市场以获取高额利息。然而为了避免汇率变动可能造成的损失,资金所有者在即期市场买入高利率货币的同时,会卖出远期的高利率货币。如果这两种货币的市场是充分自由的市场,套利资金的流动会最终使两种货币即期汇率与远期汇率的价差等于两种货币的利率差,即不论投资在哪一种货币,其利得均相同。

$$远期汇率＝即期汇率\times\frac{1+报价币利率\times\dfrac{期间}{360}}{1+被报价币利率\times\dfrac{期间}{360}}$$

$$掉期率＝远期汇率-即期汇率$$

【例9-2】承【例9-1】

$$B/S: 1.6260 \times \frac{1+325\% \times \frac{31}{365}}{1+10.125\% \times \frac{31}{365}} = 1.61658$$

掉期率 = 1.61658 − 1.6260 = −0.00942（即94.2点）

$$S/B: 1.6260 \times \frac{1+3.37\% \times \frac{31}{365}}{1+10\% \times \frac{31}{365}} = 1.61693$$

掉期率 = 1.61693 − 1.6260 = −0.00913（即91.3点）

相对于以利率差观念为基础的计算方式而言，以利率平价理论为基础计算所得的掉期率是比较精确的。

3. 不规则天数的掉期率

在国际外汇市场上的掉期率报价，通常是以规则天数计算的，即是1周或1个月的整数倍。但有时客户会提出在某一具体日期进行交割，这样交易期限往往不是整周或整月份，而是一些不规则的天数。此时交易员需要根据市场上对规则期限的掉期率报价计算出不规则天数的汇率水平。常用的计算方法一种是平均天数法，一种是差补法。

(1) 平均天数法。这种方式的计算过程可分为以下步骤：

① 找出最接近不规则天数的前后两个规则天数的掉期率。

② 计算出前后两个规则天数的掉期率的差额和这两个交割日之间的天数，以掉期率差额除以天数，得到每一天的掉期率。

③ 计算出不规则天数交割日与前一个规则天数交割日之间的天数，以这一天数乘以所求得的每一天的掉期率，得到一掉期率。

④ 将这一掉期率与前一个规则天数的掉期率相加，得到不规则天数的掉期率。

【例9-3】一客户在5月13日欲承做即期至7月8日的掉期交易，即期(Spot)为5月15日，Spot/2 Month的掉期率为85点，2 Month的到期日为7月15日，5月15日至7月15日共61天，85/61 = 1.3934，这是平均每天的掉期率。5月15日至7月8日共54天，1.3934 × 54 = 75.24，故不规则天数的掉期率为75.24。

(2) 差补法。这种方式的计算思路与前一方式相似，用公式表示即为：

$$\frac{\text{不规则天数掉期率}}{\text{距更远期天数}} = \frac{\text{更远期利率} - \text{近期汇率}}{\text{更远期利率} - \text{近期天数}}$$

【例9-4】某顾客在5月18日承做即期(Spot Date为5月20日)至7月13

的掉期交易,1个月的到期日为6月22日(33天),2个月的到期日为7月20日(61天),如果已知Spot/1 Month的掉期率为46点,Spot/2 Month为85点,6月22日再加上21天为7月13日,代入上述公式为$\frac{85-46}{61-33}=\frac{X}{21} \Rightarrow X=29.25$,所以这一不规则天数的掉期率为:$46+\frac{85-46}{61-33} \times 21=75.25$。

## 二、掉期汇率的计算

在掉期交易中,即期汇率与一般即期外汇交易中的报价方法相同,但是远期汇率的计算方法与一般的远期外汇交易有所不同,也就是说,掉期汇率与远期汇率的计算方法是不同的。对于掉期汇率的计算,即期对远期与远期对远期两种掉期交易的原理是一样的。下面以即期对远期掉期交易为例来介绍掉期汇率的计算。

在即期对远期的掉期业务中,通过即期汇率和远期差价(掉期差价)求远期汇率时,也是使用前大后小往下减、前小后大往上加的方法,但不使用一般远期汇率中的即期汇率和远期差价的同边相加或相减的方法,而是使用交叉相加或相减的方法。第一个远期差价(左边的点数)是即期卖出基准货币的汇率与远期买入基准货币汇率的差价。第二个远期差价(右边的点数)是即期买入基准货币的汇率与远期卖出基准货币汇率的差价。因此,掉期业务中的远期买入价是即期卖出价加或减第一个远期差价,远期卖出价是即期买入价加或减第二个远期差价。

【例9-5】已知:
即期汇率　　　　　GBP/USD=1.6250/60
3个月　　　　　　40/60
3个月远期汇率　　GBP/USD=1.6290/20
(远期汇率同边相加或相减)
即期汇率　　　　　GBP/USD=1.6250/60
3个月　　　　　　40/60
3个月掉期汇率　　GBP/USD=1.6300/10
(掉期汇率交叉相加或相减)

从上例可以看出,远期和掉期的即期汇率是一样的,但远期汇率不一样。3个月的远期汇率,银行的买入价是1.6290,卖出价是1.6320;3个月的掉期汇率,银行的买入价是1.6300,卖出价是1.6310。

【例 9-6】已知：

即期汇率　　　　　GBP/USD=1.6250/60

掉期率　　　　　　Spot/1 Month 115/100

掉期的情况如下：

(1)即期买入/远期卖出英镑的汇率是：

即期买入英镑(卖出美元)为 1.6250

远期卖出英镑(买入美元)为 1.6250－0.0100=1.6150

即报价方承做 B/S GBP AG USD(询价方承做 S/B USD AG GBP)Spot/1 Month 的掉期交易。报价方即期买入英镑卖出 1 个月远期英镑,那么交易双方将确定按 110 的价位成交。双方可以按英镑兑美元市场汇率 1.6250 确定即期汇率,则相应的 1 个月远期为 1.6250－0.0100=1.6150。

(2)即期卖出/远期买入英镑的汇率是：

即期卖出英镑(买入美元)为 1.6260

远期买入英镑(卖出美元)为 1.6260－0.0115=1.6145

即报价方承做 S/B GBP AG USD(询价方承做 B/S USD AG GBP)Spot/1 Month 的掉期交易。报价方卖出即期英镑又买入英镑 1 个月远期,此时交易双方将确定按 112 的价位成交。双方可以按英镑兑美元市场汇率 1.6260 确定即期汇率,可得到远期汇率为 1.6145。而询价方在即期以 1.6260 买入英镑卖出美元,在 1 个月的远期按 1.6145 卖出英镑买入美元,报价方的交易方向正好相反。

一般来说,双方确定的即期汇率水平,即交易的价格对资金的收付并无太大影响,只要不偏离市场水平,交易双方都同意即可,真正重要的则是买卖差价,即掉期率。上例中,交易双方也可以将即期汇率水平确定为 1.6250,则减去 115 点贴水后相应的远期汇率为 1.6135,即报价方承做 S/B GBP 的远期汇率就是 1.6135。这在掉期交易中都是可以接受的。

【例 9-7】已知：

即期汇率　　　　　USD/JPY=92.60/80

掉期率　　　　　　Spot/2 Month：30/70

(1)若报价方承做 S/B USD AG JPY Spot/2 Month(询价方承做 B/S),则双方确定按 30 的价位成交,掉期率左小右大的排序表明美元 2 个月远期升水,则其价位为 92.80 及 93.10(或 92.60 及 92.90 亦可)。

(2)若报价方承做 B/S USD AG JPY Spot/2 Month(询价方承做 S/B),则双方确定按 70 的价位成交,其价位为 92.60 及 93.30(或 92.80 及 93.50 亦可)。

## 第三节　掉期外汇交易的应用

掉期交易是联系外汇市场交易和货币市场操作的桥梁。一般企业机构或银行从事掉期交易多出于以下几种目的：(1)轧平资金头寸；(2)进行两种货币间的资金互换；(3)调整外汇交易的交割日；(4)进行获利操作；(5)作为货币政策工具。

### 一、轧平资金头寸

轧平资金头寸，实际上就是弥补资金缺口以平衡资金流量。银行的资金流量由于时间上的差距(Time Lag)产生流量不平衡的情况，即在不同时点上形成资金缺口(Cash-flow Gap)。银行为了弥补资金缺口从事掉期交易，不但可以平衡资金流量，而且不影响外汇头寸。

【例9-7】某银行分别承做了四笔外汇交易：
(1)卖出即期加拿大元300万；
(2)买入3个月远期加拿大元200万；
(3)买入即期加拿大元150万；
(4)卖出3个月远期加拿大元50万。

银行外汇头寸在数量上已经轧平，但是资金流量在时间上存在明显缺口。为了规避资金缺口可能带来的利率风险，银行可以承做一笔即期对远期的掉期交易：B/S加拿大元150万即期对3个月远期，即买入即期加拿大元150万，卖出3个月远期加拿大元150万，从而平衡资金流量。

### 二、进行两种货币间的资金互换

由于客户买进外汇的金额和卖出外汇的金额不能完全一致，因而银行在承做外汇交易时就难免有多余或短缺的情况发生，即出现多头(Long Position)或空头(Short Position)。为避免汇率风险，银行可运用掉期交易在发生超买时将超买部分(买入的金额大于卖出金额)卖出，同时在较远期买入；或在超卖时将超卖部分(卖出的金额大于买入金额)补进，同时在较远期卖出这一头寸，以达到外汇业务平衡目的。

【例9-8】假设：

即期汇率　　　　　　　　USD/CHF=1.0520
3个月远期汇率　　　　　 USD/CHF=1.0590

银行承做了两笔外汇交易：
(1)卖出3个月远期美元100万,买入相应瑞士法郎；
(2)买入即期美元100万,卖出相应瑞士法郎。

为了轧平两种货币的资金流量,银行可以承做一笔即期对远期的掉期交易：S/B USD AG CHF Spot/3 Month,即卖出即期美元100万,买入相应瑞士法郎,买入3个月远期美元100万,卖出相应瑞士法郎,从而调整两种货币的资金缺口。

### 三、调整外汇交易的交割日

银行在承做外汇交易时,时常会有客户提出要求,把交割日提前或推迟,从而造成资金流动的不平衡。为应对这一情况,银行可以运用掉期交易对交割日进行调整,并重新确定新的汇率水平。

【例9-9】一美国出口商在3月份预计6月1日将收到一笔英镑货款,并按3个月远期汇率水平 GBP1=USD 1.6620 与银行做了一笔3个月远期外汇买卖,买入美元卖出英镑,起息日为6月1日。但后来出口商获知对方将推迟付款,在7月1日才能收到这笔货款。于是美国出口商向银行提出要求,将远期外汇买卖的起息日由6月1日推迟到7月1日。

为满足客户的要求,银行通过一笔1个月掉期交易,将6月1日的头寸转换到7月1日,掉期率为贴水20点,银行将原来的汇率水平1.6620按掉期率调整为1.6600。

### 四、进行获利操作

根据利率走势,交易员可以运用掉期交易进行获利操作。一般说来,如果预期利率上升,则应贷出(Sell)短期资金,借入(Buy)长期资金；如果预期利率下降,则应该借入(Buy)短期资金,贷出(Sell)长期资金。

$$掉期率 = 即期汇率 \times 利率差 \times \frac{期间}{360}$$

其中即期汇率对掉期率变动幅度的影响较小,影响掉期率的主要因素是两种货币间的利率差。当利差扩大时,掉期率上升；当利差缩小时,掉期率下降。交易员可以根据对两种货币的利率走势和利差变化的预期,通过相应的掉期交易实现获利。

【例9-10】假设：

GBP/USD 3个月掉期率         40/42
GBP/USD 6个月掉期率         69/71

交易员预期在未来3个月内英镑和美元之间的利差将会缩小,这意味着英镑兑美元的掉期率将下跌。掉期率为升水,表明英镑利率水平低于美元利率水平。两者利差缩小有几种可能:英镑利率上升,美元利率下跌;英镑和美元利率水平都上升,但英镑利率上升幅度大;英镑和美元利率水平都下跌,但美元下跌幅度大等等。

根据以上预期,交易员承做两笔掉期交易:

(1)按升水42点,即期卖出英镑买入美元,3个月远期买入英镑卖出美元。

(2)按升水69点,即期买入英镑卖出美元,6个月远期卖出英镑买入美元。

交易员从3个月和6个月的汇率差额中获得27点(69－42)收益。

如交易员预期,3个月之后英镑和美元之间的利差果然缩小,英镑兑美元的掉期率水平下跌,3个月掉期率水平成为18/20。此时原有的3个月远期头寸因时间的推移,已成为即期头寸,原有的6个月远期头寸相应成为3个月远期头寸。

交易员承做一笔3个月掉期,将原有的头寸轧平;按升水20点,即期卖出英镑买入美元,3个月远期买入英镑卖出美元。交易员从即期和3个月期的汇率差额中损失20点。通过前后两次操作,交易员实现获利7个基本点(27－20)。

**五、作为货币政策工具**

掉期外汇交易也被中央银行作为货币政策工具,用于从市场上收回流动性或向市场投放流动性。一些国家中央银行都曾(或正在)使用外汇掉期作为公开市场操作工具。以瑞士中央银行为例,由于瑞士政府财政赤字很小,央行公开市场操作缺乏短期政府债券工具,因此瑞士央行曾主要运用外汇掉期来调节银行体系的流动性,当时该行未平仓外汇掉期合约金额最高曾达到基础货币的50%左右。

为适度回收流动性,保持货币市场利率的平衡运行,2005年11月25日,中国人民银行与国内10家商业银行实施了首次货币掉期。这10家银行包括中国工商银行、中国农业银行、中国银行、中国建设银行、交通银行等5家国有银行,国家开发银行、中国进出口银行等2家政策性银行以及招商银行、浦发银行、中信银行等3家股份制银行。中国人民银行向10家银行出售60亿美元,1年后中国人民银行按照事先确定的货币掉期价格,即7.85元人民币兑1美元回购商业银行持有的60亿美元。此次商业银行通过央行货币掉期业务换入的美元不能进行结汇,只能用于投资外汇资产。此后尽管该类交易十分活跃,但主要集中在央行与大型商业银行间(央行的货币市场工具)、大型商业银行或政策性银行间,对整个市场而言,大缺陷在于它的不透明性以及行政化特征。

## 第四节 掉期外汇交易的程序

在国际外汇市场上,掉期交易的进行都以规范化的语言进行,现举例如下。

【例9-11】

| | |
|---|---|
| A:GBP O/N Swap GBP 5 Mio Pls. | 询问关于英镑 O/N 的掉期汇率,英镑500万。 |
| B:GBP O/N 4/3. | 英镑 O/N 掉期汇率为4/3。 |
| A:4 Pls.4. | 成交。 |
| My USD To A NY. | 我的美元汇入 A 银行纽约分行。 |
| My GBP To A London. | 我的英镑汇入 A 银行伦敦分行。 |
| B:OK Done. | 同意成交。 |
| We Sell/Buy GBP 5 Mio AG USD | B Sell/Buy 英镑500万(B/S 美金), |
| May 18/May 19. | 5月18日对5月19日。 |
| Rate at 1.6234 AG1.6230. | 汇率为1.6234及1.6230。 |
| USD To My B NY. | 美元汇入 B 银行纽约分行。 |
| GBP To My B London. | 英镑汇入 B 银行伦敦分行。 |
| Tks For Deal BI. | 谢谢惠顾,再见。 |
| A:OK ALL Agreed. | 同意上述所说。 |

【例9-12】

| | |
|---|---|
| A:EUR Swap. USD 10 Mio AG EUR Spot/1 Month. | 询问关于欧元掉期交易的价格,美元1 000万兑欧元,期间为即期交割日对1个月远期。 |

| | |
|---|---|
| B:EUR Spot/1 Month 75/76. | 即期对1个月远期的双向掉期汇率为75/76。 |
| A:75 Pls. | 75成交。 |
| My USD TO A NY. | 我的美元汇入A银行纽约分行。 |
| My EUR TO A Frankurt. | 我的欧元汇入A银行法兰克福分行。 |
| B:OK Done. | 同意。 |
| We Sell/Buy USD 10 Mio AG EUR, | B银行 Sell/Buy 美元1 000万(兑欧元), |
| May 20/June 22. | 交割日为5月20日及6月22日。 |
| Rate at 0.722 0 AG 0.729 5. | 汇率为0.7220及0.7295。 |
| USD To My B NY. | 美元汇入B银行纽约分行。 |
| EUR To My B Frankfurt. | 欧元汇入B银行法兰克福分行。 |
| Tks For Deal BI. | 谢谢惠顾,再见。 |
| A:OK ALL Agreed BI. | 同意上述所说的,再见。 |

以我国为例,办理外汇掉期交易的有关要求如下:

(1)办理外汇掉期交易,银行对交易方的要求与办理即期和远期外汇交易相同,需要有贸易或其他保值背景,填写"保值外汇买卖申请书",并比照办理远期外汇交易的办法交存一定数量的保证金。

(2)交易方要对已达成的远期交易进行展期,必须在该远期交易起息日的第5个工作日前向原叙做远期交易的银行机构或部门提出申请,经批准后填写新的"保值外汇买卖申请书"办理外汇掉期交易。

(3)交易方要对已达成的远期交易提前交割,需在提前交割的5个工作日前向叙做远期交易的银行机构或部门提出申请,经批准后填写新的"保值外汇申请书",办理外汇掉期交易。

**专栏9-1**

**外汇掉期交易的魅力**

就基本定义而言,外汇掉期是交易双方约定以货币A交换一定数量的货币B,并以约定价格在未来的约定日期用货币B反向交换同样数量的货币A。一般而言,首次换入高利率货币的一方必然要对另一方予以补偿,补偿的金额取决于两种货币间的利率水平差异,补偿的方式既可通过到期的交换价格反映,也可通过单独支付利差的形式反映。这一过程充分体现了利率平价理论中有关"利率损失汇率补"的核心理念。

外汇掉期交易根据不同层次的交易方而呈现如下几种功能属性:

企业层面多通过掉期交易规避贸易对手交易货币潜在的汇率风险。比如国内一家贸易公司向美国出口产品,收到货款100万美元,该公司需将货款兑换为人民币用于国内支出。同时公司需从美国进口原材料,并将于3个月后支付100万美元的货款。此时,公司可以和银行叙做一笔3个月美元兑人民币掉期外汇交易:即期卖出100万美元,买入相应的人民币;3个月远期则买入100万美元,卖出相应的人民币。通过上述交易,公司可以轧平其中的资金缺口,达到规避在3个月内美元兑人民币汇率下跌(人民币升值)的风险。

针对利率敏感型的对公外汇存款客户,银行则往往会推荐其执行"掉期存款",而该项存款的本质则亦是一笔掉期交易。比如某对公客户的一笔100万澳元存款,其随时要保持待命支付状态,故一般情况下企业只能被迫将该资金置于活期账户内,而目前银行普遍提供的澳元活期存款利率只有0.25%。通过一笔当日卖出澳元买入日元、次日买入澳元卖出日元的交易,在同样能够保证客户澳元头寸流动性的背景下,经过掉期点的折算,其在目前阶段居然能够获得接近3%的利率水平,收益率陡增10倍有余。

从银行的角度看,除了代客交易职能外,外汇掉期交易亦能解决银行自身货币错配的问题。比如随着澳元汇率在过去半年多巨幅下跌并逐渐企稳后,客户将外币资产配置于澳元的动机逐渐加强,这导致银行澳元存款水平随之大幅提升。不过与此同时,境内外币贷款的主要币种仍是美元,一定程度上显示了近期银行外币存贷业务的货币错配状况。这时候掉期交易又可以发挥作用了,银行往往会通过银行间市场执行即期卖出澳元买入美元(匹配美元贷款)、对应澳元平均存款期限去买回澳元卖出美元(匹配收回美元贷款及澳元存款到期)。

对中国而言,积极参与人民币外汇掉期交易,至少可以获得四方面的收益:一是能够解决部分中短期外汇资金来源,成为维护外汇流动性的有效手段;二是通过一定时期内的人民币和外汇的头寸交换,可以主动地调剂本外币资金余缺,从而提升进出口银行资金筹措与管理的灵活性,降低资金综合成本,改善经营效益;三是掉期交易锁定了远期汇率风险,避免了购汇业务带来的潜在损失;四是通过参与新兴市场交易,有助于提高银行资金业务的整体水平,同时也对推动国内人民币衍生产品发展发挥积极作用。

资料来源:外汇通网

## 【本章小结】

外汇掉期交易(Swap Transaction)是指将货币相同、金额相同,而方向相反、交割期限不同的两笔或者两笔以上的外汇交易结合起来进行,也就是以 A 货币交换 B 货币,并于未来某一特定时日,再以 A 货币换回相同金额的 B 货币的交易。根据交割期限的不同,外汇掉期交易可分为三种类型:即期对即期、即期对远期、远期对远期。

掉期汇率的计算根据不同的计算基础,主要分为以下两种方式:(1)以利率差的观念为计算基础;(2)以利率平价的观念为计算基础。而对不规则天数的掉期率则可通过平均天数法或者差补法来计算获得。

掉期交易是联系外汇市场交易和货币市场操作的桥梁。一般企业机构或银行从事掉期交易多出于以下几种目的:(1)轧平资金头寸;(2)进行两种货币间的资金互换;(3)调整外汇交易的交割日;(4)进行获利操作;(5)作为货币政策工具。在国际外汇市场上,掉期交易的进行都以规范化的语言进行。

## 【关键名词】

掉期外汇交易　即期对即期的掉期交易　即期对远期的掉期交易　远期对远期的掉期交易　纯粹的掉期交易　操纵性的掉期交易　掉期率　B/S　S/B

## 【习题】

(一)思考题

1.掉期外汇交易有哪几种类型?
2.从事掉期交易的动机或目的有哪些?

(二)计算题

1.试求下列各货币间的掉期率。

(1)即期汇率 USD/JPY＝106.50/60

　　JPY3 个月利率为 3.125%～3.625%P.A.

　　USD3 个月利率为 3.25%～3.375%P.A.

(2)即期汇率 USD/CNY＝6.9820/30

　　CNY3 个月利率为 7.375%～7.875%P.A.

　　USD3 个月利率为 5.75%～6.8%P.A.

2.GBP/USD　　　Spot Rate＝1.5010/20

　Swap Point　　Spot/3 Month:40/60

某客户即期买入/3个月远期卖出100万英镑,该客户的账户将如何变化?

3.已知外汇市场行情为:即期汇率　　　　　GBP/USD=1.6275/80

　　　　　　　2个月掉期率　　　　20/10

　　　　　　　2个月远期汇率　　　GBP/USD=1.6255/70

一家美国投资公司需要10万英镑现汇进行投资,预期2个月后收回投资。该公司应如何运用掉期交易防范汇率风险?

4.一家瑞士投资公司需用100万美元投资美国3个月期的国库券,为避免3个月后美元汇率下跌,该公司做了一笔掉期交易,即在买进100万美元现汇的同时,卖出100万美元的3个月期汇。假设成交时美元/瑞士法郎的即期汇率为1.4880/90,3个月的掉期率为230/220,若3个月后美元/瑞士法郎的即期汇率为1.4510/20。比较该公司做掉期交易和不做掉期交易的风险情况(不考虑其他费用)。

5.一美国公司需要一笔GBP 10万现汇进行投资,预期1个月后收回投资。为避免1个月后英镑汇率变动的风险,该公司在买入GBP 10万现汇的同时卖出等额的1个月期汇。假设纽约外汇市场即期汇率为GBP 1=USD 1.6270－1.6280,1个月贴水0.3－0.2美分,求该笔掉期成本。

6.英国某银行在6个月后应向外支付500万美元,同时在1年后又将收到另一笔500万美元的收入。

　　　假设目前外汇市场行情为:即期汇率　　　　　GBP/USD=1.6275/80

　　　　　　　1个月的掉期率　　　　20/10

　　　　　　　2个月的掉期率　　　　30/20

　　　　　　　3个月的掉期率　　　　40/30

　　　　　　　6个月的掉期率　　　　40/30

　　　　　　　12个月的掉期率　　　 30/20

可见,英镑兑美元是贴水,其原因在于英国的利率高于美国。但是若预测英美两国的利率在6个月后将发生变化,届时英国的利率可能反过来低于美国,因此英镑兑美元会升水。那么,如何进行掉期交易以获利呢?

# 第十章

# 传统的外汇交易四
## ——套汇交易与套利交易

**学习目的**

掌握套汇交易、套利交易的概念,理解套汇交易、套利交易的类型,熟练掌握套汇交易、套利交易的操作和应用。

## 第一节 套汇交易

### 一、套汇交易的概念

套汇交易(Arbitrage)是指套汇者利用不同的外汇市场、不同的货币种类、不同的交割期限在汇率上的差异,贱买贵卖,从而赚取利润的外汇交易。

由于世界各主要外汇市场的营业时间不一致,买卖的外汇种类较多,各地的供求关系不同,有时会发生某一种或某几种外汇的汇率在不同的外汇市场上出现短暂的差异。这样,套汇者就可以在外汇汇率低的市场上买进,而在汇率高的市场上抛出,从而赚取利润。从事套汇业务的大多数是资金雄厚的大银行和设有专门的外汇交易部的大公司。它们往往能够在很短的时间内动用大笔资金,尽管有时汇率在不同的市场上差异很小,但由于买卖的外汇数量很大,也可以获得相当丰厚的利润。

一般来说,要进行套汇必须具备以下三个条件:(1)存在不同外汇市场的汇率差异;(2)套汇者必须拥有一定数量的资金,且在主要外汇市场拥有分支机构或代理行;(3)套汇者必须具备一定的技术和经验,能够判断各外汇市场汇率变动及其趋势,并根据预测采取行动。否则,要进行较为复杂的套汇将事倍功半。

当今社会,通信信息和网络技术高度发达,可供套汇的时间也是转瞬即逝,套汇将会使世界范围内的汇率趋向统一。因为当人们在货币价格低的市场买进该种货币时,对该货币的需求上升,因而该货币的价格就会上升;当人们在货币汇率高的市场上卖出该种货币时,市场上对该种货币的供给增加,其价格就会下跌。这样,不同外汇市场上的汇率差异很快就会消失,套汇将无利可图。因此,套汇者能否抓住宝贵的时机进行套汇,取决于套汇者的业务水平、工作经验以及反应的灵敏程度。

### 二、套汇交易的类型及举例

套汇交易按其方式可分为时间套汇和地点套汇两种。时间套汇(Time Arbitrage)是指套汇者利用不同交割期限所造成的汇率差异,在买入或卖出即期外汇的同时,卖出或买入远期外汇;或者在买入或卖出远期外汇的同时,卖出或买入期限不同的远期外汇,借此获取时间收益,以获得盈利的套汇方式。它常被称为防止汇率风险的保值手段。可见,时间套汇实质上与掉期交易相同,不同的只是时间套汇侧重于交易的动机,而掉期交易侧重于交易的方法。地点套汇(Space Arbitrage)是指套汇者利用不同外汇市场之间的汇率差异,同时在不同的地点进行外汇买卖,以赚取汇率差额的一种套汇方式。这里主要讨论地点套汇。地点套汇按交易方式划分,可分为直接套汇和间接套汇两种。

(一)直接套汇

直接套汇(Direct Arbitrage)也称两地套汇或两角套汇(Two Point Arbitrage),是指利用两个不同地点的外汇市场上某些货币之间的汇率差异,在两个市场上同时买卖同一货币,即将资金由一个市场调往另一个市场,从中牟利的行为。其交易准则是:在汇率较低的市场买进,同时在汇率较高的市场卖出,亦称"贱买贵卖"。例如,在伦敦外汇市场上,汇率为 GBP 1=USD 1.6260/70;在纽约外汇市场上 GBP 1=USD 1.6370/80。显然,英镑在伦敦外汇市场上的价格比在纽约外汇市场上的价格低,根据贱买贵卖的原则,套汇者在伦敦外汇市场按 GBP 1=USD 1.6270 的汇率,用 162.7 万美元买进 100 万英镑,同时在纽约外汇市场以 GBP 1=1.6370 的汇率卖出 100 万英镑,收入 163.7 万美元。这样,套汇者通过上述两笔外汇买卖,可以获得 163.7-162.7=1 万美元的收益。

根据套汇交易者的目的不同,直接套汇又可分积极型直接套汇和消极型直接套汇两种。

1.积极型直接套汇

一般来说,积极型直接套汇属于一种完全以赚取汇率差额为目的的套汇活动。

【例10-1】伦敦外汇市场 GBP/USD＝1.6265/75,纽约外汇市场 GBP/USD＝1.6225/35,套汇者在伦敦外汇市场卖出 100 万英镑,获得 162.65 万美元,将 162.35 万美元电汇纽约,购进英镑 100 万,如果不计套汇成本,套汇者就可以获得差额利润 0.3 万美元(162.65 万－162.35 万)。

2.消极型直接套汇

这是指因自身资金国际转移的需要或以此为主要目的而利用两地间市场汇率的不平衡,顺便套汇获利,在一定程度上降低汇兑成本。

【例10-2】客户因业务需要,需向伦敦电汇 10 万英镑,当日即期汇率伦敦外汇市场为:GBP1＝USD 1.62;纽约市场为 GBP1＝USD 1.60。该银行可在如下的两种方式中作出选择:一是在伦敦当地买入以伦敦为付款地的 10 万英镑;二是电告在伦敦的分支机构或代理机构出售以纽约为付款地的美元并在伦敦买进 10 万英镑。两种方式都可以达到在国际间转移资金的目的,但他们各自的资金汇兑成本不同。以顺汇方式对伦敦电汇,需卖出 16.2 万美元,买进 10 万英镑;以逆汇方式对纽约电汇,需卖出 16 万美元,买入 10 万英镑。比较结果是后一种汇兑方式资金成本较低。

但是,套汇能否进行,还要考虑套汇成本,包括电传、佣金等套汇费用。如果套汇成本太高或接近套汇利润,则获利微小或无利可图,也就没有必要进行套汇交易。另外,通过这种套汇交易获利的机会也不会长期存在,因为套汇活动会使伦敦外汇市场对英镑的需求增加,从而推动英镑汇率上涨,两地汇率的差异缩小直至均衡,套汇就不再有利。

(二)间接套汇

间接套汇(Indirect Arbitrage)又叫三角套汇(Three Point Arbitrage)或多角套汇(Multiple Point Arbitrage),是指套汇者在同一时间利用三个或三个以上不同地点的外汇市场,不同货币之间的汇率差异,贱买贵卖,赚取差额利润的一种套汇交易。由于外汇市场瞬息万变,情况复杂,套汇困难,因此多角套汇一般是在三者之间进行的。三角套汇的准则是:判断三角(点)汇率是否有差异,如果有差异,则存在套汇的机会;如果没有差异,就不存在套汇的机会。判断三角套汇是否存在差异的方法是:先将三地的汇率换算成同一标价法下的汇率,然后将三个汇率连乘起来,若乘积等于1,不存在汇率的差异;若乘机不等于1,则存在汇率差异,这时可以从事套汇交易。

【例10-3】在香港、伦敦和东京等外汇市场上存在着如下汇率:香港 GBP 1＝

HKD 12.5,伦敦 GBP1＝JPY 146.57,东京 HKD 1＝JPY 11.7233。把这三个汇率换算成同一标价法下的汇率:香港 HKD 1＝GBP 0.08,伦敦 GBP 1＝JPY 146.57,东京 JPY 1＝HKD 0.0853。根据三点套汇的原则,由于 0.08×146.57×0.0853＝1,三点汇率不存在差异,故不存在套汇机会。

假定,伦敦外汇市场上英镑汇率升至 GBP 1＝JPY 170.00,则 0.08×170.00×0.0853＝1.16＞1,说明三点汇率存在差异,从而可进行套汇交易。其步骤如下:第一步,在香港外汇市场上,用 1 个港币买进 0.08 英镑;第二步,在伦敦外汇市场上,用 0.08 英镑买进 13.6 日元(0.08×170.00);第三步,在东京外汇市场上,用 13.6 日元买进 1.16 个港币(13.6×0.0853)。通过这一套汇过程,最终 1 港元换取了 1.16 港元,净利润为 0.16 港元,利润率为 16%。套汇的结果是:香港外汇市场上的英镑汇率上涨,港币汇率下跌;伦敦外汇市场上的日元汇率上涨,英镑汇率下跌;东京外汇市场上的港元汇率上升,日元汇率下跌。最终,三个市场汇率重新趋于一致,套汇即自动终止。

又假定,伦敦外汇市场上汇率不是上升,而是下跌,为 GBP 1＝JPY 120.00,则 0.08×120.00×0.0853＝0.82＜1,这时的套汇即用港元买日元,同时用日元买英镑,再用英镑买港元。具体套汇步骤如下:第一步,在东京外汇市场上,用 1 港币买进 11.7233 日元;第二步,在伦敦外汇市场上,用 11.7233 日元买进 0.0973 英镑(11.7233×0.0083);第三步,在香港外汇市场上,用 0.0973 英镑买进 1.22 港元(0.0973×12.5)。由此可见,1 港元最终可换取 1.22 港元,净利润为 0.22 港元,利润率为 22%。

【例 10-4】在纽约外汇市场上:USD 1＝HKD 7.7500/7.7515;在香港外汇市场上:GBP 1＝HKD 12.1880/12.1890;在伦敦外汇市场上:GBP 1＝USD 1.6250/1.6260。把这三个汇率换算成同一标价法下的汇率,根据三点套汇的原则,由于 7.7500×1/12.1890×USD 1.6250＝1.0332＞1,说明三点汇率存在差异,从而可以进行套汇交易。根据这三个外汇市场的外汇行市,套汇者首先在纽约市场上以 1 美元 7.7500 港元的行市卖出 10 万美元,买进 775 000 港元;同时又在香港市场上以 1 英镑 12.1890 港元的行市卖出 775 000 港元,买进 63 582 英镑(775 000÷12.1890);同时又在伦敦市场上以 1 英镑 1.6250 美元的行市卖出 63 582 英镑,买进 103 321 美元(63 582×1.6250)。结果,在纽约市场上以 10 万美元进行套汇,最后收回 103 321 美元,汇率差额利润为 3 321 美元(未扣除套汇费用)。

## 第二节 套利交易

**一、套利交易的概念**

套利交易（Interest Arbitrage），也叫利息套汇交易，是指套利者利用不同国家或地区短期利率的差异，将资金从利率较低的国家或地区转移到利率较高的国家或地区，从中获取利息差额收益的一种外汇交易。当不同国家或地区之间的短期利率存在差异时，就可能引起套利活动。例如，美国金融市场上的短期利率为年率12%，而英国为10%，于是可以在英国以10%的年率借入英镑资金，兑成美元现汇，汇往美国，存放在美国的金融市场。如不考虑手续费等因素，资金转移可获得的利润率为2%，即为英、美两国短期利率的差额。如果这时由英国调往美国的是自有资金，则可比在英国运用该笔资金多赚取2%的利润。但无论是借入资金还是自有资金，由英镑兑换成美元汇往美国都要承担美元汇率波动的风险。因此，在英国购进美元现汇进行套利时，一般还需要做一笔远期外汇交易，即同时在英国售出与这笔美元投资的本利和等值的美元期汇，以避免美元汇率波动带来的损失。

套利与套汇一样，都是外汇市场上重要的交易活动，都具有一定的投机性。套利活动是利用不同货币市场利率的差异赚取利差利润，套汇活动是利用不同外汇市场上汇率差异赚取汇差利润。汇率波动过小而利率差很大的情况下，套利的收益相对较高；反之，当汇率波动过大而利率差别很小的情况下，套利的收益相对较低。由于目前各国外汇市场联系十分密切，一有套利机会，大银行或大公司便会迅速投入大量资金到利率较高的国家或地区，最终促使各国货币利差与货币远期贴水率趋于一致，使套利无利可图。套利活动使各国货币利率和汇率形成了一种有机的联系，两者互相影响和制约，推动国际金融市场的一体化。

在外汇业务中，银行和企业通过远期交易或掉期交易来进行套利活动是相当普遍的，以至有的西方经济学家认为："如果银行家不能利用这种（套利）机会，我们就会对他们的经营才能感到怀疑。"

**二、套利交易的类型**

根据套利者在做套利的同时是否做远期外汇交易进行外汇风险防范，套利交易可分为非抛补套利和抛补套利两种形式。

## (一)非抛补套利

非抛补套利(Uncovered Interest Arbitrage)又称不抵补套利,是指利用两国市场的利率差异,把短期资金从利率低的市场调到利率高的市场进行投资,以谋取利息差额的收益,但对所面临的汇率风险不加以抵补,也即不同时进行反向操作轧平头寸的一种套利活动。非抛补套利作为一种纯粹的套利交易,由于不同时进行反方向交易,要承担高利率货币贬值的风险,因而具有投机性质。

【例 10-5】某一时期,美国金融市场的 6 个月期国库券年利率为 10%,英国的同期国库券年利率为 6%,这时,如果英国英镑的持有人用 100 万英镑投资于英国的 6 个月期国库券,到期时本利之和将是 103 万英镑。设当时伦敦外汇市场上的美元即期汇率为 1 英镑等于 1.6695 美元,投资者可将 100 万英镑按此汇率兑换成美元,可得美元 166.95 万,用这笔美元投资于美国 6 个月期国库券,则可得到本利为:$166.95 \times (1+10\% \times 6/12)=175.2975$ 万美元。投资者在 6 个月后,把得到的美元在外汇市场上兑换为英镑,如果这时的即期汇率没有变化,则投资者可得到 105 万英镑,比购买英国国库券多获利 2 万英镑。

这种纯粹套息方式建立在对未来(本例为 6 个月后)的即期汇率的预测基础上,如果现在的即期汇率与借入未来的即期汇率没有发生变化,则投资者稳拿到利息差额收入,假若汇率发生了变化,投资者的收入就会发生变化,甚至发生亏损。在上例中,如果 6 个月后的即期汇率为 1 英镑等于 1.7795 美元的话,则投资者得到的 175.2975 万美元的本利,在外汇市场上只能兑换为 98.5 万英镑,投资者反而亏损 1.5 万英镑。可见,不抛补套利行为面临着汇率变动不确定性所带来的风险,在大多数情况下,投资者对投资期内的汇率变动是没有把握的。为了避免汇率在投资期内向不利方向变动带来的损失,投资者往往采取抛补套利的交易方式。

## (二)抛补套利

抛补套利(Covered Interest Arbitrage)又称抵补套利,是指套利者把资金从低利率市场调往高利率市场的同时,在外汇市场卖出高利率货币的远期,以避免汇率风险的一种套利活动。抛补套利往往是在汇率不是很稳定的情况下进行的套利活动,套利者在赚取套利利润的同时,做远期外汇交易,以规避汇率风险。

抛补套利实际上是非抛补套利和掉期交易结合的一种交易。它的好处在于套利者既可获得利率差额,又可避免汇率波动的风险。当然,进行抛补套利需要考虑掉期成本年率与利率差异率的关系问题。在套利日,如果掉期成本年率大于两种货币市场的利率差,说明抛补套利成本太高,无利可图;如果掉期成本年率小于两种货币市场的利率差,说明利差没有完全被掉期成本抵消,尚有套利利润,可以进行抛补套利活动。直到两者相等,套利活动终止,外汇市场与货币市场处于均衡状态。

【例10-6】承例10-5,投资者在把100万英镑按即期汇率兑换为166.95万美元,购买美国国库券的同时,办理一笔远期外汇预约,购进6个月期的英镑,卖出美元175.2975万元。这样,一笔即期交易(卖出英镑100万,买入美元)与一笔远期交易(卖出美元175.2975万元,买入英镑),构成了掉期交易形式。套利与掉期相结合的方式是避免外汇风险、获取利息收入的安全之策。假若6个月的远期汇率是1英镑等于1.7019美元,则6个月后投资于美国国库券得到的175.2975万美元的本利和,可按此汇率兑换成103万英镑,与投资于英国国库券能够得到的103万英镑的本利和相等,因此投资者将资本投资于美国国库券或是英国国库券都没有区别,只有在远期汇率高于1.7019美元时,投资于美国国库券才对投资者有利。

【例10-7】纽约金融市场利率为年率11%,伦敦金融市场利率为年率13%,两地利差为2%,单纯从利息收入考虑,如果将美元换成英镑存入伦敦银行,就可赚取2%的净利息收入。但实际上,在将美元换成英镑做短期投入生息期间,英镑汇率很可能下跌,当投资到期后把资金调回美国时,将英镑兑换成美元的数额就会减少,套利者会遭受损失。所以,套利者在将美元兑成英镑的同时,会再卖出远期英镑,以回避到期时英镑下跌的风险。套利者买进即期英镑,卖出远期英镑,会促使即期英镑上涨,远期英镑贴水,如果远期英镑贴水接近两地之间2%的利差,则套利将无利可图。因此,套利的先决条件是两地利差大于年贴水率或小于年升水率。例如,纽约外汇市场英镑对美元即期汇率为GBP 1=USD 1.6300/20,一年远期英镑贴水为20/10。现在,一套利者持有200万美元欲套利。那么,应首先计算年贴(升)水率或掉期率,以便与两地利差进行比较,依公式:

$$\text{年贴(升)水率} = \text{贴(升)水}/\text{即期汇率} \times 12/\text{月数} \times 100\%$$
$$= 0.0020/1.6320 \times 12/12 \times 100\%$$
$$= 0.1225\%$$

年贴水率为0.1225%,小于2%的两地利差,套利可以进行。然后,在纽约市场按GBP 1=USD 1.6320的汇率以200万美元买入122.55万英镑现汇存入伦敦的银行,一年后可获本息138.48万英镑,即122.55万×(1+13%),同时卖出一年期英镑(本息)138.48万,一年后到期可获225.45万美元,即138.48万×(1.6300−0.0020)。如果将200万美元存入纽约的银行可得本息222万美元,即200万×(1+11%)。故从套利所得225.45万美元中减去套利成本222万美元,可获净利润3.45万美元。

由于存在两地利差,套利者总是要买进即期高利率货币,卖出即期低利率货币,同时为了避免汇率变动的风险必须做掉期交易,卖出远期高利率货币,买进远期低利率货币。这样必然导致高利率货币远期贴水,低利率货币远期升水,并且升(贴)水不断增大,当升(贴)水率或掉期率增大到等于两地利差时,套利即自行停止。因此,最终远期外汇的升(贴)水率等于两地利差。这就是利率平价理论的具体运用。

抛补套利有时可以不必使用投资者的自有资金。例如,设欧洲英镑6个月期利率为10%,欧洲美元6个月期利率为8%,美元与英镑的即期汇率为 GBP 1＝USD 1.6300,6个月期远期汇率为 GBP 1＝USD 1.6250,则某交易员(投资者)从欧洲货币市场借入100万美元,用所借美元即期买进61.35万英镑,同时卖出6个月期英镑远期,并将所买进的英镑投资于欧洲英镑存款,交易到期时结果为:

| | |
|---|---|
| 借入美元本利 | 1 000 000×(1+8%×6/12)＝1 040 000(美元) |
| 英镑存款本利 | 613 500×(1+10%×6/12)＝644 175(英镑) |
| 英镑存款的本利转换成美元 | 1.6250×644 175＝1 046 784(美元) |
| 投资者利润 | 1 046 784－1 040 000＝6 784(美元) |

关于套利交易,还需说明几点:(1)套利活动须以有关国家对货币的兑换和资金的转移不加任何限制为前提;(2)所谓两国货币市场上利率的差异,是就同一性质或同一种类金融工具的名义利率而言,否则不具有可比性;(3)套利活动涉及的投资是短期性质的,期限一般都不超过一年;(4)抛补套利是市场不均衡的产物,然而随着抛补套利活动的不断进行,货币市场与外汇市场之间的均衡关系又会重新得到恢复;(5)抛补套利也涉及一些交易成本,如佣金、手续费、管理费、杂费等,因此,不必等到利差与远期升(贴)水率完全一致,抛补套利就会停止;(6)由于到国外投资会冒巨大的"政治风险"或"国家风险",投资者一般对抛补套利持谨慎态度,特别是在最佳资产组合已经形成的情况下,除非抛补套利有足够大的收益来补偿资产组合的重新调整所带来的损失,投资者一般是不会轻易进行抛补套利的。

实际上,利率平价理论并不能完全解释远期汇率对即期汇率的升(贴)水率,主要原因是利率平价理论忽略了投机者对市场的影响力,也排除了政府对外汇市场的干预行为。现代远期汇率理论正试图弥补这两个缺陷。

### 三、套利交易举例

【例10-8】假设日本市场年利率为3%,美国市场年利率为6%,美元/日元的即期市场汇率为109.50/00,为谋取利差收益,一日本投资者欲将1.1亿元日元转到美国投资一年,如果美元/日元一年期的远期汇率为107.00/50,若日本投资者利用远期交易来抛补套利,请比较该投资者套利与不套利的收益情况。

解:(1)套利

卖 1.1 亿日元现汇,收:$\frac{1.1 亿}{110.00}=100$(万美元)

在美国投资 1 年的本利和:100 万×(1+6％)=106(万美元)

卖 106 万美元期汇,预收:106 万×107.00=11 342(万日元)

(2)不套利

在日本投资 1 年后的本利和:1.1 亿×(1+3％)=11 330(万日元)

因为,11 342 万－11 330 万=12(万日元)

所以,套利比不套利可多收入 12 万日元。

【例 10-9】某年 5 月 12 日,美国 6 个月存款年利率为 4％,英国 6 个月存款年利率为 6％;假定当日即期汇率 GBP 1＝USD 1.6134/44,6 个月的汇水为 95/72,美国套利者拥有套利资本 2 000 000 美元,他预测 6 个月后英镑兑美元的汇率可能大幅下跌,因此在进行套利交易的同时,与银行签订远期外汇买卖合同,做抛补套利。该套利者抛补套利的收益是多少？假定在当年 11 月 12 日的即期汇率为 GBP 1＝USD 1.5211/21,做抛补套利与不做抛补套利,哪一种对套利者更有利？

解:6 个月远期外汇汇率为

　　GBP 1＝USD(1.6134－0.0095)/(1.6144－0.0072)＝USD 1.6039/1.6072

6 个月美元存款的本息和:

　　2 000 000×(1+4％×6/12)＝2 040 000(美元)

6 个月英镑存款的本息和:

　　(2 000 000/1.6144)+(2 000 000/1.6144×6％×6/12)＝1 276 015.86(英镑)

所以,抛补套利的收益为:

　　1 276 015.86×1.6039－2 040 000＝6 601.84(美元)

如果不做抛补套利,其收益为:

　　1 276 015.86×1.5211－2 040 000＝－99 052.28(美元)

从此我们可以看出,做抛补套利对投资者更有利。

【例 10-10】美国 3 个月期国库券的年利率为 8％,而英国同期国库券的年利率为 12％,纽约外汇市场的即期汇率是 GBP 1＝USD 1.5828,3 个月掉期率为贴水 GBP 1＝USD 0.010 0。试进行套利分析。

解:(1)分析是否存在套利条件,依公式:

　　年贴(升)水率＝贴(升)水/即期汇率×12/月数×100％

　　　　　　　　＝0.0100/1.5828×12/3×100％

　　　　　　　　＝2.53％

年贴水率为2.53%,小于4%的两地利差,说明市场失衡,可以通过套利获益。

(2)套利步骤:

A.按8%的利率借入美元;

B.用美元买入英镑现汇,并做掉期交易,卖出3个月远期英镑。

C.到期抛补后获得收益。

(3)套利收益的计算:

为了方便计算,以1美元为初始投入资金。套利交易的结果是获得0.0034美元的收益。本例中,如果美元存款利率为10%,其他条件不变,那么英镑的年贴水率2.53%大于正利差2%,套利可行性仍然存在,但要反向套取美元的升水率,即借入英镑,然后买入美元现汇,卖出美元3个月期汇,对美元进行掉期,3个月后抛补收益。其过程见表10-1。

表10-1 现金流量表(英镑)

| 日期 | 交易内容 | | 货币 |
|---|---|---|---|
| 第1天 | 按8%借入美元3个月 | | 美元+1.00 |
| | 买入英镑现汇(按GBP1=USD 1.5828) | 1/1.5828=0.6318 | -1.00 |
| | 按12%存入英镑3个月 | | |
| | 卖出英镑3个月期汇 | 无现金流 | 无现金流 |
| | 现金差额 | 0 | |
| 第90天 | 英镑存款到期本利和 | 0.6318×(1+12%×3/12)=0.6507 | |
| | 英镑期汇到期交割(按GBP1=USD 1.5728) | 0.6507×1.5728=1.0234 | |
| | 美元还本付息 | | -(1+8%×3/12)=-1.02 |
| | 现金流差额 | 0 | 0.0034 |
| | 兑换头寸 | 0 | 0.0034 |

**专栏10-1**

**套汇和逃汇**

套汇是指国内单位或个人在涉外经济业务中用人民币偿付应当以外汇支付的各种款项的行为(注意与本章中"套汇交易"定义的区别);逃汇是指违反国家外汇管理法令的规定,把应该缴售或上缴国家的外汇私自转移、买卖或留存国外的行为。

根据《违反外汇管理处罚施行细则》的规定,下列行为都属于套汇:

1.除经国家外汇管理局及其分局(以下简称管汇机关)批准或者国家另有规定者外,以人民币偿付应当以外汇支付的进口货款或其他款项的;

2.境内机构以人民币为驻外机构、外国驻华机构、侨资企业、外资企业、中外合资经营企业、短期入境个人支付其在国内的各种费用,由对方付给外汇,没有卖给国家的;

3.驻外机构使用其在中国境内的人民币为他人支付各种费用,由对方付给外汇的;

4.外国驻华机构、侨资企业、外资企业、中外合资经营企业及其人员,以人民币为他人支付各种费用,而由他人以外汇或者其他相类似的形式偿还的;

5.未经管汇机关批准,派往外国或者港澳等地区的代表团、工作组及其人员,将出国经费或者从事各项业务活动所得购买物品或者移作他用,以人民币偿还的;

6.境内机构以出口收入或者其他收入的外汇抵偿进口物品费用或其他支出的。

以下行为,都属于逃汇:

1.未经管汇机关批准,境内机构将收入的外汇私自保存、使用、存放境外的;

2.违反《对侨资企业、外资企业、中外合资企业外汇管理施行细则》的规定,将收入的分汇存放境外的;

3.境内机构、侨资企业、外资企业、中外合资经营企业以低报出口货价、佣金等手段少报外汇收入,或者以高报进口货价、费用、佣金等手段多报分汇支出,将隐匿的外汇私自保存或者存放境外的;

4.驻外机构以及在境外设立的中外合资经营企业的中方投资者,不按国家规定将应当调回的利润留在当地营运或者移作他用的;

5.除经管汇机关批准,派往外国或者港澳等地区的代表团、工作组及其人员不按各该专项计划使用外汇,将出国经费或者从事各项业务活动所得外汇存放境外或者移作他用的。

资料来源:外汇通网

【本章小结】

套汇交易是利用不同的外汇市场、不同的货币种类、不同的交割期限在汇率上的差异,贱买贵卖,赚取利润的外汇交易。套汇交易按其方式可分为地点套汇和时间套汇。地点套汇按交易方式划分,又可分为直接套汇和间接套汇。两种方式。

套汇交易只有在没有外汇管制,没有政府干预的条件下,才能顺利进行。具备这一条件的欧洲货币市场是套汇交易的理想市场。套汇过程必须遵循从低汇率市场买入,到高汇率市场卖出原理。套汇过程应是一个完整的循环,即套汇以初始投放货币形态结束或在货币资金初始投放市场结束。

套利交易亦称利息套汇交易,是指套利者利用不同国家或地区短期利率的差异,将资金从利率较低的国家或地区转移至利率较高的国家或地区,从中获取利息差额收益的一种外汇交易。根据套利者是否对外汇风险进行防范,套利交易可分为两种形式:非抛补套利和抛补套利。

**【关键名词】**

套汇交易　直接套汇　间接套汇　套利交易　非抛补套利　抛补套利

**【习题】**

(一)思考题

1.什么是套汇交易?它有哪些类型?

2.什么是套利交易?它有哪些类型?

3.举例说明三角套汇交易是如何操作的。

(二)计算题

1.已知:USD 1 = HKD 7.6857/7.7011,USD 1 = JPY 103.57/103.85,求HKD/JPY。

2.已知:USD 1=JPY 105.50/60,GBP1=USD 1.6230/50,求 GBP/JPY。

3.设某日某一时刻:纽约外汇市场:USD 1=JPY 87.7380－87.7390

　　　　　　　　　东京外汇市场:GBP 1=JPY 140.50－145.50

　　　　　　　　　伦敦外汇市场:GBP 1=USD 1.7800－1.7810

某投资者拥有投资成本 USD 100 万。要求:

(1)判断投资者是否有利可图;

(2)若有,计算投资收益。

4.已知伦敦市场一年期存款利率为年息6%,纽约市场一年期存款利率为年息4%,设某日伦敦外汇市场:即期汇率为 GBP 1=USD 1.9860/80,一年期远期汇水:200/190,现有一美国套利者欲在伦敦购入 GBP 20 万,存入伦敦银行套取高利,同时卖出其期汇,以防汇率变动的风险,求该笔抵补套利交易的损益。

5.现有美国货币市场的年利率12%,英国货币市场的年利率8%,美元兑英镑的即期汇率为 GBP 1＝USD 1.6260,一投资者用8万英镑进行套利交易。计算美元贴水20点与升水20点时该投资者的损益情况。

# 第十一章

# 外汇交易创新一
## ——外汇期货交易

**学习目的**

通过本章的学习,了解外汇期货的起源、外汇期货市场的组织结构和外汇期货交易程序,掌握外汇期货交易的概念和基本规则,了解外汇期货交易与远期外汇交易的区别,熟练掌握外汇期货交易的交易策略。

重点掌握外汇期货交易的概念、外汇期货交易的基本规则、外汇期货交易的交易策略。

本章的难点在于掌握外汇期货交易的交易策略。

从本章起,将介绍外汇交易创新工具,即外汇衍生产品,包括外汇期货交易和外汇期权交易。

## 第一节 外汇期货交易概述

### 一、外汇期货交易的含义

外汇期货交易(Foreign Exchange Future),也叫货币期货交易,是指交易双方在交易所内通过公开竞价的方式成交后,承诺在未来某一特定日期以事先约定的汇价买卖某种特定外汇的标准化合约。

1972年,利奥·梅拉梅德主持的芝加哥商品交易所创立了世界上第一个集中的外汇交易市场——国际货币市场(IMM),首次推出了7种转移汇率风险的外汇期货合约交易。目前,以美国的国际货币市场(IMM)和英国伦敦的国际金融期货交易所(LIFFE)开办的外汇期货品种最多、规模和影响最大。

### 专栏 11-1

#### 利奥·梅拉梅德简介

利奥·梅拉梅德,被全球公认为金融期货的创始人。1999年末,他被《芝加哥论坛报》誉为20世纪商业领域中最重要的十位芝加哥人之一。曾被《芝加哥杂志》誉为本世纪最具影响的百名芝加哥人之一。

利奥·梅拉梅德先生,被全球公认为金融期货的创始人。作为芝加哥商品交易所的主席,他于1972年创办了国际货币市场——金融领域里第一个期货市场。在以后的几年里,梅拉梅德先生为芝加哥商品交易所引入了许多不同种类的金融交易手段,包括外汇、短期国库券、欧元,并在1982年提出了股票指数期货。

梅拉梅德先生在美国期货业具有举足轻重的地位,在他的帮助下,美国的期货市场已经成为金融风险管理中不可或缺的工具。1987年,梅拉梅德先生最先引入了GLOBEX,即世界第一个电子期货贸易系统,并由此确立了他作为该系统奠基人的地位。利奥的主要代表作有:《利奥·梅拉梅德在期货市场》、《第十大行星》、《逃离期货》等。

### 专栏 11-2

#### 期货市场的由来

期货市场最早萌芽

期货市场最早萌芽于欧洲。早在古希腊和古罗马时期,就出现过中央交易场所、大宗易货交易,以及带有期货贸易性质的交易活动。当时的罗马议会大厦广场、雅典的大交易市场就曾是这样的中心交易场所。到12世纪,这种交易方式在英、法等国的发展规模很大,专业化程度也很高。1251年,英国大宪章正式允许外国商人到英国参加季节性交易会。后来,在贸易中出现了对在途货物提前签署文件,列明商品品种、数量、价格,预交保证金购买,进而买卖文件合同的现象。1571年,英国创建了实际上第一家集中的商品市场——伦敦皇家交易所,在其原址上后来成立了伦敦国际金融期货交易所。其后,荷兰的阿姆斯特丹建立了第一家谷物交易所,比利时的安特卫普开设了咖啡交易所。1666年,伦敦皇家交易所毁于伦敦大火,但交易仍在当时伦敦城的几家咖啡馆中继续进行。17世纪前后,荷兰在期货交易的基础上发明了期权交易方式,在阿姆斯特丹交易中心形成了交易郁金香的期权市场。1726年,另一家商品交易所在法国巴黎诞生。

现代期货市场

随着现代商品经济的发展和社会劳动生产力的极大提高,国际贸易普遍开展,世界市场逐步形成,市场供求状况变化更为复杂,仅有一次性地反映市场供求预期变化的远期合约交易价格已经不能适应现代商品经济的发展,而要求有能够连续地反映潜在供求状况变化全过程的价格,以便广大生产经营者能够及时调整商品生产,以及回避由于价格的不利变动而产生的价格风险,使整个社会生产过程顺利地进行,在这种情况下,期货交易就产生了。

一般认为,现代期货交易最早产生于美国,1848年美国芝加哥期货交易所(CBOT)的成立,标志着期货交易的开始。期货交易的产生,不是偶然的,而是在现货远期合约交易发展的基础上,基于广大商品生产者、贸易商和加工商的广泛商业实践而产生的。1833年,芝加哥已成为美国国内外贸易的一个中心,南北战争之后,芝加哥由于其优越的地理位置而发展成为一个交通枢纽。到了19世纪中叶,芝加哥发展成为重要的农产品集散地和加工中心,大量的农产品在芝加哥进行买卖,人们沿袭古老的交易方式在大街上面对面讨价还价进行交易。这样,价格波动异常剧烈,在收获季节农场主都运粮到芝加哥,市场供过于求导致价格暴跌,使农场主常常连运费都收不回来,而到了第二年春天谷物匮乏,加工商和消费者难以买到谷物,价格飞涨。实践提出了需要建立一种有效的市场机制以防止价格的暴涨暴跌。

为了解决这个问题,谷物生产地的经销商应运而生。当地经销商设立了商行,修建起仓库,收购农场主的谷物,等到谷物湿度达到规定标准后再运出出售。当地经销商通过现货远期合约交易的方式收购农场主的谷物,先储存起来,然后分批上市。当地经销商在贸易实践中存在着两个问题:他需要向银行贷款以便从农场主手中购买谷物储存,在储存过程中承担着巨大的谷物过冬的价格风险。价格波动有可能使当地经销商无利可图甚至连成本都收不回来。解决这两个问题的最好的办法是"未买先卖",以远期合约的方式与芝加哥的贸易商和加工商联系,以转移价格风险和获得贷款,这样,现货远期合约交易便成为一种普遍的交易方式。

然而,芝加哥的贸易商和加工商同样也面临着当地经销商所面临的问题,所以,他们只肯按他们估计的交割时的远期价格还要低的价格支付给当地经销商，以避免交割期的价格下跌的风险。由于芝加哥贸易商和加工商的买价太低，到芝加哥去商谈远期合约的当地经销商为了自身利益不得不去寻找更广泛的买家，为他们的谷物讨个好价。一些非谷物商认为有利可图，就先买进远期合约，到交割期临近再卖出，从中盈利。这样，购买远期合约的渐渐增加，改善了当地经销商的收入，当地经销商支付给农场主的收入也有所增加。

1848 年 3 月 13 日，第一个近代期货交易所——芝加哥期货交易所（CBOT）成立，芝加哥期货交易所成立之初，还不是一个真正现代意义上的期货交易所，还只是一个集中进行现货交易和现货中远期合约转让的场所。

在期货交易发展过程中，出现了两次堪称革命的变革，一是合约的标准化，二是结算制度的建立。1865 年，芝加哥期货交易所实现了合约标准化，推出了第一批标准期货合约。合约标准化包括合约中品质、数量、交货时间、交货地点以及付款条件等的标准化。标准化的期货合约反映了最普遍的商业惯例，使得市场参与者能够非常方便地转让期货合约，同时，使生产经营者能够通过对冲平仓来解除自己的履约责任，也使市场制造者能够方便地参与交易，大大提高了期货交易的市场流动性。芝加哥期货交易所在合约标准化的同时，还规定了按合约总价值的 10% 缴纳交易保证金。

随着期货交易的发展，结算出现了较大的困难。芝加哥期货交易所起初采用的结算方法是环形结算法，但这种结算方法既繁琐又困难。1891 年，明尼亚波里谷物交易所第一个成立了结算所，随后，芝加哥交易所也成立了结算所。直到现代结算所成立，真正意义上的期货交易才算产生，期货市场才算完整地建立起来。因此，现代期货交易的产生和现代期货市场的诞生，是商品经济发展的必然结果，是社会生产力发展和生产社会化的内在要求。

金融期货市场的产生

世界上第一个买卖外汇期货的有形市场是 1972 年 5 月 16 日成立的芝加哥国际货币市场。随后西方主要发达国家相继建立了自己的外汇期货交易所，外汇期货合约的种类及交易量都发展得非常迅速。外汇期货市场的形成为规避外汇风险提供了一个很有效率的中心市场，使抱有不同经济目的的交易者都能基于他们自己对期货行市的认识，聚集在一起进行交易，转移外汇风险，实现套期保值。

## 二、外汇期货交易的基本规则

为维护交易秩序,外汇期货交易规定了以下基本规则。

### (一)保证金制度

外汇期货交易在成交时只规定买卖双方在未来一定时期按合约规定的条件进行交易的责任,并没有进行实际的货币交割。在合约到期之前,随着每日汇率的波动,每笔外汇期货合约的市场价值也在不断地发生变化。在合约到期时,合约的一方有可能受损。如果合约缺乏强制力或缺乏对违约行为的有效处罚,亏损方很可能会选择违约。在外汇期货市场上,有一种很好的机制来预防违约行为的发生,这就是保证金(Margin)制度。外汇期货进行交易时均须向经纪人公司缴纳规定的保证金,用以作为交易者履约的保证。

保证金分为两种:初始保证金和维持保证金。初始保证金(Initial Margin)是交易开始时(开仓时)缴纳的保证金。保证金的要求因不同的交易币种和不同的交易所而有区别,通常是按照交易金额的 2%～3% 交纳。维持保证金(Maintenance Margin)是外汇期货交易中允许保证金下降的下限,维持保证金一般是初始保证金的 70%～80%。如果保证金账户余额低于维持保证金时,客户在极短的时间内须将保证金补足到初始保证金的水平,否则,其合约将按市场价格被强行平仓,价值损失部分将在客户的保证金中扣除。

### (二)每日结算制度

它是指期货交易所的结算部门在每日收市时计算出该交易日的结算价,然后再根据当日交易的结算价,结算每一位会员所持头寸的盈亏,亏损的必须通知该会员及时追加,盈余的则由期货交易所的结算部门自动划入该会员的账户,由此做到每日无负债。按同样道理,经纪公司再依据交易所的结算通知书,对自己的每一位客户进行每日结算。有关具体的结算方法,在各个交易所的结算规则中都有详细的规定。可见,根据期货交易特有的每日结算制度,在收盘以后,客户当日建立头寸的价格如果比交易所公布的结算价更优,则账户中已经增加了盈利,反之,亏损也被从账户中实际划出;客户非当日建立的头寸如果上一交易日结算价比当日结算价更优,账户中也会增加盈利,反之则划出亏损;划出后的剩余保证金如不足以维持现有头寸,客户还会接到追加保证金通知书。

每日结算制度通过逐日盯市制(Marking to Market)来运作,逐日盯市制即期货市场按每个交易日的结算价格计算当日客户的损益记入保证金账户的做法。结算价格(Settlement Price)是指每日收盘前最后 30 秒或 60 秒所达到的最高价和最低价计算出的价格平均数。下面以一实例说明逐日盯市制的具体操作方法。

【例11-1】某年3月20日,星期一,一位投资者买入1份9月期的瑞士法郎期货合同,期货价格为CHF 1=USD 0.7882,初始保证金为USD 2 000,维持保证金为USD 1 500。当各日外汇期货市场的期货收盘价(结算价格)为以下金额时,请计算该投资者的当日损益、累计损益、保证金账户的余额以及是否要追加保证金:

3月20日,收盘的期货价格为:0.7874;
3月21日,收盘的期货价格为:0.7858;
3月22日,收盘的期货价格为:0.7838;
3月23日,收盘的期货价格为:0.7850;
3月24日,收盘的期货价格为:0.7856;
3月27日,收盘的期货价格为:0.7870;
3月28日,收盘的期货价格为:0.7868。

解:1份瑞士法郎的期货合同金额为:CHF 125 000,当期货价格上涨时盈利,则保证金账户余额增加;反之,则保证金账户余额减少。下面列表(表11-1)来说明该投资者的当日损益、累计损益、保证金账户的余额以及追加保证金情况。

表11-1 投资者逐日盯市情况表

单位:美元

| 日期 | 收盘价 | 当日损益 | 累计损益 | 保证金余额 | 追加保证金 |
| --- | --- | --- | --- | --- | --- |
| 3月20日 | 0.7882 | | | 2 000 | |
| 3月20日 | 0.7874 | −100 | −100 | 1 900 | |
| 3月21日 | 0.7858 | −200 | −300 | 1 700 | |
| 3月22日 | 0.7838 | −250 | −550 | 1 450 | 550 |
| 3月23日 | 0.7850 | 150 | −400 | 2 150 | |
| 3月24日 | 0.7856 | 75 | −325 | 2 225 | |
| 3月27日 | 0.7870 | 175 | −150 | 2 400 | |
| 3月28日 | 0.7868 | −25 | −175 | 2 375 | |

表11-1 说明:

1.在3月20日当天收盘时,瑞士法郎期货价格下跌到CHF 1=USD 0.7874,因此投资者账面损失了100美元〔(0.7882−0.7874)×125 000〕,这部分损失当天就要在保证金账户中扣除,因此保证金余额由2 000美元下降到1 900美元。同理,以后每天都要进行同样的过程,一直到合约平仓或到期了结为止。

2.3月22日瑞士法郎期货价格下跌到CHF 1=USD 0.7838时,该投资者的保证金余额为1 450美元。低于维持保证金1 500美元,经纪人向客户发出催缴追加保证金通知,客户及时追加了550美元的保证金,使保证金余额上升到2 000美元。

## (三)外汇期货合约标准化制度

外汇期货交易,实质上是标准化的外汇期货合约的交易。即为了使期货交易能够高效率进行,外汇期货合约除了价格外,所有交易要素包括交易币种、合约面额、报价方法、最小变动单位、交易时间、保证金数额、交割月份、交割地点等都作了规范化、标准化的处理,在交易中唯一变动的是期货价格。下面以 IMM 交易的部分外汇期货合约的内容为例进行具体说明。表 11-2 是在 IMM 交易的部分外汇期货合约。

表 11-2  IMM 交易的部分外汇期货合约

| 合约名称 | 澳元 | 英镑 | 加元 | 日元 | 瑞士法郎 |
| --- | --- | --- | --- | --- | --- |
| 合约面额 | 100 000 澳元 | 62 500 英镑 | 100 000 加元 | 12 500 000 日元 | 125 000 瑞士法郎 |
| 报价方法 | 美分/澳元 | 美分/英镑 | 美分/加元 | 美分/日元 | 美分/瑞士法郎 |
| 初始保证金 | $1 200 | $2 800 | $900 | $2 100 | $2 000 |
| 维持保证金 | $900 | $2 000 | $700 | $1 700 | $1 500 |
| 汇价最小变动单位 | 0.0001 | 0.0002 | 0.0001 | 0.000001 | 0.0001 |
| 对应的点数 | 1 点 | 2 点 | 1 点 | 1 点 | 1 点 |
| 最小变动值 | 10.00 美元 | 12.50 美元 | 10.00 美元 | 12.50 美元 | 12.50 美元 |
| 交割月份 | 3、6、9、12 月 | | | | |
| 交易时间 | 7:00AM—2:00PM(美国中部时间) | | | | |
| 最后交易日 | 交割月份的第三个星期星期三 | | | | |

下面结合表 11-2 做几点说明:

1.各外汇期货市场分别规定各自的外币期货交易币种。如 IMM 交易的币种有英镑、德国马克、瑞士法郎、日元、加元、法国法郎、澳元 7 种,2002 年后德国马克、法国法郎被欧元取代。

2.每种货币的最小标准交易单位是一份合约的面额,各货币的交易是以这个单位或其整数倍进行的。例如,IMM 英镑期货合约的交易单位为每份 62 500 英镑,买卖英镑期货只能是 62 500 的整数倍,如 125 000 英镑或 187 500 英镑等,即 2 份或 3 份英镑期货合约等。因此,外汇期货交易的标的物是标准化的合约,而非外币本身。

3.外汇期货实行美元报价制度,以每单位外币(日元为每 100 日元)兑换多少美元来报价。IMM 的外汇期货合约是以美分/外币来报价。1"点"是指所报价格的小数点后最后一位数,每一点指小数点后第四位,日元则指小数点后第六位。

4.交割月份,为每年的季月,即 3 月、6 月、9 月和 12 月。交割月的第三个星期三为该月的交割日。

5.最小价格波动幅度,国际货币市场对每一种外汇期货报价的最小波动幅度作了规定。在交易场内,经纪人所做的出价或叫价只能是最小波动幅度的倍数。如英镑 0.0002 美元、加元 0.0001 美元、日元 0.000001 美元。

标准化的合约有许多好处：第一，合约标准化后，交易所可进行几个统一合约的交易，而不是同时买卖大量条款各异的合约，加强了期货市场的流动性和灵活性；第二，合约标准化后，交易者可方便地比较不同的期货价格。

### 三、外汇期货市场的组织结构

外汇期货市场是一个具体的市场，它由以下因素构成。

(一)期货交易所

它是从事外汇期货交易的当事人依法组成的一种自主管理的非盈利性会员制团体组织。每个交易所都有各自关于交易、组织及会员的规则，以维持稳定、有序、富有竞争而又受到有效监督的市场体系。

交易所的董事会监督日常事务，并服从官方监督，英国伦敦国际金融期货交易所就接受英格兰银行的监督。

(二)清算所

清算所是期货交易所之下的负责期货合同交易的盈利性机构，它拥有法人地位。交易所的会员要想成为清算会员必须单独申请，每笔期货契约交易的登记与清算需要另外付费。若非清算会员的交易所会员必须与清算会员有账户关系，通过清算会员清算，并缴纳一定佣金。

(三)期货佣金商

期货佣金商是一个代表金融、商业机构或一般公众进行期货交易的商号，亦称为经纪人公司。为方便交易和掌管为进行期货交易而开立的账户，期货佣金商必须是经注册登记的期货交易所会员公司，但是交易所的会员资格只能为个人所有。因此期货佣金商通过其在交易所注册登记的职员进行场内交易活动。

(四)市场参与者

期货交易的参与者是指那些非交易所会员的客户，也指代表期货佣金商从事自营业务的场内交易商。按市场交易参与者的主要目的区分，可分为商业性交易商与非商业性交易商两大类。商业性交易商出于对未来的外汇收益或支出及在现货市场上交易活动的考虑而利用期货市场，主要目的是避免汇率波动的风险。非商业性交易商的主要目的是投机，主要有基差交易者、价差交易者和头寸交易者等。

### 四、外汇期货交易的程序

客户要进行外汇期货交易，其基本程序是：

第一步，客户选择经纪人。

第二步，经纪人公司收到客户的委托书后，即将指令用电话、电传或计算机终端传送到交易所，通知场内经纪人。

第三步，代理买方的经纪人和代理卖方的经纪人就外汇期货合同的价格达成协议，在规定的时间之前把谈判结果连同客户的委托书送交清算所。经过清算所确认后，外汇期货买方和外汇期货卖方分别同清算所建立了契约关系。经纪人再将交易完成的情况通知给客户。

此后，客户还面临逐日结算问题。特别是当外汇期货价格发生不利变动时，他可能要追加保证金。直到客户通过对冲进行另一笔反向期货交易之后，他对这笔期货交易的义务才得以结束。

### 五、外汇期货交易与远期外汇交易的区别

外汇期货交易与远期外汇交易都是交易双方通过签订合约的方式，预先约定未来某一日期按既定的汇率交割合约规定的货币。两者都可以用以套期保值或投机图利。由于两者在概念、作用上有一些相似之处，很容易被混淆，但事实上，外汇期货交易与远期外汇交易是两种不同的交易。外汇期货交易是买卖双方在期货交易所通过买卖合约，承诺未来某一特定日期以协议价格交割某种有标准数量外汇的交易形式。远期外汇交易是指外汇买卖成交后，当时并不办理，而是根据合同的规定，在将来某一特定时间内以成交时商定的价格交割一定数量外汇的交易形式。因此，外汇期货交易和远期外汇交易之间仍存在许多区别，主要表现在以下几个方面：

#### （一）交易目的不同

从事外汇期货交易的目的有两类，一类是为了规避外汇风险，如套期保值者；再一类是进行外汇投机活动以牟利，如投机者。而从事远期外汇交易的目的主要是规避外汇风险。

#### （二）交易者不同

从事远期外汇交易虽然没有资格限制，但实际上远期外汇参与者大多为专业化的证券交易商或与银行有良好往来关系的大厂商，广大个人投资者与中、小企业由于缺乏足够信用极难有参与交易的机会。而期货交易更具有大众意义，参加者可以是银行、其他金融机构、公司、政府和个人，只要按规定交纳保证金，均可通过期货交易所中有会员身份的经纪行进行交易。

此外，远期外汇市场的参与者大多为套期保值者，市场流动性较差；而外汇期货市场有大量投机者和套利者的参与，市场流动性很好，发展极为迅速。

#### （三）交易工具不同

外汇期货市场上交易的是外汇期货合约（Futures Contract），而远期外汇市

场上交易的是远期外汇合约(Forward Contract)。前者是一种标准化的合约，交易额是用合同的数量多少来表示的。买卖额最小是一个合同，大的可以是几个合同。每个合同的金额，不同的货币有不同的规定。而外汇远期合约则无固定的规格，合约细则由交易双方自行商定。

(四)交易场所与交易方式不同

外汇期货交易主要在指定的期货交易所进行，采取公开喊价的方式成交。交易所也必须能规范客户的订单在公平合理的交易价格下完成。期货合约在交易厅内公开交易，交易所还必须保证当时的买卖价格能及时并广泛传播出去，使得期货从交易的透明化中享受到交易的优点。而远期市场组织较为松散，没有交易所，也没有集中交易地点，交易方式也不是集中式的。

(五)交易规则不同

远期合约交易通常不交纳保证金，合约到期后才结算盈亏。期货交易则不同，必须在交易前交纳一定数额的保证金，并由清算公司进行逐日结算，如有盈余，可以支取，如有损失且账面保证金低于维持水平时，必须及时补足，这是避免交易所信用危机的一项极为重要的安全措施。

(六)交易结果不同

外汇期货市场可以用来保值，也可以用来投机，而期货交易本身也提供这种条件。货币期货交易的了结方式有两种：

(1)等到到期日进行实物交割。在实际操作中，只有很少的合同进行到期时的实际交割，约占1‰～2‰。

(2)随时做一笔相反方向的相同数量和相同交割月份的期货交易，叫做"对冲平仓"，绝大部分期货交易都是如此了结的。如果你买了若干个外币期货合同，随后又卖出了同样数量的相同合同，这样就不仅轧平了头寸，而且完全结清了自己已做过的合同，也就是说等合同到期时，你不用再去进行货币的收付了。而远期外汇交易，一般都会在指定交割日交割现货。此外，货币期货的交割都通过清算所统一进行，而远期外汇交易是客户与银行之间的直接清算交割。

(七)交割日期的不同

外币期货合同中规定合同的到期日为交割月份的第三个星期的星期三(外币期货的交割月份一般为每年的3月、6月、9月、12月)。远期外汇交易则没有交割日期的固定规定，可由客户根据需要自由选择。除此之外，对合约的转让，外汇期货合约是可以转让的，而远期外汇合约则不可转让的，所以流动性较弱。

总之，外汇期货交易与远期外汇交易的区别是明显的，是两种不同种类的交易形式。

## 第二节　外汇期货交易的交易策略

外汇期货交易的交易策略可以分为套期保值策略和投机策略两种。

**一、套期保值策略(Hedging)**

外汇期货合约与远期外汇合约，都是预先确定外汇交割时的价格，合约到期时按事先约定的价格进行交割，因此都可用于套期保值。

外汇期货的套期保值是在现货市场某一笔交易的基础上，在期货市场上做一笔金额相等、方向相反的交易，即在现货市场上买进或卖出一定金额的某种外汇时，在期货市场上建立与现货市场相反的部位以达到对冲风险的目的。

(一)套期保值原理

由于期货合约是以现货商品作为合约标的物的，期货价格就是预期的现货价格，因此在正常的国际金融运行情况下，影响现货价格的各因素同样也影响着期货价格，外汇期货价格与外汇即期汇率的变动方向基本一致，即：即期汇率与期货价格同涨或同跌，两者涨跌幅度虽有差异但大致接近。在此基础上，再根据方向相反、数量相等、月份相同或相近的操作原则进行交易，必然形成：若现货交易发生亏损，期货交易就会盈利；反之，若现货交易盈利，期货交易亏损。现货交易与期货交易盈亏可以大致相互冲抵，用以固定收益或锁定成本，确保生产经营活动的顺利进行。

在期货套期保值交易中，买进期货以建立与现货头寸相反的部位时，称为买期保值；卖出期货以对冲现货部位风险时，称为卖期保值。套期保值者在交易中总遵循方向相反的原则。

(二)套期保值交易步骤

1.交易者根据现汇交易情况，通过买进或卖出期货合约建立与现货头寸相反的第一个期货部位(Position，又称"头寸")。

套期保值者在交易中总遵循方向相反的原则，当套期保值者在现货交易中处于空头部位，即在未来某一天需要外汇时，则买进期货合约，称为多头(买进)套期保值(Buying Hedge)或买期保值；当套期保值者在现货交易中处于多头部位，即在未来某一天有外汇收入时，则卖出期货合约，称为空头(卖出)套期保值(Selling Hedge)或卖期保值。

2.在期货合约到期日之前完成现货交易时,通过建立另一个相反的期货部位将先前合约平仓。

当然,通过套期保值,套期保值者可以规避掉汇率波动的汇率风险,但却不可能获得汇率朝有利方向变动时的获利机会。

二、投机策略(Speculation)

外汇期货投机是外汇期货交易的另一个重要组成部分,投机者参与期货交易的基本动机是为了获取风险利润。例如,若投机者预期某种外汇期货价格将上涨,就买进该种期货合约,预期期货价格将下跌就卖出期货合约。若期货价格走势与所预期的方向一致,则获利;若走势与预期的方向相反,则遭损失。因此,外汇期货投机获利的关键在于是否能对期货价格走势作出正确预测。

(一)相对于远期外汇交易,外汇期货交易具有更强的投机功能的主要原因

1.每张外汇期货合约面额相对较小,可以满足各种层次的投机者,包括众多中小企业主或个人的需要。

2.合约是标准化的,流动性很强,可以满足投机者根据市场行情变化迅速调整外汇期货头寸的要求。

3.由于实行保证金制度,外汇期货交易具有很强的杠杆作用,交易者只需向交易所缴纳相当于期货合约面额的 $5\%\sim10\%$ 的保证金就可以进行超额的交易,即可起到以小搏大的作用,这种杠杆作用正好满足了投机者高风险倾向的需要。

(二)外汇期货投机的主要方式

外汇期货市场上常见的两种投机方式是:简单投机和外汇期货套利。

1.简单投机

又称单项式投机,就是买空卖空同一市场上同一交割月份的期货合约的交易活动。简单投机是投机者最基本的交易策略,投机者通过对外汇期货价格走势的预期和判断,买入或卖出某个币种一定数量某一交割月份的外汇期货合约,在合约到期之前,如果该合约的价格走势与投机者预期的一致,则卖出或买入以上合约进行对冲平仓,即可从中赚取利润。当然,如果外汇期货的价格走势与投机者预期相背离,投机者就要遭受损失。简单投机分多头投机(买空)和空头投机(卖空)。

多头投机(做多头或买空):投机者预测某种外汇期货合约将要上涨时,买入该种期货合约,至上涨时再卖出平仓(先买后卖,希望低价买入,高价卖出对冲)。投机者在市场中处于多头部位,故称多头投机。

空头投机(做空头或卖空):投机者预测某种外汇期货合约将要下跌时,卖出

该种期货合约,至下跌时再买入平仓(先卖后买,希望高价卖出,低价买入对冲),投机者在市场中处于空头部位,故称空头投机。

2.外汇期货套利

是指投机者同时买入或卖出两种相关的外汇期货合约,在合约到期前适时将所持有的合约同时平仓,从中获利的交易活动。外汇期货套利可分为:跨月套利、跨市场套利、跨币种套利等。

跨月套利,指买进某一交割月份外汇期货合约的同时,卖出另一交易月份的同种期货合约,利用相同币种但不同交割月份的期货合约在某一交易所的价格差异进行套期图利。

跨市场套利,指在一个交易所买进一种外汇期货合约的同时,在另一交易所卖出同种外汇期货合约,利用同一种外汇期货合约在不同交易所的价差套取利润。

跨币种套利,指买入一个币种的外汇期货合约的同时,卖出另一个币种的期货合约,利用交割月份相同但币种不同的外汇期货和约价差进行交易,以获取投机利润。

## 第三节 外汇期货交易范例

### 一、套期保值范例

#### (一)多头套期保值

多头套期保值——即在期货市场上先买入某种外币期货,然后卖出期货轧平头寸。通过期货市场先买后卖的汇率变动与现货市场相关交易的汇率变动损益相抵冲,以避免汇率波动风险。

【例11-2】美国某进口商在9月10日从英国进口价值250 000英镑的商品,11月20日需向英国出口商支付货款。假设9月10日英镑的即期汇率是:GBP1=USD 1.7320,当天12月期英镑期货价格为GBP1=USD 1.7350。

为防止英镑升值增加进口成本,该美国进口商利用期货市场进行套期保值。具体做法是:在9月10日买入4张12月期英镑期货合约,总价值为250 000英镑(每张英镑期货合约面额62 500英镑)。到了11月20日,再在期货市场上进行对冲,即卖出4张12月期英镑期货合约,同时在即期外汇市场上买入250 000英镑支付货款。交易过程如表11-3所示。

表 11-3　多头套期保值交易过程

| 现货市场 | 期货市场 |
| --- | --- |
| 9月10日<br>现汇汇率 GBP 1＝USD 1.7320<br>GBP 250 000 折合 USD 433 000 | 9月10日<br>买入 4 张 12 月期英镑期货合约(开仓)<br>价格：GBP 1＝USD 1.7350<br>总价值：USD 433 750 |
| 11月20日<br>现汇汇率 GBP 1＝USD 1.7420<br>买入 GBP 250 000 现汇,付出 USD 435 500 | 11月20日<br>卖出 4 张 12 月期英镑期货合约(平仓)<br>价格：GBP 1＝USD 1.7440<br>总价值：USD 436 000 |
| 结果：<br>损失 USD 2 500 | 结果：<br>盈利 USD 2 250 |

由于英镑升值,该进口商为支付 250 000 英镑货款需多支付 2 500 美元。但由于做了套期保值,在期货市场上盈利 2 250 美元,从而可以大致弥补现汇市场上的损失。

当然如果到期日英镑汇率不是上升而是下降,则期货市场上的损失要由现货市场上的盈利来弥补。

(二)空头套期保值

期货市场上可以通过先卖后买来固定汇率,避免汇率波动的风险。

【例 11-3】美国一出口商 3 月 10 日向瑞士出口一批货物,计价货币为瑞士法郎,价值 250 000 瑞郎,2 个月后收回货款。为防止 2 个月后瑞郎贬值,该出口商在期货市场上卖出 2 份 6 月期瑞士法郎期货合约(每张瑞郎期货合约面额 125 000 瑞士法郎),价格为 0.7680 美元/瑞郎。至 5 月份瑞郎果然贬值。交易过程如表 11-4 所示。

表 11-4　空头套期保值交易过程

| 现货市场 | 期货市场 |
| --- | --- |
| 3月10日<br>现汇汇率 USD 1＝CHF 1.3024<br>CHF 250 000 折合 USD 191 953.32 | 3月10日<br>卖出 2 张 6 月期瑞郎期货合约(开仓)<br>价格：CHF 1＝USD 0.7680(USD 1＝CHF 1.3020)<br>总价值：USD 192 000 |
| 5月10日<br>现汇汇率 USD 1＝CHF 1.3100<br>卖出 CHF 250 000 现汇,收入 USD 190 839.7 | 5月10日<br>买入 2 张 6 月期瑞郎期货合约(平仓)<br>价格：CHF 1＝USD 0.7630(USD 1＝CHF 1.3106)<br>总价值：USD 190 750 |
| 结果：<br>损失 USD 1 113.63 | 结果：<br>盈利 USD 1 250 |

该公司由于瑞士法郎贬值,在现货市场上少收入1 113.63美元,但由于在期汇市场上做了套期保值,在期汇市场上盈利1 250美元,从而不仅完全弥补了现汇市场上的损失,而且有136.37美元的盈利。

当然,如果瑞士法郎不是贬值而是升值,则期汇市场上的损失要由现货市场上的盈利来弥补。

## 二、投机范例

(一)简单投机

1.多头投机(买空)

多头投机是投机者预测外汇期货价格将要上升,从而先买后卖,希望低价买入,高价卖出对冲。

【例11-4】某投机者预期3月期日元期货价格呈上涨趋势,于是在1月10日在IMM市场买进20份3月期日元期货合约(每张日元期货面额12 500 000日元),当天的期货价格为$0.008333/¥(即¥120.00/$)。到3月1日,上述日元期货的价格果然上涨,价格为$0.008475/¥(即¥118.00/$),该投机者悉数卖出手中日元期货合约获利了结。请计算该投机者的投机损益情况(不考虑投机成本)。

解:1月10日购入时,20份合约的总价值为:

$0.008333 \times 12\ 500\ 000 \times 20 = 2\ 083\ 250$(美元)

3月1日售出时,20份合约的总价值为:

$0.008475 \times 12\ 500\ 000 \times 20 = 2\ 118\ 750$(美元)

该投机者可获取的投机利润为:

$2\ 118\ 750 - 2\ 083\ 250 = 35\ 500$(美元)

当然,如果投机者预测错误,即日元期货不涨反跌,投机者就要承担风险损失。

2.空头投机(卖空)

空头投机是投机者预测外汇期货价格将要下跌,从而先卖后买,希望高价卖出,低价买入对冲。

【例11-5】某投机者预期9月期英镑期货将会下跌,于是在2月20日£1=$1.7447的价位上卖出4份9月期英镑期货合约(每张英镑期货面额62 500英镑)。5月15日英镑果然下跌,投机者在£1=$1.7389的价位上买入4份9月期英镑期货合约对全部空头寸加以平仓。请计算该投机者的损益情况(不计投机成本)。

解:交易过程如下:

2月20日时卖出4份合约的总价值为:

1.7447×62 500×4=436 175(美元)

5月15日买入4份合约的总价值为：

1.7389×62 500×4=434 725(美元)

该投机者可获取的投机利润为：

436 175−434 725=1 450(美元)

在不考虑手续费的情况下，该投机者从英镑期货的交易中获取利润1 450美元。

同样，如果投机者预测错误，即英镑期货不跌反涨，投机者就要承担风险损失。

(二)外汇期货套利

1.跨月套利

【例11-6】假设某年1月10日IMM3月期、6月期的日元期货价格如下：

3月期　　　　　　　0.008858
6月期　　　　　　　0.008918

某投机者预期3月期的日元期货价格的增长速度将会快于6月期的日元期货价格的增长速度。为获差价收益，该投机者进行"买3月/卖6月"的跨月套利，即购买10份3月期日元期货合约，同时出售10份6月期日元期货合约。假设到2月20日，3月期和6月期的日元期货行情如下：

3月期　　　　　　　0.008925
6月期　　　　　　　0.008965

于是该投机者对两笔交易同时进行了结，其操作过程如表11-5所示。

表11-5　跨月套利交易过程

| 3月期合约 | 6月期合约 |
|---|---|
| 1月10日<br>买入10份合约<br>总价值　0.008858×12 500 000×10<br>　　　=USD 1 107 250 | 1月10日<br>卖出10份合约<br>总价值　0.008918×12 500 000×10<br>　　　=USD 1 114 750 |
| 2月20日<br>卖出10份合约<br>总价值　0.008925×12 500 000×10<br>　　　=USD 1 115 625 | 2月20日<br>买入10份合约<br>总价值　0.008965×12 500 000×10<br>　　　=USD 1 120 625 |
| 结果<br>盈利 USD 8 375 | 结果<br>亏损 USD 5 875 |

套利者这笔"买3月/卖6月"跨月套利的净盈利是2 500美元(不考虑投机成本)。

2.跨市套利

【例11-7】9月20日,某套利者在国际货币市场以GBP 1＝USD 1.8300的价格买入4份12月期英镑期货合约,同时在伦敦国际金融期货交易所以GBP 1＝USD 1.8500的价格出售10份12月期英镑期货合约。由于国际货币市场每份英镑期货合约为62 500英镑,而国际金融期货交易所每份英镑期货合约为25 000英镑,两者相差2.5倍,为保证套利合约与实际金额一致,在两个交易所买入与卖出的期货合约份数也应与此比例相吻合。至11月20日,套利者以GBP 1＝USD 1.8600的价格分别在两家交易所对两笔交易同时进行了结,其操作过程如表11-6所示。

表11-6 跨市套利交易过程

| 国际货币市场 | 伦敦国际金融期货交易所 |
| --- | --- |
| 9月20日<br>买入4份合约<br>总价值1.8300×62 500×4＝USD 457 500 | 9月20日<br>卖出10份合约<br>总价值1.8500×25 000×10＝USD 462 500 |
| 11月20日<br>卖出4份合约<br>总价值1.8600×62 500×4＝USD 465 000 | 11月20日<br>买入10份合约<br>总价值1.8600×25 000×10＝USD 465 000 |
| 结果<br>盈利 USD 7 500 | 结果<br>亏损 USD 2 500 |

该交易者在国际货币市场上盈利7 500美元,在国际金融期货交易所中亏损2 500美元,通过跨市场套利交易盈利5 000美元。

**专栏11-3**

**金融衍生品与巴林银行的垮台**

**一、事件发生**

1995年2月,具有230多年历史、在世界一千家大银行中按核心资本排名第489位的英国巴林银行宣布倒闭,这一消息在国际金融界引起了强烈震动。巴林银行1763年创建于伦敦,它是世界首家商业银行。它既为投资者提供资金和有关建议,又像一个"商人"一样自己做买卖,也像其他商人一样承担风险。由于善于变通,富于创新,巴林银行很快就在国际金融领域获得巨大的成功。它的业务范围也非常广泛:无论是到刚果提炼铁矿,从澳大利亚贩运羊毛,还是开掘巴拿马运河的项目,巴林银行都可以为之提供贷款。由于巴林银行在银行业中的卓越贡献,巴林银行的经营者先后获得了5个爵位。

业绩曾经如此辉煌的巴林银行1995年毁于其金融衍生品交易,它的倒闭是由于该行在新加坡的期货公司交易形成巨额亏损引发的。1992年新加坡巴林银行期货公司开始进行金融期货交易不久,前台首期交易员(而且是后台结算主管)尼克·里森即开立了"88888"账户。开户表格上注明此账户是"新加坡巴林期货公司的误差账户",只能用于冲销错账,但这个账户却被用来进行交易,甚至成了里森赔钱的"隐藏所"。里森通过指使后台结算操作人员在每天交易结束后和第二天交易开始前,在"88888"账户与巴林银行的其他交易账户之间做假账进行调整,里森反映在总行其他交易账户上的交易始终是盈利的,而把亏损掩盖在"88888"账户上。

里森作为一个交易负责人,曾经通过大阪股票交易所、东京股票交易所和新加坡国际金融交易所买卖日经225股票指数期货和日本政府债券期货,从中赚取微薄的差价,由于差价有限因此交易量很大。通过这种风险较低的差价交易,也一度为巴林银行赚取了巨额的利润,在1994年头7个月获利3 000万美元。

## 二、在股指期货等衍生品交易的亏损分析

巴林银行倒闭是由于其子公司——巴林期货新加坡公司,因持有大量未经保值的期货和选择权头寸而导致巨额亏损,经调查发现,巴林期货新加坡公司1995年交易的期货合约是日经225指数期货、日本政府债券期货和欧洲日元期货,实际上所有的亏损都是前两种合约引起的。

来自日经225指数期货的亏损

自1994年下半年起,里森认为日经指数将上涨,逐渐买入日经225指数期货(做多头),不料1995年1月17日日本关西大地震后,日本股市反复下跌,里森的投资损失惨重。里森当时认为股票市场对神户地震反映过激,股价将会回升,为弥补亏损,里森一再加大投资,在1月16日—26日大规模建多仓,以其翻本。其策略是继续买入日经225期指,其日经225期指头寸从1995年1月1日的1 080张9 503合约多头增加到2月26日的61 039张多头(其中9 503合约多头55 399张,9 506合约5 640张。)据估计其9 503合约多头平均买入价为18 130点,经过2月23日,日经指数急剧下挫,9 503合约收盘跌至17 473点以下,导致无法弥补损失,累计亏损达到480亿日元。

**来自日本政府债券的空头期货合约的亏损**

里森认为日本股票市场股价将会回升,而日本政府债券价格将会下跌,因此在1995年1月16日—24日大规模建日经225指数期货多仓同时,又卖出大量日本政府债券期货。里森在"88888"账户中未套期保值合约数从1月16日2 050手多头合约转为1月24日的26 379手空头合约,但1月17日关西大地震后,在日经225指数出现大跌同时,日本政府债券价格出现了普遍上升,使里森日本政府债券的空头期货合约也出现了较大亏损,在1月1日到2月27日期间就亏损了1.9亿英镑。

**来自股指期权的亏损**

里森在进行以上期货交易时,还同时进行日经225期货期权交易,大量卖出马鞍式选择权,即在相同的执行价格下卖出一张看涨期权,同时卖出一张看跌期权,以获取期权权利金。里森通过卖出选择权获得了很多权利金来支付大量的追加保证金,里森希望在一段时间后市场能够保持足够稳定,让选择权以接近执行价到期作废,从而使该政策获利。采取这样性质的策略的内存风险在于市场的突然和未预计到的波动。马鞍式期权获利的机会是建立在日经225指数小幅波动上的,波动损失维持在收到的权利金范围内假设基础上,由于日经225指数大幅下跌,这不仅使看跌期权变为价内期权,而且会因为波动率的增大使选择权价值进一步增大,从而卖方遭受更大的亏损。因此日经225指数出现大跌,里森作为马鞍式选择权的卖方出现了严重亏损,到2月27日,期权头寸的累计账面亏损已经达到184亿日元。

里森终于意识到,他已回天无力,于是便携妻子仓促外逃。2月24日,巴林银行因被追交保证金,才发现里森期货交易账面损失4亿至4.5亿英镑,约合6亿至7亿美元。已接近巴林银行集团本身的资本和储备之和。26日,英格兰银行宣布对巴林银行进行倒闭清算,寻找买主。27日,东京股市日经指数再急挫664点,又令巴林银行的损失增加了2.8亿美元。截至1995年3月2日,巴林银行亏损额达9.16亿英镑,约合14亿美元。3月5日,国际荷兰集团与巴林银行达成协议,接管其全部资产与负债,更名为"巴林银行有限公司";3月9日,此方案获英格兰银行及法院批准。至此,巴林银行230年的历史终于画上了句号。

摘自"南都期货"

**【本章小结】**

1.外汇期货交易(Foreign Exchange Future),是指交易双方在交易所内通过公开竞价的方式成交后,承诺在未来某一特定日期以事先约定的汇价交割某种特定的标准数量货币的外汇交易。它与远期外汇交易的区别在于:交易目的不同、交易者不同、交易工具不同、交易场所与交易方式不同、交易规则不同、交易结果不同、交割日期不同。

2.外汇期货市场由期货交易所、清算所、期货佣金商、市场参与者等因素构成。为维护交易秩序,外汇期货交易规定了保证金制度、每日清算制度和外汇期货合约标准化制度等基本规则。

3.外汇期货交易的交易策略可以分为套期保值策略和投机策略两种。外汇期货的套期保值是在现货市场某一笔交易的基础上,在期货市场上做一笔金额相等、方向相反的交易,即在现货市场上买进或卖出一定金额的某种外汇时,在期货市场上建立与现货市场相反的部位以达到对冲风险的目的。外汇期货投机是外汇期货交易的另一个重要组成部分,投机者参与期货交易的基本动机是为了获取风险利润。

4.外汇期货市场上常见的两种投机方式是:简单投机和外汇期货套利。简单投机是投机者最基本的交易策略,是投机者买空卖空同一市场上同一交割月份的期货合约的交易活动。简单投机分多头投机(买空)和空头投机(卖空)。外汇期货套利,指投机者同时买入或卖出两种相关的外汇期货合约,在合约到期前适时将所持有的合约同时平仓,从中获利的交易活动。外汇期货套利可分为:跨月套利、跨市场套利、跨币种套利等。

**【关键名词】**

| | | | |
|---|---|---|---|
| 外汇期货交易 | Foreign Exchange Future | 保证金 | Margin |
| 套期保值 | Hedging | 逐日盯市制 | Marking to Market |
| 买期保值 | Buying Hedge | 卖期保值 | Selling Hedge |
| 期货部位 | Position, | 投机策略 | Speculation |

**【习题】**

(一)思考题

1.什么是外汇期货交易?
2.外汇期货交易有哪些基本规则?
3.比较外汇期货交易与远期外汇交易的不同点。

(二)填空题

1.(　　)芝加哥商品交易所国际货币市场首次推出外汇期货合约交易。

2.外汇期货套利可分为(　　)、(　　)、(　　)等。

3.(　　)是投机者预测外汇期货价格将要下跌,从而先卖后买,希望高价卖出,低价买入对冲。

4.目前,以(　　)和(　　)开办的外汇期货品种最多。

5.外汇期货合约报价的 1"点"是指所报价格的小数点后(　　)一位数。

(三)单项或多项选择题

1.盯市制即期货市场按每个交易日的(　　)计算当日客户的损益记入保证金账户的做法。

　　A.结算价　　　　B.交易价　　　　C.起算价　　　　D.确定价

2.外汇期货合约除了(　　)外,所有交易要素都作了规范化、标准化的处理。

　　A.交易币种　　　B.合约价格　　　C.报价方法　　　D.保证金数额

3.外汇期货价格与外汇即期汇率的变动方向(　　)。

　　A.基本一致　　　B.完全一致　　　C.基本反向　　　D.完全反向

4.保证金分为(　　)。

　　A.初始保证金　　　　　　　　　　B.维持保证金

　　C.追加保证金　　　　　　　　　　D.履约保证金

　　E.执行保证金

5.多头投机(做多头或买空),投机者预测某种外汇期货合约将要上涨时,买入该种期货合约,至上涨时再卖出平仓(　　)。

　　A.先买后卖　　　　　　　　　　　B.希望低价买入

　　C.高价卖出对冲　　　　　　　　　D.先卖后买

　　E.希望高价卖出

6.空头投机(做空头或卖空),投机者预测某种外汇期货合约将要下跌时,卖出该种期货合约,至下跌时再买入平仓(　　)。

　　A.先卖后买　　　　　　　　　　　B.希望高价卖出

　　C.低价买入对冲　　　　　　　　　D.先买后卖

　　E.高价卖出对冲

(四)判断题

1.外汇期货交易主要是为人们提供一种炒卖外汇的工具。(　　)

2.外汇期货交易就是远期交收的外汇交易。( )
3.与外汇期货交易相比远期外汇交易的成本较低。( )
4.追加保证金只要追加到维持保证金的数额。( )
5.外汇期货交易中唯一变动的是期货价格。( )

(五)计算题

1.若某投资者在某年1月1日(周一)购买了某种资产X的期货合约2份,每份合约交易单位是100单位的X,当时期货价格为每单位400元,若初始保证金比率为5%,试计算初始保证金和维持保证金。假设当天交易结束后,X资产期货价格降为393元,则该投资者应缴纳多少追加保证金?

2.美国一出口商5月10日向加拿大出口一批货物,计价货币为加元,价值200 000加元,3个月后收回货款。为防止3个月后加元贬值,该出口商通过外汇期货交易进行套期保值。

已知:市场行情如下:

| 5月10日 | 即期汇率 | USD 1＝CAD 1.1641 |
| | 9月期加元期货价格 | CAD 1＝USD 0.8595 |
| 8月10日 | 即期汇率 | USD 1＝CAD 1.1709 |
| | 9月期加元期货价格 | CAD 1＝USD 0.8540 |

请列表显示其交易过程,并分析保值结果。

3.假设某年2月15日IMM6月期、9月期的瑞郎期货价格如下:

| 6月期 | 0.6720 |
| 9月期 | 0.6580 |

某投机者预期9月期的瑞郎期货价格的增长速度将会快于6月期。为获差价收益,该投机者进行"买9月/卖6月"的跨月套利,即购买10份9月期瑞郎期货合约,同时出售10份6月期瑞郎期货合约。假设到5月20日,6月期和9月期的瑞郎期货行情如下:

| 6月期 | 0.6680 |
| 9月期 | 0.6630 |

于是该投机者对两笔交易同时进行了结。

请计算该投机者进行跨月套利的损益额。

# 第十二章

# 外汇交易创新二
## ——外汇期权交易

**学习目的**

通过本章的学习,了解外汇期权的起源及发展状况,掌握外汇期权的概念、特点和基本交易术语,掌握外汇期权的种类,熟练掌握和运用外汇期权交易策略,重点掌握外汇期权的概念、特点、基本交易术语,本章的难点是掌握外汇期权交易策略。

## 第一节 外汇期权交易概述

### 一、外汇期权交易的概念

随着布雷顿森林体系出现危机直至最终崩溃,汇率变动日益剧烈,为规避汇率波动风险,人们积极寻求更为有效的避险途径。于是克服了远期与期货交易局限的外汇期权在 20 世纪 80 年代初应运而生,此后外汇期权交易迅速发展,交易规模不断扩大,新的交易品种不断涌现,成为交易活跃、应用广泛的金融衍生工具。

外汇期权(Foreign Exchange Option)是以外汇作为合约标的物的期权,也称为外币期权(Foreign Currency Option),是一种有关货币的选择权契约,其持有人即期权买方享有在契约到期或之前以事先规定的价格购买或出售一定数额某种外汇资产的权利。期权买方所拥有的是一种权利而非义务，当行情有利时，他有权买进或卖出该种外汇资产；当行情不利时，他也可以不行使期权。而期权的卖方则有义务在买方要求履约时，卖出或买进期权买方买进或卖出的该种外汇资产。

## 二、外汇期权交易的基本交易术语

### （一）期权买方与期权卖方

期权买方（Taker）：也称为期权持有人（Holder），是买进期权合约的一方。在外汇期权交易中，期权买方支付一笔费用（期权费），就可获得期权合约所赋予的在合约约定时间内，按照事先确定的执行价格向期权卖方买进或卖出一定数量相关外汇资产的权利。期权买方只有买或卖的权利，而没有必须买或必须卖的义务。

期权卖方（Granter）：卖出期权合约的一方称期权卖方。在外汇期权交易中，期权卖方在收取期权买方的权利金后，负有在期权合约约定时间内，只要期权买方要求执行期权（即买进或卖出一定数量某种外汇资产），期权卖方必须按照事先确定的执行价格相应地向期权买方卖出或买进一定数量外汇资产。期权卖方只有义务，没有权利。

### （二）期权费（Premium）

也称为权利金、保险费，是期权买卖的价格。期权费是在订立期权合约时买方为取得履约选择权而必须支付给卖方的代价。期权费是期权合约中唯一的变量，是由买卖双方在国际期权市场公开竞价形成的。对于期权的买方来说，期权费是其交易成本，是所面临损失的最高限度；对于期权卖方来说，期权费是他面临风险的补偿，是所可能获得的最大利润。因此期权合约的买方或卖方各自的风险和收益是不对称的。

### （三）执行价格（Strike Price）

也称为协议价格（Contract Price）或履约价格（Exercise Price），是期权合约中规定的买方行使权利时的买卖交割价格。

执行价格确定后，在期权合约的有效期内，无论市场汇率如何波动，只要期权的买方要求履约，期权的卖方就必须按执行价格履行义务。如：期权买方买入了美元看涨期权，在期权合约规定的时间内，如果美元汇率上涨且高过执行价格，买方决定履约，即有权以低于市场汇率的执行价格买入期权合约所规定的美元；而期权卖方也必须无条件地以执行价格履行卖出义务。

### （四）到期日与交割日

到期日（Expiration Date）：是指期权合约必须履行的最后日期。只能在期权合约到期日方可履约的期权称为欧式期权;在合约到期日之前的任何一个交易日(含合约到期日)均可履约的期权称为美式期权。

交割日(Delivery Date):是期权买方行使期权,卖方履行合约义务的清算日。

### 三、外汇期权交易的特点

外汇期权交易有别于远期外汇交易和外汇期货交易,它有自身鲜明的特点:

(1)期权交易中,买卖双方的权利、义务是不对等的。买方支付权利金后,获得买进或卖出的权利,而不负有必须买进或卖出的义务。卖方收取权利金后,负有应买方要求,必须买进或卖出的义务,而没有不买或不卖的权利。

因为外汇期权的买方具有执行合约与不执行合约的选择权。因此,相比较而言,采用期权业务来规避风险要比远期、期货交易彻底得多。比如,买入一笔远期外汇能避免该外汇汇率升值的风险,但当汇率贬值时,它不仅不能回避风险,反而产生了风险,而期权能同时规避汇市升值的风险和享受贬值所带来的好处。

(2)期权交易的收益与风险具有明显的非对称性。对期权购买者而言,他所承受的最大风险是事先就明确的权利金,而他所可能获得的收益却是无限的;对于期权出售者而言,他能实现的收益是事先确定的、有限的,但他承担的风险却是无限的。

【例12-1】一张权利金1 000美元,价值100 000欧元的欧式看涨合约,合约规定期限为三个月,执行价格为美元1.2000/欧元。

三个月后的合约到期日,欧元/美元市场汇率高于执行价格,如为1.2200,则该期权的买方行使期权,按1.2000买入100 000欧元,然后按1.2200抛出,所得盈利减去最初支付的1 000美元即是其收益,到期日的市场汇率越高买方收益越大;当然,由于买方的收益即卖方的损失,对于该期权的卖方而言,买方收益越大意味着其损失也越大。

如果到期日,欧元/美元市场汇率低于执行价格,如为1.1800,则买方放弃履约,损失最多锁定在1 000美元;卖方获得最大的收益,即收取的权利金1 000美元。

(3)外汇期权购买者的权利具有很强的时间性,只有在合约的有效期内行使才有效;超过有效期,期权合约自行失效,买方所拥有的权利与卖方的所承担的义务随之消失。

## 第二节 外汇期权的种类

外汇期权种类繁多,可以按照多种标准进行分类。

### 一、按照期权交易方向不同分为买权和卖权

买权(Call Option):是买入期权的简称,指其持有人有权按照执行价格在约定时间购买特定数量外汇的权利。持有这种期权,将来市场即期汇率越上涨,期权买方越有利,因此也称为看涨期权。

卖权(Put Option):是卖出期权的简称,指其持有人有权按照执行价格在约定时间出售特定数量外汇的权利。持有这种期权,将来市场即期汇率越下跌,期权买方越有利,因此也称为看跌期权。

### 二、按照行使期权的时间是否具有灵活性可以分为美式期权和欧式期权

美式期权(Americanstyle Option):在到期日或到期日之前任何时间都可以行使的外汇期权。

欧式期权(Europeanstyle Option):只能在到期日行使的期权为欧式期权。可见美式期权具有较大的灵活性,因此美式期权的期权费较欧式期权高。

### 三、按交易场所不同划分,可以分场内交易期权和场外交易期权

场内交易期权(Exchange Traded Option):交易所场内期权类似于期货交易,期权规格固定划一,即场内交易期权都是合约化的,到期日、名义本金、交割地点、交割代理人、协议代理人、协议价格、保证金指定、合约金制度、合约各方、头寸限制、交易时间以及行使规定都是交易所事先确定的,外汇期权交易者需要做的只是确定合约的价格和数量。在交易所交易的标准化期权可以进入二级市场买卖,具有很大的流动性。场内交易期权可以是一定数量的即期货币交易,也可以是一个相似的货币期货合约交易。场内交易期权需要支付保证金,绝大多数是美式期权。具有代表性的场内期权交易市场主要集中在费城、芝加哥、伦敦等地。

场外交易期权(Over the Counter OTC):也称为柜台交易,场外交易期权与远期外汇交易类似,其金额、期限和履约价格均由买卖双方根据需要斟酌商定,

根据客户的需要对期权进行特制,可以适合各种客户的需要,不像场内交易期权那样标准化。通常情况下,场外交易金额比交易所场内交易金额大得多,也不仅限于几种货币,甚至还包括交叉货币的期权;另外,在期限、交易时间等各方面都具有弹性,因而更适合于那些有特殊需要的客户。OTC货币期权占期权交易总量的90%。OTC期权的特点是:可以直接在交易者之间,也可通过期权经纪商交易;交易日可以是在任何一天,并且交易细节可由交易者自由写上;不需支付保证金;规模可以协商;通常是欧式期权交易。在OTC期权市场上,期权经纪商对期权的报价一般是通过特定的期权定价模型来进行的,并且要考虑诸如交易货币的即期汇率、实施价格、到期日、利率、交易货币汇率的变动等因素。目前场外交易市场的期权合同也在向标准化发展,其目的是为了提高效率,节约时间。具有代表性的场外交易期权市场是以伦敦和纽约为中心的银行同业外汇期权市场。

### 四、按期权执行价格与即期汇率的关系分为实值期权、平值期权和虚值期权

实值期权(In the Money Option,ITM):也称溢价期权,是指看涨期权(看跌期权)的执行价格低于(高于)即期汇率,即执行价格优于即期汇率,买方执行期权可获利;

平值期权(At the Money Option,ATM):也称平价期权,是指看涨期权(看跌期权)的执行价格等于即期汇率,买方执行期权没有损益,即行权与否结果都一样;

虚值期权(Out of the Money Option,OTM):也称损价期权,是指看涨期权(看跌期权)的执行价格高于(低于)即期汇率,即即期汇率优于执行价格,买方执行期权会遭致损失,故放弃行权。

表12-1 执行价格与即期汇率的关系

|  | 看涨期权 | 看跌期权 |
| --- | --- | --- |
| 实值期权 | 执行价格＜即期汇率 | 执行价格＞即期汇率 |
| 平值期权 | 执行价格＝即期汇率 | 执行价格＝即期汇率 |
| 虚值期权 | 执行价格＞即期汇率 | 执行价格＜即期汇率 |

### 五、根据交易的基础资产不同来划分,可分为外汇现汇期权、外汇期货期权、期货式期权和复合式期权

外汇现汇期权(Options on Spot Exchange),是指期权购买者有权在到期日

或到期日之前,以执行价格买入或卖出一定数量的某种外汇现货。

外汇期货期权(Option on foreign Currency Futures),是指期权买方有权在到期日或到期日之前,以执行价格买入或卖出一定数量的某种外汇期货。期货合约的到期通常紧随该期权的到期之后。外汇期货期权都是美式期权。期货期权也分为看涨期权和看跌期权。

【例12-2】某交易商买入一份欧元9月份期货的看涨期权(合同金额100 000欧元),协定价为USD 1.2000/EUR,此后期货行市上涨到USD 1.2100/EUR,期权买方看行市有利,就行使期权,从中获利:

(USD 1.2100/EUR－USD 1.2000/EUR)×100 000＝USD 1 000

期货式期权(Futures-style Option),是以外汇期权行市(指期权权利金或期权价格)作为商品来从事期货交易,又称期权期货,与一般期货合同相似的特点是交易双方盈亏取决于期权行市变动方向,且合同双方都必须缴存保证金,并且按每天期权收市价结清,即按每天收市的期权清算价对期权合同价的变动差额进行盈亏计算,当人们预计期权行市上涨时就会买入看涨期权期货,取得多头部位,如果期权行市果然上涨,买入者获利,出售者亏损。反之期权行市下跌,则买入者亏损,出售者盈利。而当人们预计期权行市下跌时,就会买入看跌期权期货,日后果然下跌,则多头者获利,空头者亏损。

复合期权,是基于期权的期权。期权的买方在支付期权费以后获得一项按预先确定的期权费买入或卖出某种标准期权的权利。复合期权有两个执行价格和两个到期日,其中前一期权可视为一般期权,而后一期权则是针对前一期权的权利金进行交易,即以前一期权的权利金与后一期权的执行价格作比较而决定是否执行后一期权。履约时以执行价格买入或卖出前一期权。复合期权可用来规避可能发生的不确定的汇率风险。

**六、根据期权的复杂程度和使用范围,可将期权分为标准期权和奇异期权**

标准期权(Vanilla Option)即普通的欧式期权和美式期权。奇异期权(Exotic Option)是在标准欧式期权和美式期权的基础上衍生出来的期权。随着金融市场的发展和金融工程的兴起,金融机构根据客户的不同需求设计不同的期权产品,即奇异期权,以满足客户的避险需求。奇异期权虽然出现较晚,但发展非常迅速。

## 第三节　外汇期权交易策略(上)
## ——裸期权与抛补期权

在国际金融市场上,期权形式灵活多样,不同期权又可以组成形式多样的投资组合。因此对风险承受能力不同、对汇率走势预期有别的投资者,或利用单一期权或构造自己所需的期权组合,来规避汇率风险或投机谋利。利用期权合约及其基础的交易工具,可以构造四种基本的期权投资策略,即:裸期权、抛补期权、差价期权和组合期权,本节主要介绍裸期权和抛补期权交易策略,差价期权和组合期权交易策略将在下一节介绍。

### 一、裸期权交易策略

裸期权(Nake Option):指单纯买入或卖出单个看涨期权或看跌期权。裸期权要承担一切交易风险,其中风险最大的是出售裸看涨期权（Writing Naked Calls）,即出售一个允许某人购买而卖方还未拥有的期权。如张先生出售一个裸外汇看涨期权。如果市场即期汇率高于执行价格,买方将执行该期权,张先生就不得不按市场即期汇率买进相应的外汇资产实现交割。因此,张先生的损失就可能非常大。

裸期权是外汇期权的基本交易策略,由于看涨期权和看跌期权各自都可以买进和卖出,因此就有了四种基本方法:

买入看涨期权(买权)：　即多头买权；
卖出看涨期权(买权)：　即空头买权；
买入看跌期权(卖权)：　即多头卖权；
卖出看跌期权(卖权)：　即空头卖权。

其他的期权交易策略均由这四种基本方法组成。

(一)买入看涨期权交易策略及运用

买入看涨期权(Buying a Call Option),即多头买权(Long Call),它使买入者或期权持有者获得了到期日以前按执行价格(Exercise or Strike Price)购买合同规定的某种外汇的权利（不是责任)。为了获得这种权利,购买者必须付给出售者一定的期权费。通常购买者预期外汇汇率将要上涨时采用。当市场汇率朝着预期方向变动即市场汇率上涨时,看涨期权购买者执行合约,以低于市场汇率的执行价格从看涨期权卖方手中买入外汇,可实现盈利且收益不封顶;当市场汇率朝着预期相反方向变动即市场汇率下跌时,期权购买者放弃履约,其亏损恒定,即支付的期权费。

买入看涨期权购买者损益状况如下:

盈亏平衡点＝执行价格＋期权费

最大盈利＝即期汇率－(执行价格＋期权费)

最大亏损＝支出的期权费

【例12-3】李先生预计美元对瑞士法郎汇率将上涨,于是买进一张美元欧式看涨期权,执行价格为 USD 1＝CHF 1.2800,支付的期权费为 USD 1＝CHF 0.02。李先生获得在期权合约到期时,以 USD 1＝CHF 1.2800 的汇率买进的权利。设美元对瑞郎的市场汇率为X,则李先生的损益如下:

盈亏平衡点　1.2800＋0.02＝1.3000CHF/USD

最大盈利　　X－(1.2800＋0.02)＝(X－1.3000)CHF/USD

最大亏损　　0.02CHF/USD

(1)当美元对瑞郎的市场汇率 X 低于 1.2800CHF/USD 时,李先生放弃履约。最大的损失是恒定的,即事先支出的期权费 USD 1＝CHF0.02。

(2)当 X 高于 1.2800CHF/USD 低于 1.3000CHF/USD 时,李先生虽然行使期权,但由于事先支付的期权费,仍遭受损失。盈亏平衡点是 1.3000CHF/USD,这意味着,当市场汇率 X 上涨到 1.3000CHF/USD 时,李先生不再亏损。

(3)当 X 高于 1.3000CHF/USD 时,李先生行使期权,可实现盈利,利润＝X－1.3000,即随着美元即期汇率上升,李先生的收益将不断增加,且收益潜力是无限的。

其图解如图 12-1 所示。

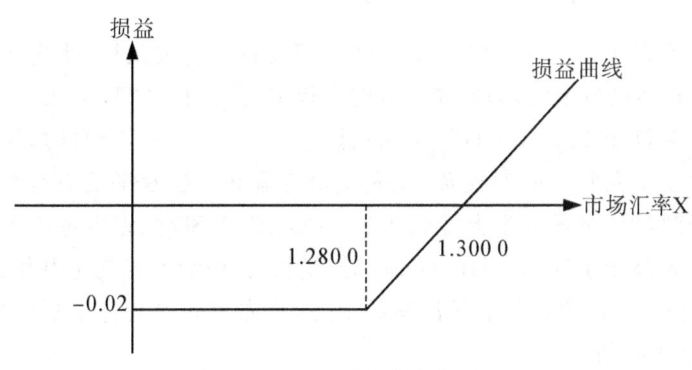

图 12-1　买入看涨期权损益图

## (二)卖出看涨期权交易策略及运用

卖出看涨期权(Writing or Selling Call Option),即空头买权(Short Call),如果买方执行合同,出售者就有责任在到期日之前按执行价格出售合同规定的某种外汇,作为回报,期权的出售者可收取一定的期权费。卖出看涨期权的采用者不一定是对汇率看跌,而是不看涨,且不介意在未来按照约定的执行价格卖出某种外汇。在合约规定的时间内,当市场汇率朝着出售者预期方向变动即市场汇率下跌时,买权不会被执行,期权出售者可获得最大收益即期权费;当市场汇率朝着出售者预期相反方向变动即市场汇率上涨时,买权将被执行,期权出售者的收益将递减,亏损增加,且随着市场汇率的继续上升,亏损将越来越大,而且不封顶,此时期权出售者的风险是无限的。

由于看涨期权出售者的收益正好是该期权购买者的亏损,看涨期权出售者的亏损正好是该期权购买者的收益,因此卖出看涨期权出售者损益状况如下:

盈亏平衡点=执行价格+期权费

最大盈利=收取的期权费

最大亏损=执行价格+期权费-即期汇率

【例12-4】张先生预计美元对瑞士法郎汇率将不上涨,于是卖出一张美元看涨期权,执行价格为 USD 1=CHF 1.2800,收取期权费为 USD 1=CHF 0.02。设美元对瑞郎的市场汇率为 X,则张先生的损益如下:

盈亏平衡点=1.2800+0.02=1.3000 CHF/USD

最大盈利=0.02 CHF/USD

最大亏损=1.2800+0.02-X=(1.3000-X)CHF/USD

(1)当 X 低于 1.2800 CHF/USD 时,期权将不会被执行,张先生可获得最大利润,且利润是恒定的,即预先收入的期权费 USD 1=CHF 0.02。

(2)当 X 高于 1.2800 CHF/USD 低于 1.3000 CHF/USD 时,期权虽将被执行,但由于事先收取的期权费,张先生仍有盈利。盈亏平衡点是1.3000CHF/USD,这意味着,市场汇率上涨到 1.3000 CHF/USD 张先生将不再盈利。

(3)当 X 高于 1.3000 CHF/USD 时,期权将被执行,张先生开始遭受亏损,亏损=1.300 0-X,即随着市场汇率的上升,张先生的损失将不断增加,且损失的可能性是无限的。

其图解如图12-2所示。

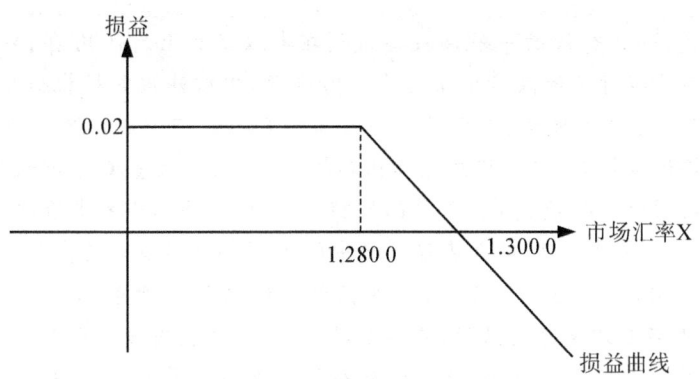

图 12-2　卖出看涨期权损益图

> **专栏 12-1**
>
> ### 陈久霖与中航油
>
> 　　陈久霖(1961 年 10 月 20 日出生),前中国航油(新加坡)股份有限公司执行董事兼总裁,2004 年 11 月因从事油品期权交易导致巨额亏损,并涉嫌发布虚假消息和内部交易等行为遭到新加坡警方拘捕,并于 2005 年 6 月被正式提起刑事诉讼。
>
> 　　陈久霖毕业于北京大学外文系越南语专业,后加入中国航油工作,1997 年亚洲金融危机期间被中航油母公司派往新加坡接管在当地的子公司中国航油(新加坡)股份有限公司。中航油(新加坡)公司是一家 1993 年成立的中方控股企业,成立之后就处于持续亏损状态,到陈久霖接受时净资产仅为 21.9 万美元。但在他接手之后,公司业绩迅速有起色,并很快垄断了中国国内航空油品市场的采购权。到 2003 年,中航油(新加坡)公司的净资产已经超过 1 亿美元,总资产达到 30 亿美元。2001 年 12 月 6 日,中航油(新加坡)公司又成功在新加坡上市,并相继收购了上海浦东国际机场航空油料有限责任公司 33% 的股权,以及西班牙最大的石油储运企业 CLH 公司 5% 的股权,将公司从一家纯粹的石油贸易企业,转型为实业、工程与贸易的多元化能源投资公司。陈久霖领导的中航油(新加坡)公司也因出色的业绩而获得多项荣誉,包括被连续两次评为新加坡"最具透明度"的上市公司,公司发展过程被编为案例收入新加坡国立大学的 MBA 课程,同时也曾被《求是》杂志作为正面案例探讨中国国有企业的发展方向。陈久霖本人也以 490 万新元的高年薪被称作是新加坡的"打工皇帝"。

但是,如此辉煌的中航油最终栽倒在期权交易上。1999年,中航油开始进入石油期货市场做衍生品交易。2003年,中航油仅靠投机衍生品交易赚了3 400万新加坡元,占公司当年收入的60%。可是,在2004年末石油期货价格迅速攀升之时,陈久霖作出错误判断,出售大量看涨期权(即所谓空头买权),最终导致5.5亿美元的巨额亏损,中航油不得不申请破产保护。

2005年6月9日,陈久霖等五名中航油(新加坡)公司的高管被正式提起控告,2006年3月15日,陈久霖在新加坡法院就六条罪名认罪,包括2004年串谋欺诈德意志银行,并伪造财务文件、发表虚假或误导性的声明、从事内线交易、没有及时向新加坡交易所披露公司蒙受巨额亏损等。3月21日,新加坡初等法院对陈久霖作出判决,陈久霖必须服刑四年零三个月,同时遭罚款33.5万新元。

2009年1月20日,陈久霖结束了新加坡的1 035天监狱生活,登机回国。

### (三)买入看跌期权交易策略及运用

买入看跌期权(Buying Put Option),即多头卖权(Long Put),使得购买者获得了在到期日以前按协议汇价出售合同规定的某种外汇的权利(而不是责任)。卖权是一种卖的权利,为了获得这种权利,购买者必须支付给出售者一定的期权费。买方对后市看跌时才会买入看跌期权。当市场汇率朝着购买者预期方向变化即市场汇率下跌时,购买者将执行看跌期权,可获得收益,且收益随着市场汇率的下跌而不断增加;当市场汇率朝着购买者预期的相反方向变化即市场汇率上涨时,他将放弃执行看跌期权,其损失是有限的,最大的损失就是支付的期权费。

买入看跌期权购买者损益状况如下:

盈亏平衡点=执行价格−权利金

最大盈利=执行价格−即期汇率−权利金

最大亏损=支出的权利金

【例12-5】王先生预计美元对瑞士法郎汇率将下跌,于是买入一张美元看跌期权,执行价格为 USD 1=CHF 1.2800,支付期权费为 USD 1=CHF 0.02。设美元对瑞郎的市场汇率为 X,则王先生的损益如下:

盈亏平衡点=1.2800−0.02=1.2600 CHF/USD

最大盈利=1.2800−X−0.02=(1.2600−X)CHF/USD

最大亏损=0.02 CHF/USD

(1) 当 X 低于 1.2600 CHF/USD 时,王先生行使期权,收益＝1.2600－X,随着即期汇率的下跌,收益越来越大;

(2) 当 X 高于 1.2600 CHF/USD 低于 1.2800 CHF/USD 时,王先生行使期权,但由于事先支付的期权费,他将遭受损失,盈亏平衡点＝1.2600 CHF/USD,这意味着 X 升到 1.2600 CHF/USD 时,王先生不再盈利;

(3) 当 X 高于 1.2800 CHF/USD 时,王先生不行使期权,损失是有限的,最大损失是支付的期权费 USD 1＝CHF 0.02。

其图解如图 12-3 所示。

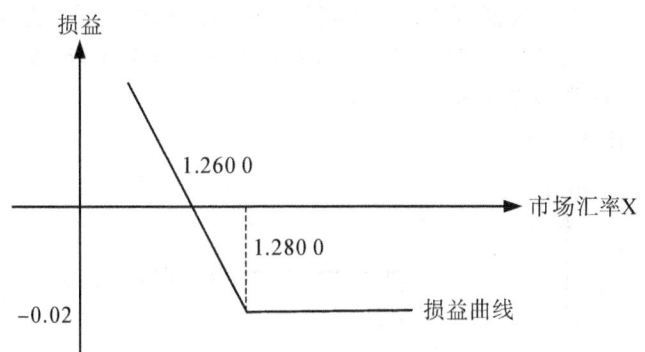

图 12-3 买入看跌期权损益图

### (四)卖出看跌期权交易策略及运用

卖出看跌期权(Writing or Selling Put Option)即空头卖权(Short Put),卖出看跌期权出售者售出一份期权合同后可以获得一笔期权费,同时承担了一种责任,即当卖出看跌期权的购买者选择行使权利时,他就有责任在到期日之前按执行价格买入合同规定的某种外汇。当即期汇率下跌时,期权的出售者将遭受无限的损失风险;当即期汇率上升时,期权的出售者可获得收益,但收益是有限的,最大收益就是其收取的期权费。

卖出看跌期权售出者的损益状况如下:

盈亏平衡点＝执行价格－权利金
最大盈利＝收取的权利金
最大亏损＝即期汇率＋权利金－执行价格

【例 12-6】陈先生预计美元对瑞士法郎汇率将下跌,于是卖出一张美元看跌期权,执行价格为 USD 1＝CHF 1.2800,收取期权价格为 USD 1＝CHF 0.02。设美元对瑞郎的市场汇率为 X,则陈先生的损益如下:

盈亏平衡点＝1.2800－0.02＝1.2600 CHF/USD
最大盈利＝0.02CHF/USD
最大亏损＝X+0.02－1.2800＝(X－1.2600)CHF/USD

(1)当 X 低于 1.2600 CHF/USD 时，看跌期权被执行，陈先生将可能遭受无限的损失风险，亏损＝X－1.2600，随着即期汇率的下跌，陈先生的损失也越来越大；

(2)当 X 高于 1.2600 CHF/USD 低于 1.2800CHF/USD 时，看跌期权仍会被执行，但由于事先收取的权利金，陈先生将获得利润，盈亏平衡点＝1.2600 CHF/USD，这意味着 X 涨到 1.2600 CHF/USD 时，陈先生不再遭受损失；

(3)当 X 高于 1.2800 CHF/USD 时，看跌期权不会被执行，陈先生可获得最大收益，即收取的期权费 USD 1＝CHF 0.02。

其图解如图 12-4 所示。

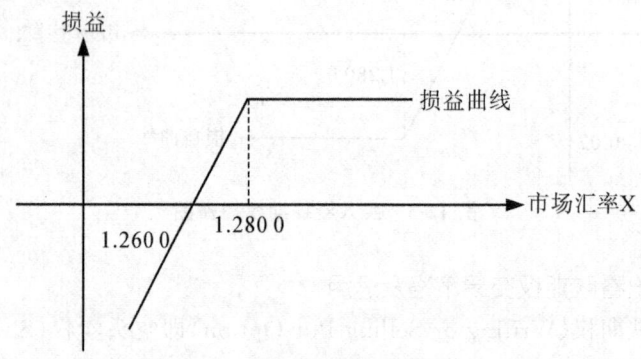

图 12-4 卖出看跌期权损益图

比较上述四种期权交易的损益曲线可看出，不管是看涨期权还是看跌期权，期权买方和卖方的收益和亏损是不对称的：买方的收益潜力是无限的，而亏损是有限的，仅限于期权费；卖方正好相反，收益是有限的，仅限于期权费，而亏损风险是无限的。

二、抛补期权交易策略(外汇期权的套期保值策略)

抛补期权(Covered Option 或 Hedge Option)：抛补期权由期权合同和基础交易工具构成，其组合的功用类似于外汇期货交易的套期保值，可用以规避汇率的不利变动造成的损失。

期货是现汇的衍生品，而期权则是衍生品的衍生品，既能保护现货部位的风险，又能保护期货部位的风险。金融机构或进出口商等经营主体，如果在现货或期货中处于多头部位,面对的是汇率下跌的风险,可以运用买入看跌期权或卖出看涨期权进行套期保值;而如果在外汇现货或期货中处于空头部位,面对的是汇率上涨的风险,可以运用买进看涨期权或卖出看跌期权进行套期保值。交易策略如表12-2所示。

表 12-2　抛补期权交易策略表

| 汇率风险 策略 | 现货或期货部位 | 期权 | |
|---|---|---|---|
| | | 保护策略 | 抵补策略 |
| 规避汇率上涨风险 | 空头 | 买入看涨期权(多头买权) | 卖出看跌期权(空头卖权) |
| 规避汇率下跌风险 | 多头 | 买入看跌期权(多头卖权) | 卖出看涨期权(空头买权) |

即抛补期权交易策略的具体组合为:
买入抛补的看涨期权:现货或期货空头加多头买权;
出售抛补的看跌期权:现货或期货空头加空头卖权;
买入抛补的看跌期权:现货或期货多头加多头卖权;
出售抛补的看涨期权:现货或期货多头加空头买权。
下面对上述组合进行介绍。

(一)买入抛补的看涨期权:现货或期货空头加多头买权

该组合下的买权也称为受保护的买权(A Protected Call),采用者持有现货或期货空头,买入看涨期权,锁定成本支出,规避汇率上涨的风险,用以保护现货或期货空头部位。即,买入抛补的看涨期权含义是指买入一个将来以确定价格购买期权买方已具有的某种外汇负债的权利。这里的关键在于买方已经拥有某种外汇负债,这正是这种期权被称为抛补的原因。

【例12-7】假设3月10日某日本进口商A公司从美国进口一批商品,3个月后支付进口货款1 000万美元,为避免美元升值而增加进口成本,A公司买入美元看涨期权,3个月后到期,执行价格为 USD 1=JPY 108.00,支付权利金 USD 1=JPY 2.00。

其图解如12-5所示。

由图可知:

(1)如果美元市场汇率X高于108.00时,A公司执行看涨期权,执行价格108.00是其买入1 000万美元的最高价格,其净支出成本为:

$$1\,000万 \times 108.00 + 1\,000万 \times 2.00 = 110\,000(万日元)$$

此时,外汇现货空头的汇价损失为多头买权的收益所抵消,多头买权保护了现货空头,锁定进口成本,汇率上涨可能产生的风险被完全回避了。

(2)如果美元市场汇率低于108.00时,A公司放弃执行看涨期权,直接从市场上即期买入1 000万美元,其净支出成本为:

$$1\,000万X+1\,000万×2.00=1\,000X+2\,000(万日元)$$

上式表明:X越小,即到期日市场汇率跌得越多,A公司的进口成本越低。即当汇率下跌时,空头现货可获较低汇价的收益,而买入看涨期权的亏损却有限,因而,A公司不但没有损失,反而可以获得汇价向有利方向变动的好处。

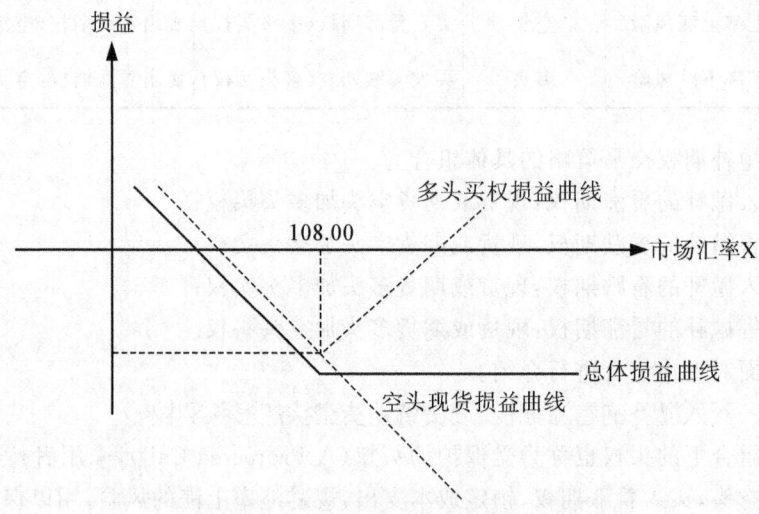

图12-5 买入抛补的看涨期权损益图

(二)出售抛补的看跌期权:现货或期货空头加空头卖权

该组合下的卖权也称为有抵补的卖权(A Covered Put),采用者持有现货或期货空头部位,卖出看跌期权,收取权利金,规避汇率上涨的风险,用以保护现货或期货空头部位。

【例12-8】假设某年3月10日某日本进口商B公司从美国进口一批商品,3个月后支付进口货款1 000万美元,为避免美元升值而增加进口成本,B公司卖出美元看跌期权,3个月后到期,执行价格为USD 1=JPY 108.00,收取权利金USD 1=JPY 2.00。

其图解如12-6所示。

由图可知:

(1)如果美元市场汇率X高于108.00,即美元上涨,卖出的看跌期权不会被执行,B公司按市场汇率买进1 000万美元,其净支出成本为:

1 000 万 X－1 000 万×2.00＝1 000X－2 000(万日元)

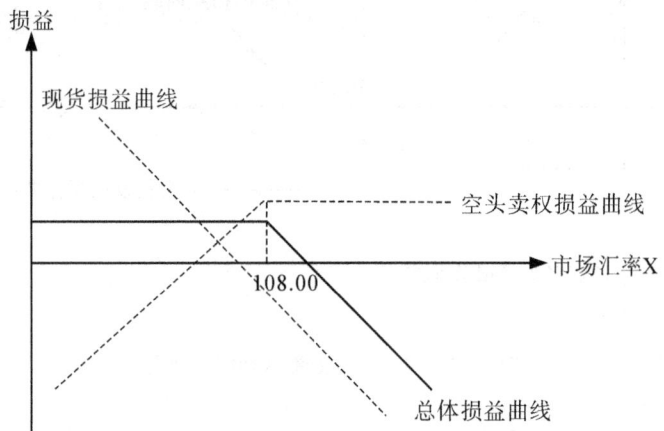

图 12-6　出售抛补的看跌期权损益图

上式表明：当汇率上升时，外汇空头现货将遭受高汇价损失，而卖出看跌期权的收益却有限，售出看跌期权所得的收益不足以抵消外汇现货的汇价损失，此时，B 公司处于不利地位，其损失随着美元市场汇率 X 的上升而增加。因此卖出一份看跌期权并不能完全回避 B 公司的汇率风险。

(2)如果美元市场汇率 X 低于 108.00，即美元下跌，卖出的看跌期权被执行，B 公司必须按执行价格 108.00 买入 1 000 万美元，其净支出成本为：

1 000 万×108.00－1 000 万×2.00＝106 000(万日元)

B 公司卖出一份看跌期权，在市场汇率下降时，虽然空头现货可获得低汇价的收益，但这种收益被卖出看跌期权的亏损抵消。

(三)买入抛补的看跌期权：现货或期货多头加多头卖权

该组合下的卖权称为受保护的卖权(A Protected Put)，用以保护组合中的现货或期货多头部位，规避汇率下跌风险。因此，买入抛补的看跌期权含义是指买入一个将来以确定价格出售期权买方已拥有的某种外汇资产的权利。这里的关键在于买方已经拥有某种外汇资产，这正是这种期权被称为抛补的原因。

【例 12-9】假设 9 月某美国出口商 C 公司向英国出口一批商品，3 个月后收回货款 125 000 英镑，为避免英镑贬值而使出口收入减少，C 公司买入欧式英镑看跌期权，3 个月后到期，执行价格为 GBP 1＝USD 1.8000，支付权利金 GBP 1＝USD 0.018。

其图解如 12-7 所示。

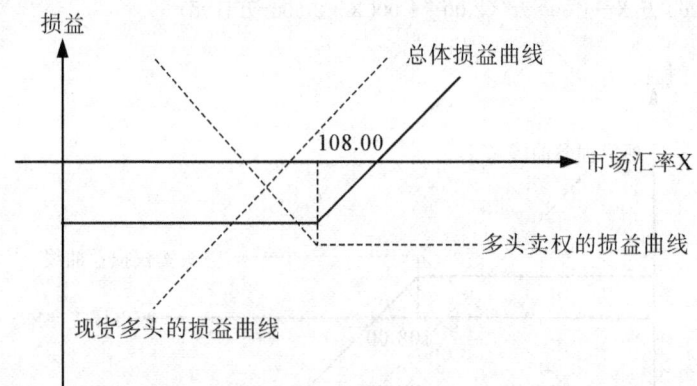

图 12-7 买入抛补的看跌期权损益图

设期权到期日英镑即期汇率为 X,

(1)如果 X 低于 1.8000,即英镑下跌,C 公司执行看跌期权,按 1.8000 卖出英镑,将出口收入锁定,其净收益为:

$$125\ 000 \times 1.8000 - 125\ 000 \times 0.018 = 222\ 750(美元)$$

此时,外汇现货多头的汇价损失为多头卖权的收益所抵消,多头卖权保护了现货多头,规避汇率下跌可能产生的风险。

(2)如果 X 高于 1.8000,即英镑上涨,C 公司放弃执行看跌期权,直接按即期汇率卖出 125 000 英镑,其净收益为:

$$125\ 000X - 125\ 000 \times 0.018 = 125\ 000X - 2\ 250(美元)$$

上式表明:当汇率上升时,外汇现货可获较高汇价的收益,而买入看跌期权的亏损却有限,因而,C 公司处于有利地位,其收益随着英镑即期汇率的上涨而增加。

(四)卖出抛补的看涨期权:现货或期货多头加空头买权

该组合下的买权称为有抵补的买权(A Covered Call),采用者持有现货或期货多头部位,卖出看涨期权,收取权利金,规避汇率下跌的风险,用以保护组合中的现货或期货多头部位。

【例 12-10】假设 9 月某美国出口商 D 公司向英国出口一批商品,3 个月后收回货款 125 000 万英镑,为避免英镑贬值而使出口收入减少,D 公司卖出欧式英镑看涨期权,3 个月后到期,执行价格为 GBP 1=USD 1.8000,收入权利金 GBP 1=USD 0.018。

其图解如 12-8 所示。

设到期日英镑即期汇率为 X,

(1)如果 X 高于 1.8000,即英镑上涨,卖出的看涨期权被执行,D 公司必须按执行价格 1.8000 出售英镑,其净收益为:

$$125\,000 \times 1.8000 + 125\,000 \times 0.018 = 227\,250(美元)$$

D 公司卖出一份看涨期权,在市场汇率上涨时,虽然多头现货可获得高汇价的收益,但这种收益被卖出看涨期权的亏损抵消。

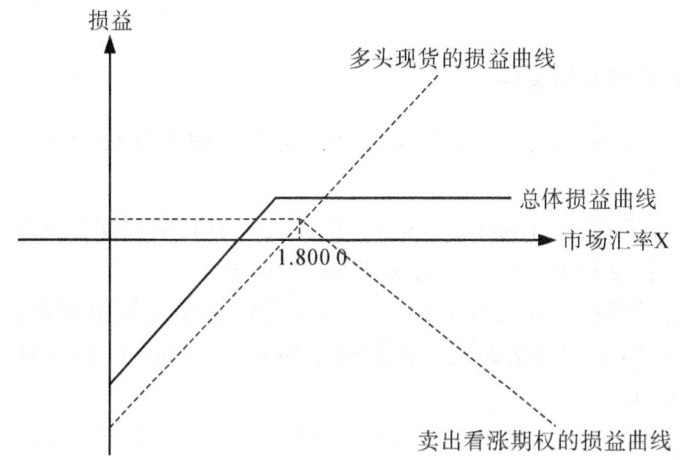

图 12-8　卖出抛补的看涨期权损益图

(2)如果 X 低于 1.8000,即英镑下跌,卖出的看涨期权不会被执行,D 公司净收益为:

$$125\,000X + 125\,000 \times 0.018 = 125\,000X + 2\,250(美元)$$

上式表明:当汇率下跌时,外汇现货将遭受低汇价损失,而卖出看涨期权的收益却有限,卖出看涨期权所得的收益不足以抵消多头现货的汇价损失,此时,D 公司处于不利地位,其收益随着英镑即期汇率的下跌而减少。因此卖出一份看涨期权并不能完全回避 D 公司的汇率风险。

由以上分析可以看出,由于不管是看涨期权还是看跌期权,其购买者和出售者的收益和亏损是不对称的:即购买者的收益可能很大,而亏损却是有限的;出售者正好相反,亏损可能很大,而收益却是有限的。因此在外汇现货或期货中处于多头部位时,为避免汇率风险,相对卖出抛补的看涨期权而言,买入抛补的看跌期权更经常被采用。同样的道理,在外汇现货或期货中处于空头的部位时,为了避免汇率风险,一般会更经常采用买入抛补的看涨期权,而不是选择卖出抛补的看跌期权。

## 第四节 外汇期权交易策略(下)
## ——差价期权与组合期权

### 一、差价期权交易策略

差价期权(Spread Option)是由两个或更多的同类期权构成的投资组合。差价期权可分为四类:

垂直差价期权(Vertical Spreads):投资组合中的同类期权到期日相同,但执行价格不同,也称为价格差价期权(Price Spreads)。

水平差价期权(Horizontal Spreads):投资组合中的同类期权执行价格相同,但到期日不同,也称为时间差价期权(Time Spreads)或日历差价期权(Calendar Spreads)。

对角差价期权(Diagonal Spreads):投资组合中的同类期权到期日和执行价格都不同。

蝶式差价期权(Butterfly Spreads):由三个或更多的同类期权构成的投资组合。

这里主要介绍垂直差价期权的投资策略。

垂直差价期权(Vertical Spreads)又可分为牛市差价期权和熊市差价期权。

(一)牛市差价期权(Bull Spreads)

牛市差价期权是最普遍的差价期权,该策略由买进一个执行价格较低的期权的同时卖出一个执行价格较高的同类期权组成。当投资者预测行情看涨时,运用牛市差价期权"买低卖高"进行套利。牛市差价期权策略限制了投资者在汇率上涨时的潜在收益,同时该策略也限制了投资者在汇率下跌时的损失,这种适度回避风险的作用是牛市差价期权广受欢迎的主要原因。

牛市差价期权有两种:

1.买权牛市差价期权(Bull Call Spreads)

由买权组成的牛市差价期权称买权牛市差价期权,它由买入一个执行价格较低的买权,和同时卖出一个执行价格较高的同类买权组成。

买入买权意味着当市场即期汇率低于执行价格时放弃行权,损失权利金,当即期汇率高于执行价格时行权,赚取即期汇率与执行价格之间的价差收益;卖出买权的损益曲线则正好相反,当即期汇率低于执行价格时期权不会被对方行权,获得权利金收入,当即期汇率高于执行价格时期权会被对方行权,承担即期汇率与执行价格之间的价差损失。

该策略的图解如图12-9所示。

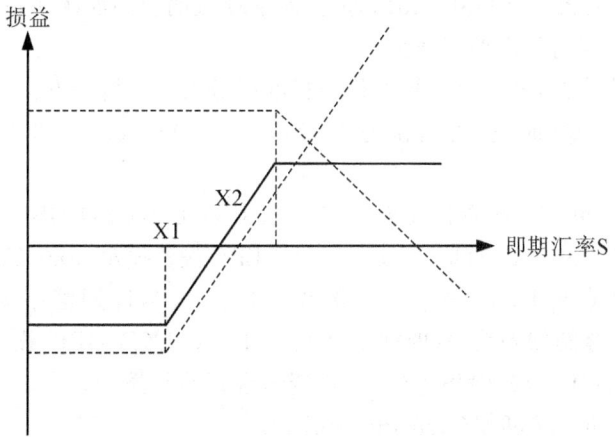

图12-9 买权牛市差价期权损益图

假设X1为买入买权的执行价格,X2为出售的买权的执行价格,自然X1<X2,S为即期汇率。则买权牛市差价期权的损益状态如下:

(1)当X1<S<X2时,两个买权中只有一个会被执行,期权的投资损益与即期汇率的变动呈正相关关系,即随即期汇率的上涨而增加,随即期汇率的下跌而减少。

此时,

损益平衡点=X1+买入买权支付的权利金-卖出买权收入的权利金

(2)当S<X1时,两个买权都不会被执行,投资损益不会随着即期汇率的下跌而继续减少,因为此时买入的买权在即期汇率继续下跌时所承担的最大风险是权利金支出,而卖出的买权在即期汇率下跌时将获得固定的收益,即权利金收入。此时该策略的损益计算公式为:

投资损益=卖出的买权收取的权利金-买入的买权支付的权利金

(3)当S>X2时,两个买权均会被执行,期权投资损益便不再增加,因为此时投资者所买入的买权因市场汇率继续上涨而获得的收益与卖出买权因市场汇率上涨而产生的亏损相抵消。此时投资损益可用公式表达为:

投资损益=X2-X1+卖出买权收取的权利金-买入买权支付的权利金

【例12-11】假设某投资者预期英镑的即期汇率将会上涨,于是构造买权牛市差价期权进行投资图利,具体交易内容如下:买入一个英镑看涨期权,执行价格为 GBP 1=USD 1.8000,支付期权价格为 GBP 1=USD 0.08;卖出一个英镑看涨期权,执行价格为 GBP 1=USD 1.8200,收入期权价格为 GBP 1=USD 0.07。净投入 GBP 1=USD 0.01。两张看涨期权的合约面额和到期日均相同。

设到期日英镑的即期汇率为 S,

根据上述分析,该牛市买权差价期权的损益简要分析如下:

当 S>1.8200 时,投资损益为 1.8200－1.8000＋0.07－0.08＝0.01 USD/GBP

当 S<1.8000 时,投资损益为 0.07－0.08＝－0.01 USD/GBP

当 1.8000<S<1.8200 时,－0.01USD/GBP<投资损益<0.01USD/GBP

损益平衡点＝1.8000＋0.08－0.07＝1.8100,当即期汇率为1.8100 USD/GBP 时,该组合的损益为 0;即期汇率高于 1.8100USD/GBP,投资组合开始盈利;即期汇率低于 1.8100USD/GBP,投资组合开始亏损。

2.卖权牛市差价期权(Bull Put Spread)

由卖权组成的牛市差价期权称卖权牛市差价期权,该策略通过买入一个执行价格较低的卖权和同时出售一个执行价格较高的同类卖权组成。

买入卖权意味着当外汇市场即期汇率高于执行价格时损失权利金,当即期汇率低于执行价格时赚取执行价格与即期汇率之间的价差收益;卖出卖权的损益曲线则正好相反,当即期汇率高于执行价格时获得权利金收入,当即期汇率低于执行价格时承担执行价格与即期汇率之间的价差损失。

该策略的图解如图 12-10 所示。

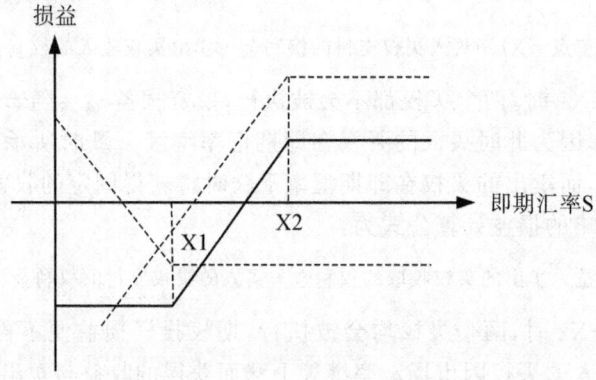

图 12-10 卖权牛市差价期权损益图

假设 X1 为买入卖权的执行价格,X2 为出售的卖权的执行价格,自然 X1＜X2,S 为即期汇率。则卖权牛市差价期权的损益状态如下：

(1)当 X1＜S＜X2 时之间时,两个卖权中只有一个会被执行,投资收益与即期汇率的波动呈正相关关系。

此时,

损益平衡点＝X2＋买入卖权支付的权利金－卖出卖权收入的权利金

(2)当 S＜X1 时,两个卖权都会被执行,投资者只承担有限损失,投资损益公式为：

投资损益＝卖出卖权收取的权利金－买入卖权支付的权利金＋较低的执行价格 X1－较高的执行价格 X2

(3)当 S＞X2 时,两个卖权都不会被执行,投资者只获得有限利润,投资损益公式为：

投资损益＝卖出卖权收取的权利金－买入卖权支付的权利金

【例 12-12】假设某投资者预期英镑的即期汇率将会上涨,于是构造卖权牛市差价期权进行投资图利,具体交易内容如下：买入一个英镑看跌期权,执行价格为 GBP 1＝USD 1.8000,支付期权价格为 GBP 1＝USD 0.07；同时卖出一个英镑看跌期权,执行价格为 GBP 1＝USD 1.8200,收入期权价格为 GBP 1＝USD 0.08。两张看跌期权的合约面额和到期日均相同。

根据上述分析,该卖权牛市差价期权的损益简要分析如下：

当即期汇率＞1.8200 时,投资损益为 0.08－0.07＝0.01USD/GBP

当即期汇率＜1.8000 时,投资损益为 0.08－0.07＋1.8000－1.8200＝－0.01USD/GBP

损益平衡点＝1.8200＋0.07－0.08＝1.8100,当即期汇率为 1.8100USD/GBP 时,该组合的损益为 0；即期汇率高于 1.8100USD/GBP,投资组合开始盈利；即期汇率低于该价格,投资组合开始亏损。

(二)熊市差价期权(Bear Spreads)

与牛市差价期权正好相反,熊市差价期权在外汇汇率下跌时盈利,而在外汇汇率上升时会出现亏损。该策略由买进一个执行价格较高的期权同时卖出一个执行价格较低的同类期权组成,当投资者预测行情下跌时,运用熊市差价期权"买高卖低"进行套利。

熊市差价期权限制了投资者在汇率下跌时的潜在收益,同时该策略也降低了投资者在汇率上升时的损失。

熊市差价期权有两种：

1.买权熊市差价期权(Bear Call Spread)

由买权组成的熊市差价期权称买权熊市差价期权，它由买入一个较高执行价格的买权和同时卖出一个较低执行价格的买权组成。

买入买权意味着当市场即期汇率低于执行价格时损失权利金，当即期汇率高于执行价格时赚取即期汇率与执行价格之间的价差收益；卖出买权的损益曲线则正好相反，当即期汇率低于执行价格时获得权利金收入，当即期汇率高于执行价格时承担市场价格与执行价格之间的价差损失。

该策略的图解如图 12-11 所示。

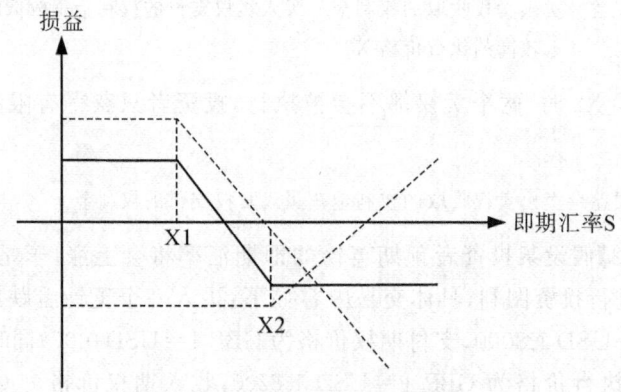

图 12-11 买权熊市差价期权损益图

假设 X1 为卖出买权的执行价格，X2 为买入买权的执行价格，自然 X1＜X2，S 为即期汇率。买权熊市差价期权策略的损益情况为：

(1)当 X1＜S＜X2 时，两个买权中只有一个会被执行，投资损益与即期汇率的走势呈负相关关系，即即期汇率上涨，损益减少；即期汇率下跌，损益增加。此时，

损益平衡点＝X1＋卖出买权收入的权利金－买入买权支付的权利金

(2)当 S＞X2 时，两个买权均会被执行，卖出买权在汇率上涨时所遭受的损失由买入买权在汇率上涨时所获得的收益相抵补。投资者的收益不再减少，损失也不再增加。

投资损益＝X1－X2＋卖出买权收取的权利金－买入买权支付的权利金

(3)当 X1＜S 时，两个买权都不会被执行，投资者的收益不再增加。

投资损益＝卖出买权收取的权利金－买入买权支付的权利金

【例12-13】某投资者预期英镑的即期汇率将会下跌,于是构造买权熊市差价期权进行投资图利,具体交易内容如下:买入一个英镑看涨期权,执行价格为GBP 1＝USD 1.8200,支付期权价格为GBP 1＝USD 0.07;同时卖出一个英镑看涨期权,执行价格为GBP 1＝USD 1.8000,收入期权价格为GBP 1＝USD 0.08。两张看涨期权的合约面额和到期日均相同。

根据上述分析,该买权熊市差价期权的损益简要分析如下:

当即期汇率＞1.8200时,投资损益为1.8000－1.8200＋0.08－0.07＝－0.01 USD/GBP

当即期汇率＜1.8000时,投资损益为0.08－0.07＝0.01USD/GBP

当1.8000＜即期汇率＜1.8200时,－0.01USD/GBP＜投资损益＜0.01 USD/GBP

损益平衡点＝1.8000＋0.08－0.07＝1.8100,当即期汇率为1.8100 USD/GBP时,该组合的损益为0;即期汇率低于1.8100USD/GBP,投资组合开始盈利;即期汇率高于该价格,投资组合开始亏损。

2.卖权熊市差价期权(Bear Put Spread)

由卖权组成的熊市差价期权称卖权熊市差价期权,该策略由买入一个执行价格较高的卖权和同时卖出一个执行价格较低的卖权组成。

买入卖权意味着当市场即期汇率高于执行价格时损失权利金,当即期汇率低于执行价格时赚取执行价格与即期汇率之间的价差收益;卖出卖权的损益曲线则正好相反,当即期汇率高于执行价格时获得权利金收入,当即期汇率低于执行价格时承担执行价格与即期汇率之间的价差损失。

该策略的图解如图12-12所示。

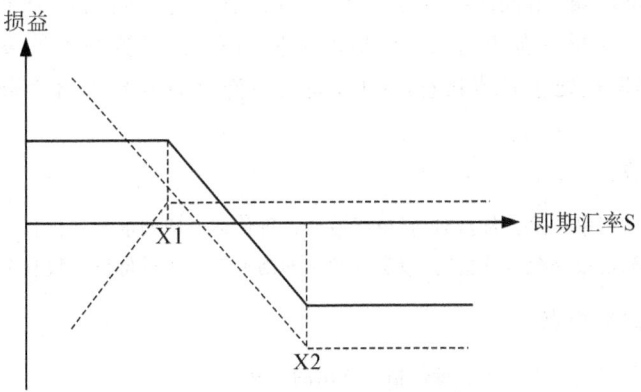

图12-12 卖权熊市差价期权损益图

假设 X1 为卖出卖权的执行价格，X2 为买入卖权的执行价格，自然 X1＜X2，S 为即期汇率。卖权熊市差价策略的损益情况为：

(1) 当 X1＜S＜X2 时，只有一个卖权被执行，投资收益随即期汇率上涨（下跌）而减少（增加）。此时，

  损益平衡点＝较高执行价格＋卖出卖权收入权利金－买入卖权支付权利金

(2) 当 S＜X1 时，两个卖权都会被执行，此时的投资损益为：

  投资损益＝卖出卖权收取的权利金－买入卖权支付的权利金＋较高执行价格－较低执行价格

该策略在即期汇率下跌时是盈利的。

(3) 当 X2＜S，两个卖权都不会被执行，此时的投资损益为：

  投资损益＝卖出卖权收取的权利金－买入卖权支付的权利金

该策略采用者需要承受有限的权利金损失。

### 二、组合期权交易策略

组合期权(Combinations)是指相对复杂的、同时包括看涨期权和看跌期权的多头和空头的投资策略。以上介绍的期权交易策略都只涉及一种期权，即看涨期权或看跌期权，组合期权则不同，它是同时涉及买进或卖出不同类型的期权（买权或卖权）。同价对敲和异价对敲是最常见的组合期权投资策略。

#### (一) 同价对敲(Straddle)

1. 买入同价对敲(Long Straddle)

买入同价对敲，由同时买入执行价格和到期日均相同的一个买权和一个卖权构成。由于同时持有相同执行价格的买权和卖权，无论外汇汇率上涨还是下跌，总有一种期权处于实值状态，因此，买入同价对敲相当于给投资者提供了一个双向保险。

投资损益：

  当即期汇率＜执行价格时，投资损益＝执行价格－即期汇率－权利金总和
  当即期汇率＞执行价格时，投资损益＝即期汇率－执行价格－权利金总和

投资损益平衡点：

  左边的损益平衡点＝执行价格－支出的权利金总和
  右边的损益平衡点＝执行价格＋支出的权利金总和

当即期汇率在两损益平衡点之间时，投资者面临损失，最大损失额为所支付

的权利金总和;当即期汇率在两损益平衡点之外时,盈利逐渐增加。

【例 12-14】某投资者预期英镑汇率将大幅波动,于是构造买入同价对敲策略进行投资,具体交易内容如下:买入一个英镑看涨期权,执行价格为 GBP 1＝USD 1.8000,支出期权价格为 GBP 1＝USD 0.10。同时买入一个英镑看跌期权,执行价格亦为 GBP 1＝USD 1.8000,支出期权价格为 GBP 1＝USD 0.09;两张期权的执行价格、合约面额和到期日均相同。支出权利金总计 0.10＋0.09＝0.19USD/GBP。设到期日英镑的即期汇率为 S,则:

左边的损益平衡点＝1.8000－0.19＝1.6100USD/GBP
右边的损益平衡点＝1.8000＋0.19＝1.9900USD/GBP

当 S＜1.8000 时,该组合的损益计算公式＝1.8000－S－0.19＝(1.6100－S) USD/GBP。

当 S＞1.8000 时,该组合的损益计算公式＝S－1.8000－0.19＝(S－1.9900) USD/GBP。

该策略的图解如图 12-13 所示。

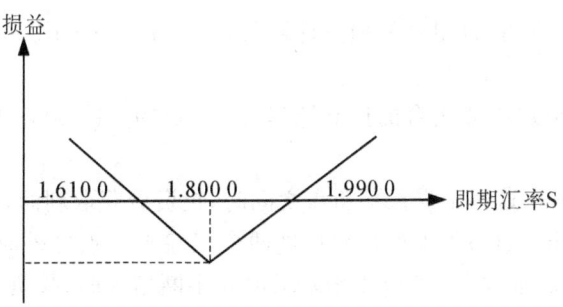

图 12-13 买入同价对敲损益图

2.卖出同价对敲(Short Straddle)

卖出同价对敲是买入同价对敲的反向操作,它由同时卖出执行价格和到期日相同一个买权和一个卖权构成。投资者预期汇价将趋于平稳时采用。

由于该策略的采用者是两张期权的卖方,因此其最大的收益是卖出两张期权赚取的权利金收益。但是,如果预期不准,即期汇率发生较大波动,其损失很可能超过权利金收益,而且损失可能会很大。

投资损益:

当即期汇率＜执行价格时,投资损益＝权利金总和＋即期汇率－执行价格
当即期汇率＞执行价格时,投资损益＝权利金总和＋执行价格－即期汇率

损益平衡点：

左边的损益平衡点＝执行价格－收入的权利金总和

右边损益平衡点＝执行价格＋收入的权利金总和

当即期汇率在这两个损益平衡点之间时，投资者获取利润，最大利润额为两个权利金之和；当即期汇率在这两个损益平衡点之外时，投资者开始面临亏损。

【例 12-15】某投资者预期英镑汇率将窄幅振荡，汇价趋于平稳。于是构造卖出同价对敲进行投资，具体交易内容如下：卖出一个英镑看涨期权，执行价格为 GBP 1＝USD 1.8000，收入期权价格为 GBP 1＝USD 0.10。同时卖出一个英镑看跌期权，执行价格亦为 GBP 1＝USD 1.8000，收入期权价格为 GBP 1＝USD 0.09；两张期权的执行价格、合约面额和到期日均相同。收入权利金总计 0.10＋0.09＝0.19USD/GBP。

设到期日英镑即期汇率为 S，则该组卖出同价对敲的损益如下：

左边的损益平衡点＝1.8000－0.19＝1.6100USD/GBP

右边的损益平衡点＝1.8000＋0.19＝1.9900USD/GBP

当 S＜1.8000 时，该组合的损益计算公式＝0.19＋S－1.8000＝(S－1.6100)USD/GBP

当 S＞1.8000 时，该组合的损益计算公式＝0.19＋1.8000－S＝(1.9900－S)USD/GBP

当即期汇率在这两个损益平衡点之间时，投资者获取利润，最大利润额为两个权利金之和，即 0.19；当即期汇率在这两个损益平衡点之外时，投资者开始面临亏损；当即期汇率大于 1.9900USD/GBP 且不断增大时，投资者的损失会不断增加，而且可能随着即期汇率的增加，无限扩大；当即期汇率小于 1.6100USD/GBP 且不断减小时，投资者的损失也会不断增加。

该策略的图解如图 12-14 所示。

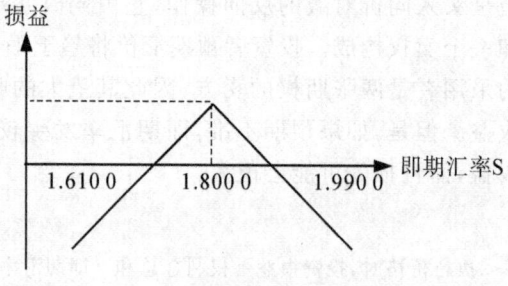

12-14 卖出同价对敲损益图

## (二)异价对敲(Strangle)

异价对敲指同时买入或卖出到期日相同但执行价格不同的一个买权和一个卖权。

**1.买入异价对敲(Long Strangle)**

买入异价对敲由买入到期日相同但执行价格不同的一个买权和一个卖权组成,通常买权的执行价格高于卖权的执行价格。

投资者预期在期权到期时市场即期汇率将处于两个执行价格之外的区域时采用。

投资损益:

当即期汇率<较低的执行价格时,投资损益=较低的执行价格−即期汇率−权利金总和
当即期汇率>较高的执行价格时,投资损益=即期汇率−较高的执行价格−权利金总和

投资损益平衡点:

左边的损益平衡点=卖权执行价格−权利金总和
右边的损益平衡点=买权执行价格+权利金总和

【例12-16】某投资者预期英镑的即期汇率将大幅波动,于是构造买入异价对敲策略进行投资,具体交易内容如下:买入一个英镑看涨期权,执行价格为 GBP 1=USD 1.8100,支出期权价格为 GBP 1=USD 0.12。同时买入一个英镑看跌期权,执行价格为 GBP 1=USD 1.8000,支出期权价格为 GBP 1=USD 0.10。两张期权的合约面额和到期日均相同。支出权利金总计 0.12+0.10=0.22 USD/GBP。

设到期日英镑即期汇率为 S,则该组卖出同价对敲的损益如下:

左边的损益平衡点=1.8000−0.22=1.5800USD/GBP
右边的损益平衡点=1.8100+0.22=2.0300USD/GBP

当 S<1.8000 时,该组合的损益计算公式=1.8000−S−0.22=(1.5800−S) USD/GBP

当 S>1.8100 元时,该组合的损益计算公式=S−1.8100−0.22=(S−2.0300)USD/GBP

当即期汇率在这两个执行价格之间变动时,投资者面临损失,最大损失金额为两个权利金之和,即 0.22USD/GBP;当即期汇率在这两个损益平衡点之外时,投资者开始盈利;当即期汇率大于 2.0300USD/GBP 且不断增大时,投资者的利润不断增加,而且可能随着即期汇率的增加,无限扩大;当即期汇率小于 1.5800USD/GBP 且不断减小时,投资者的利润也会不断增加。

该策略的图解如图 12-15 所示。

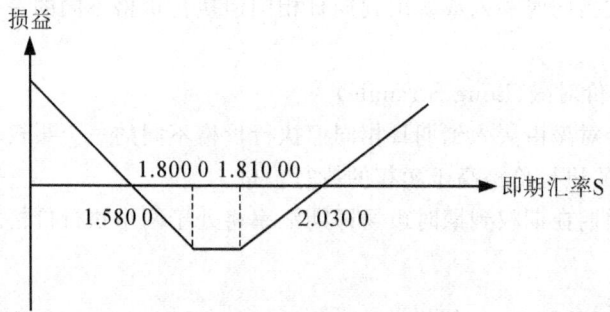

图 12-15　买入异价对敲损益图

2. 卖出异价对敲（Short Strangle）

卖出异价对敲策略由同时卖出到期日相同但执行价格不同的一个买权和一个卖权组成，通常买权的执行价格高于卖权的执行价格。

投资损益：

　　当即期汇率＜较低的执行价格时，投资损益＝权利金总和＋即期汇率－较低执行价格
　　当即期汇率＞较高的执行价格时，投资损益＝权利金总和＋较高执行价格－即期汇率

投资损益平衡点：

　　左边的损益平衡点＝卖权执行价格－收入的权利金总和
　　右边的损益平衡点＝卖权执行价格＋收入的权利金总和

【例 12-17】某投资者预期英镑汇率将窄幅振荡，汇价趋于平稳。于是构造卖出异价对敲策略进行投资，具体交易内容如下：卖出一个英镑看涨期权，执行价格为 GBP 1＝USD 1.8100，收入期权价格为 GBP 1＝USD 0.12。同时卖出一个英镑看跌期权，执行价格为 GBP 1＝USD 1.8000，收入期权价格为 GBP 1＝USD 0.10。两张期权的合约面额和到期日均相同。收入权利金总计 0.12＋0.10＝0.22USD/GBP。设到期日英镑的即期汇率为 S，则该组卖出同价对敲的损益如下：

　　左边的损益平衡点＝1.8000－0.22＝1.5800USD/GBP
　　右边的损益平衡点＝1.8100＋0.22＝2.0300USD/GBP

当 S＜1.8000 时，该组合的损益计算公式＝0.22＋S－1.8000＝（S－1.5800）USD/GBP

当 S＞1.8100 元时，该组合的损益计算公式＝0.22＋1.8100－S＝（2.0300－S）USD/GBP

可见，当即期汇率 S 在这两个执行价格之间时，投资者获取利润，最大利润

额为两个权利金之和,即 0.22USD/GBP;当即期汇率在这两个损益平衡点之外时,投资者开始面临亏损:当即期汇率大于 2.0300USD/GBP 且不断增大时,投资者的损失会不断增加,而且可能随着即期汇率的增加,无限扩大;当即期汇率小于 1.5800USD/GBP 且不断减小时,投资者的损失也会不断增加。

该策略的图解如图 12-16 所示。

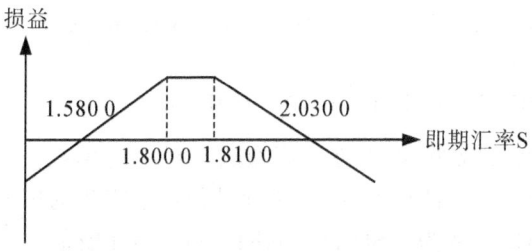

图 12-16 卖出异价对敲损益图

## 第五节 外汇期权交易范例

### 一、买入抛补的看涨期权

瑞士某进口商与某美国公司签订一份进口协议,协议规定瑞士进口商需在 3 个月后支付 500 000 美元,当日即期汇率为:USD 1＝CHF 1.3050。为避免美元 3 个月后升值而导致进口成本增加,该瑞士进口商购买了一份美元欧式看涨期权,合约主要内容如下:

买入:美元欧式看涨期权

交易金额:500 000 美元

有效期:3 个月

  执行价格:USD 1＝CHF 1.3000

  期权价格:USD 1＝CHF 0.02

  期权费:500 000×0.02＝CHF10 000

下面分别对到期日可能出现的四种情况进行分析:

(1)到期日即期汇率为 USD 1＝CHF 1.3150(美元升值),瑞士进口商执行看涨期权,因为行使期权较在现汇市场上买进美元更有利。

行使期权购买美元的成本:500 000×1.3000＝CHF 650 000

期权费支出:CHF 10 000

总成本:CHF 650 000＋CHF 10 000＝CHF 660 000

(2)到期日即期汇率为 USD 1＝CHF 1.3250(美元升值),瑞士进口商执行看涨期权。

行使期权购买美元的成本:500 000×1.3000＝CHF 650 000

期权费支出:CHF 10 000

总成本:CHF 650 000＋CHF 10 000＝CHF 660 000

(1)(2)两种情况说明,瑞士进口商通过支付一定期权费,能够在美元升值时,将进口成本锁定在 CHF 660 000,美元升值可能产生的风险被完全回避了。

(3)到期日即期汇率为 USD 1＝CHF1.2550(美元贬值),进口商放弃执行看涨期权,因为他在现货市场按即期汇率购买美元更有利。

在现汇市场上购买美元的成本:500 000×1.2550＝CHF 627 500

期权费支出:CHF 10 000

故总成本:CHF 627 500＋CHF 10 000＝CHF 637 500

(4)到期日即期汇率为 USD 1＝CHF 1.2450(美元贬值),进口商放弃执行看涨期权,因为他在现货市场按即期汇率购买瑞郎更有利。

在现汇市场上购买美元的成本:500 000×1.2450＝CHF 622 500

期权费支出:CHF 10 000

故总成本:CHF 622 500＋CHF10 000＝CHF 632 500

(3)(4)两种情况说明,美元跌得越多,进口商的进口成本越低,即他可以获得汇价向有利方向变动的好处。

交易情况如图 12-17 所示。

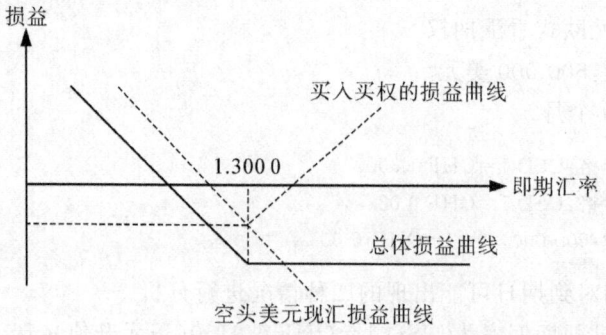

图 12-17 买入抛补的看涨期权交易情况图

## 二、买入抛补的看跌期权

一瑞士出口商在 3 个月后将有一笔 500 000 美元的出口收入,为避免美元贬值而导致的汇率风险,该公司买入 3 个月期的美元看跌期权,协定汇率为 USD 1=CHF 1.3000,期权价格 USD 1=CHF 0.015。下面对到期日出现的三种情况进行分析。

(1)到期日即期汇率为 USD 1=CHF 1.3450(美元升值),瑞士出口商放弃执行期权,按即期汇率卖出 500 000 美元更有利。

出口收入:500 000×1.3450=CHF 672 500
期权费支出:500 000×0.015=CHF 7 500
净收入:672 500−7 500=CHF 665 000

(2)到期日即期汇率为 USD 1=CHF 1.3000,出口商执行期权与不执行期权的结果都一样。

出口收入:500 000×1.3000=CHF 650 000
期权费支出:500 000×0.015=CHF 7 500
净收入:650.000−7 500=CHF 642 500

(3)到期日即期汇率为 USD 1=CHF 1.2500(美元贬值),瑞士出口商必定执行期权,按协议汇率为 USD 1=CHF 1.3000 卖出 500 000 美元。

出口收入:500 000×1.3000=CHF 650 000
期权费支出:500 000×0.015=CHF 7 500
净收入:650 000−7 500=CHF 642 500

交易情况如图 12-18 所示。

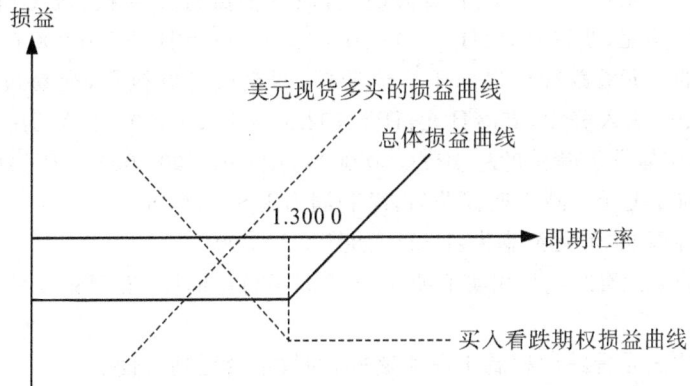

图 12-18 买入抛补的看跌期权交易情况图

由以上分析可以看出,该瑞士出口商买入看跌期权,不仅获得在汇价有利(美元升值)时收入不断增加的好处,而且也获得在汇价不利变动(美元贬值)时的固定出口收入,规避汇率风险。

### 三、熊市差价期权

某交易员预期3个月内美元走势向下,故准备用美元卖权熊市差价期权交易策略进行套利,即同时买入一份较高协议价格的美元看跌期权和卖出一份较低协议价格的美元看跌期权。期权合约情况如下:

现货价格:USD 1=JPY 104.30

期权合约金额:USD 5 000 000

期限:3个月

期权部分:

(一)买进美元看跌期权

协议价格:USD 1=JPY 106.00

期权价:3.32%

期权费支出:USD 166 000

(二)卖出美元看跌期权

协议价格:USD 1=JPY 102.00

期权价:1.18%

期权费收入:USD 59 000

净期权费支出:USD(166 000−59 000)=USD 107 000

假设合约到期时出现三种情况:

第一种情况:美元汇率跌至:USD 1=JPY 98.00

买进的美元看跌期权属于实值期权,该交易员行使期权,按 USD 1=JPY 106.00 售出美元,获得日元:JPY 106.00×5 000 000=JPY 530 000 000。

卖出的美元看跌期权也属于实值期权,期权被对方执行,交易员按 USD 1=JPY102.00 买入美元,支出日元:JPY 102.00×5 000 000=JPY 510 000 000。

这样,交易员获得利润为:JPY(530 000 000−510 000 000)=JPY 20 000 000,折合 204 082 美元。减去期权费后,净利润为 USD 97 080。

第二种情况:美元汇率为:USD 1=JPY 103.00

买进的美元看跌期权属实值期权,该交易员行使期权,按 USD 1=JPY 106.00 售出美元。

卖出的美元看跌期权属于虚值期权,期权不会得到行使。

这样,交易员获得利润为:JPY 50 000 000×(106.00−103.00)=JPY 150 000 000。折合 145 631 美元。减去期权费后,净利润为 USD 38 630。

第三种情况：美元不跌反升,美元汇率为：USD 1＝JPY 107.00
买进的美元看跌期权属于虚值期权,期权不会得到行使。
卖出的美元看跌期权也属于虚值期权,期权不会得到行使。
这种情况下,交易员的损失是恒定的,为期权费 USD 107 000。
可见,这种交易策略的特点是：如果汇率走势与预期相同,交易员将获利；如果预期错误,交易员也只承担有限的损失。

**【本章小结】**

1.外汇期权(Foreign Exchange Option)是以外汇作为合约标的物的期权,也称为外币期权(Foreign Currency Option),是一种有关货币的选择权契约,其持有人即期权买方享有在契约到期或之前以事先规定的价格购买或出售一定数额某种外汇资产的权利。外汇期权交易的特点：买卖双方的权利、义务是不对等的,期权交易的收益与风险具有明显的非对称性。

2.外汇期权按照不同标准可以分为：外汇看涨期权与外汇看跌期权,美式期权与欧式期权,场内交易期权与场外交易期权,实值期权、虚值期权与平值期权,外汇现汇期权、外汇期货期权、期货式期权与复合式期权等。

3.裸期权、抛补期权、差价期权和组合期权是四种基本的期权投资策略。裸期权裸期权是外汇期权的基本交易策略,是指单纯买入或卖出单个看涨期权或看跌期权。抛补期权由期权合同和基础交易工具构成,其组合的功用类似于外汇期货交易的套期保值,可用以规避汇率的不利变动造成的损失。

4.差价期权是由两个或更多的同类期权构成的投资组合。差价期权可分为四类：垂直差价期权、水平差价期权、对角差价期权和蝶式差价期权。垂直差价期权又可分为牛市差价期权和熊市差价期权。

5.组合期权是指相对复杂的、同时包括看涨期权及看跌期权的多头和空头的投资策略。组合期权投资策略有两种最常见的形式：同价对敲和异价对敲。

**【关键名词】**

外汇期权 Foreign Exchange Option
期权买方 Taker　　　　　　　　　期权卖方 Granter
买权(看涨期权)Call Option　　　　卖权(看跌期权)Put Option
裸期权 Nake Option　　　　　　　抛补期权 Covered Option 或 Hedge Option
差价期权 Spread Option　　　　　垂直差价期权 Verticle Spreads
组合期权 Combinations　　　　　同价对敲 Straddle
买入异价对敲 Long Strangle　　　卖出异价对敲 Short Strangle

【习题】

(一)思考题

1.期权交易与期货交易有何异同?
2.简述外汇期权交易的特点。
3.简述美式期权和欧式期权、看涨期权和看跌期权。
4.简述裸期权、抛补期权、差价期权和组合期权的投资策略。

(二)填空题

1.1973年,芝加哥期权交易所最初上市的是(　　)。
2.只能在期权合约到期日方可履约的期权称为(　　)。
3.在合约到期日之前的任何一个交易日(含合约到期日)均可履约的期权称为(　　)。

(三)单项或多项选择题

1.期权交易中,买卖双方的权利、义务是(　　)的。
　A.对等　　　B.不对等　　　C.相同　　　D.对称
2.对期权(　　)而言,他所承受的最大风险是事先就明确的权利金,而他所可能获得的收益却是无限的。
　A.出售者　　B.交易者　　　C.投资者　　　D.购买者
3.超过(　　)期,期权合约自行失效。
　A.起算　　　B.确定　　　C.参考　　　D.有效
4.根据期权的复杂程度和使用范围,可将期权分为(　　)。
　A.标准期权　B.奇异期权　　C.简单期权　　D.复杂期权
　E.古怪期权
5.抛补期权交易策略的具体组合为(　　)。
　A.买入抛补的看涨期权　　　B.出售抛补的看跌期权
　C.买入抛补的看跌期权　　　D.出售抛补的看涨期权
　E.其他任意组合
6.现货期权交易包括(　　)。
　A.利率期权　　　　　　　　B.股票期权
　C.股票指数期权　　　　　　D.外汇期权
　E.股指期货期权

(四)判断题

1.期权的出卖者只负有期权合约规定的义务。( )
2.期权卖方即期权持有人。( )
3.期权卖方只有义务,没有权利。( )
4.期权费是期权合约中唯一的变量。( )

(五)计算题

若投资者预期欧元在 3 个月内将贬值,则该投资者按协定汇率为 EUR/USD=1.150 0 买入 3 个月期 100 万欧元欧式 EURPut/USDCall,期权费为 USD 0.02/EUR。问:投资者应如何操作?

第四篇

# 外汇风险管理

WAI HUI JIAO YI SHI WU

岡田晃

医学概論 下

# 第十三章

# 外汇风险概述

## 学习目的

熟悉外汇风险的概念、外汇风险产生的原因;掌握外汇风险的种类;了解交易风险、会计风险、经济风险的识别方法和计量方法。

## 第一节 外汇风险

### 一、外汇风险的概念

外汇风险(Foreign Exchange Risk),又称汇率风险(Exchange Rate Risk),是指一个经济实体(它可以是一国政府、银行、企业或团体等)或个人,在参与的国际经济、贸易、金融等活动的一定时期内,其以外币计价的资产(债权)或负债(债务)因外币汇率的变化而可能遭受本币价值损失或收益的可能性。广义的外汇风险是指既有损失可能性又有盈利可能性的风险;狭义的外汇风险仅指给经济主体带来损失可能性的风险。我们将从广义上的概念讨论外汇风险。

一般认为,外汇风险产生于不同货币之间的兑换,只要有币种之间的兑换,就不可避免地有外汇风险。对具有外币资产与负债的关系人来讲,外汇风险包括风险损失(Loss)和风险报酬(Gain)两个方面。由于汇率变动可能引起的风险损失有:(1)外币债权人以外币计价的资产或应收账款价值下降;(2)外币债务人以外币计价的负债或应付账款价值上升;(3)预期经济收益减少;(4)会计核算中账面资产减少;(5)经营中的不稳定性增加。

外汇风险可以从三个方面来理解：(1)外汇风险是由于经济主体持有外汇头寸，发生不同货币间进行兑换或折算而产生的。如果他持有的是本币头寸就不涉及因汇率变动而带来的风险。(2)外汇风险起因于汇率变动的不确定性，汇率变动是引发外汇风险最直接的因素。这种不确定性意味着风险是否发生是不确定的，风险程度是不确定的，发生的时间是不确定的，发生后带来的影响也是不确定的等。(3)外汇风险是因汇率变动而给经济主体带来的经济损失的可能性。这种经济损失只是一种可能性，并非必然。它具有两重性，既有损失的可能性也有收益的可能性。如果只有损失或收益，则是确定的，不能称为风险。这与保险学中的风险是有区别的，在保险学中，风险一般指蒙受损失的可能性。

一般而言，外汇风险包括两个因素：货币和时间。如果没有两种不同货币间的兑换或折算，也就不存在汇率波动所引起的外汇风险。同时，汇率和利率的变化总是与时间期限相对应的，没有时间因素，也就无外汇风险可言。时间结构对外汇风险的大小有直接的影响。时间越长，在此期间汇率波动的可能性就越大，外汇风险相对就大；时间越短，在此期间汇率波动的可能就越小，外汇风险相对就小。从时间结构越长、外汇风险越大这个角度分析，外汇风险包括时间风险与价值风险两个部分。改变时间结构，如缩短一笔外币债权、债务的收取或偿付的时间，可减缓外汇风险，但不能完全消除外汇风险，因为本币与外币折算或两种不同外币折算或兑换所存在的汇率波动风险仍然存在，特别是短期内汇率的波动，将使价值风险有增无减。如要消除或减少该价值风险，必须采取其他措施。

可见，外汇风险实质上是因汇率变动引起的外汇收益或者成本的一种不确定性。这种不确定性要求我们在处理外汇风险时必须慎重考虑，如果过分强调汇率变动带来的损失，而忽视可能带来的额外收益，可能导致当事人丧失获利的良机，有时反而增加不必要的成本；如过分看重汇率变动的投机收益而忽视损失的可能性，则有可能使当事人遭受更重大的损失。

## 二、外汇风险产生的原因

外汇风险产生的原因很多，从宏观上看主要取决于汇率制度、会计制度、财政货币政策、国际收支和国家政治局势等因素。

### (一)汇率制度

不同的汇率制度产生不同的汇率变动规律，金本位制和固定汇率制下，汇率波动较小，外汇风险不大，常被人们忽略；浮动汇率制下，各国不再规定法定货币含金量和汇率波动的上下限，汇率上下波动成为正常现象，各种经济、政治因素常常使外汇汇率在短期内大起大落，加大了国际金融领域的动荡和国际贸易、国际借贷及其他涉外经济活动中的外汇风险。另外，浮动汇率制赋予各国自主决定汇率的权利,使各国中央银行为将汇率控制在一个合理的水平上,以达到有利于本国经济发展的目标,从而频繁干预外汇市场,尤其是主要货币国加强货币合作,共同干预外汇市场,对汇率波动起着不容忽视的作用。

(二)财政货币政策

一国的财政货币政策对汇率波动起着决定性作用。根据购买力平价和利率平价理论,在一定条件下,汇率由两国的通货膨胀率和利率决定,如果一国实行紧缩银根的货币政策,提高利率,降低通货膨胀率,在对应国家货币价值不变的情况下,将导致本币升值,外汇汇率下跌。相反,如果一国实行放松银根的膨胀性货币政策,则利率下跌,通胀率上升,最终将引起外汇汇率的上浮,进而产生各种外汇风险。财政政策可以通过税收和财政支出两大政策手段调整整个社会的货币需求。如果财政赤字扩大,货币需求增加,在货币供应不变时,将提高利率,从而引起汇率的改变。

(三)会计制度

不同国家的会计制度往往在会计科目的划分、会计方法的选择、会计核算的标准上存在差异。会计制度不同,会计折算风险的损益大相径庭。在涉外企业编制财务报表、将外币折算为本币的问题上,有流动/非流动法、货币/非货币法、时间度量法、现行汇率法等多种方法,分别规定了使用现行汇率和历史汇率的科目、范围,同一个企业如按不同的方法折算将得到不同的损益结果,尤其是在汇率波动剧烈的情况下,这种汇率风险更加突出。究竟采用哪一种折算方法更能准确地反映企业的实际经营状况和外汇风险程度,一直是经济学家们探讨的问题。随着跨国公司在全球的发展,统一会计制度成为一个迫切的问题。

(四)国际收支

国际收支是对外汇汇率起直接作用的因素。因为国际收支状况决定外汇的供给和需求。如果一国国际收支出现顺差,外币收入增加,本币相对外币升值,外币贬值,外汇行市随之下跌;相反,如果一国国际收支出现逆差,外币收入减少,外汇需求必然大于供给,外汇行市随即上涨。可见,国际收支状况直接引起外汇供求关系的变化,进而对汇率发生直接影响。

(五)国家政治局势

一国政治局势也是造成外汇风险的直接原因之一。如果一国战乱不断,民族矛盾十分尖锐,政局动荡,使经济发展缓慢、经济政策剧变,必然会引起本币贬值,各种外汇风险增加。

以上主要从五个方面对外汇风险的宏观形成因素进行了分析,但外汇风险的大小在一定程度上也取决于微观经济中涉外企业的经营管理活动,如果企业能对汇率的未来趋势进行正确的预测,并采取一系列避免外汇风险的措施,企业就可以免遭或减小外汇风险。

### 三、外汇风险的种类

企业在其经营活动中要承担各种风险,如生产风险、市场风险、价格风险、竞争风险、经济周期风险、政治风险,在国际市场上还会遇到汇率变动所带来的外汇风险。一个企业组织在其国际经营活动的过程、结果、预期经营收益中,都存在着因外汇汇率变化而引起的外汇风险,在经营活动中的风险为交易风险(Transaction Risk),在经营活动结果中的风险为会计风险(Accounting Risk),预期经营收益的风险为经济风险(Economic Risk)。

#### (一)交易风险

交易风险又称结算风险(Settlement Risk),是指一般企业经外币计价进行贸易及非贸易交易时,因汇率波动而引起的应收资产与应付债务本币价值变化的风险。交易风险是一种尚未结算的债权债务在汇率变动后进行货币交割时发生的风险,是国际企业遇到的最常见、最主要的外汇风险。交易风险主要表现在进出口贸易、外汇买卖和国际借贷三个方面。

1.进出口贸易业务中的交易风险

在国际贸易(包括无形商品贸易)中,汇率变动会引起应收账款或应付账款的本币价值发生变化,从而带来外汇风险。在商品或劳务进出口贸易中,从签订合同到货款或劳务费用的结算最少需要1个月的时间,长则达半年或1年。在此过程中,汇率一旦变动,进口商将面临付汇汇率上升风险,出口商将面临收汇汇率下跌风险。对进口商来说,如果贸易合同是以外币结算的,当结算时外汇汇率比签约时上涨(降低)了,进口商就会付出较多(较少)的本国货币,该进口商就会受损(收益);而对出口商来说,如果贸易合同是以外币结算的,当结算时外汇汇率比签约时上涨(降低)了,出口商将会收到较多(较少)的本国货币,该出口商就会获益(受损)。因此,国际贸易中自商品或劳务交易开始时,外汇结算风险就已经存在,直至贸易结算最终完成为止。进出口企业所面临的风险主要是此类风险。

【例13-1】中国某纺织进出口公司向美国某公司出口一批价值10万美元的棉布,合同规定计价结算货币为美元,签约时起3个月内付款,签约时即期汇率为1美元=6.8290元人民币,中方可收10万美元,合人民币68.29万元。3个月后,如汇率变为1美元=6.8180元人民币,中方可收10万美元,合人民币68.18万元,少收入1 100元人民币。而美国进口商因为计价货币为本币,付款均为10万美元,不存在货币兑换,无交易风险。如计价货币为第三国货币,则美国进口商同样面临外汇风险。

2.外汇买卖业务中的交易风险

在外汇买卖中,从签约日到交割日,汇率会发生变动,将要履约的远期合同的一方,在合同到期后可能需要用更多或较少货币去换取另一种货币,从而带来外汇风险。对于买入外汇的企业而言,面临到期支付更多本币的风险;对于卖出外汇的企业而言,则面临到期外汇升值、本币贬值的风险。因此,外汇银行在买卖外汇的过程中会蒙受汇率变动带来的风险。当银行买入的外汇多于卖出的外汇,即持有外汇多头时,如果外汇汇率上升(降低)了,银行所持有的该笔外汇资产的本币价值就增加(减少)了;当银行卖出的外汇多于买入的外汇,即持有外汇空头时,如果外汇汇率上升(降低)了,银行所持有的该笔外汇负债的本币价值就增加(减少)了。当银行轧平外汇头寸时,就要蒙受少收或多付本币的风险。

【例13-2】中国某商业银行按汇率1美元=7.50港元买进100万美元,当天按1美元=7.52港元的价格卖出90万美元,银行仍持有10万美元多头现汇,合港币75.2万。3天后,美元汇率下跌为1美元=7.48港元,该银行如想轧平头寸就只能得到74.8万港元,就蒙受4 000港元的损失。如美元汇率上升为1美元=7.56港元,合港币75.6万,银行就会得到4 000港元的收益。可见,商业银行买卖外汇的损失大小或收益多少都取决于汇率变动的幅度。

3.国际借贷业务中的交易风险

在以外币计价的国际借贷和投资业务中,汇率变动会引起资产或负债的本币价值发生变化,从而带来外汇风险。在外币债权债务关系中,债权人承受到期收汇贬值的风险,债务人承受到期偿还货币升值的风险。在外币债权债务清偿时,如果外汇汇率上升,则债权人将收入较多的本国货币,债务人将支付较多的本国货币,从而债务人负债增加;如果外汇汇率下跌,则债权人将收入较少的本国货币,债务人将支付较少的本国货币,从而债权人的资产减少。对其他用外币表示的所获资产或负债,汇率变动也会引起实际价值波动的外汇风险。

【例13-3】某日,英国兰德公司为支持某企业,向某国银行借入1年期、年利率10%的贷款300万美元,当时汇率为1英镑=1.50美元,英镑贷款利率为12%。兰德公司出售300万美元得200万英镑支持该企业,到期需要还本利330万美元。一年后美元升值,汇率为1英镑=1.45美元,该公司偿还330万美元共需227.586万英镑,总借款成本为13.8%,高于国内英镑借款利率12%。如果兰德公司当时在国内贷款200万英镑,一年后支付本利224万英镑,比美元贷款少支付3.586万英镑。

(二)会计风险

会计风险又称折算风险(Translation Risk)或评价风险(Assessment Risk),是指企业根据会计制度的规定,对企业的经营活动进行会计处理时,资产负债表中某些外币计值的资产、负债、收入和费用在折算成以本国货币表示的项目时，因汇率变动而可能产生账面损失或收益的可能性。

进行会计核算来评价经营状况是每个企业经营管理中的一项重要内容。公司在一国注册后，根据主权原则，会计报表必须使用注册国货币作为记账货币（即经济主体在编制财务报表时所使用的报告货币）。因此，企业在进行会计处理、编制资产负债表时，不能同时用多种货币编制，只能用本国货币计价，要将以外币计价的各种资产和负债按一定的汇率折算成本国货币表示，以便汇总编制综合的财务报表。这样，一旦功能货币（即经济主体在日常经营活动中所使用的货币）与记账货币之间的汇率发生变动，资产负债表中的某些项目的价值就会相应发生变动，这样就给公司造成账面损益，进而导致评价过大或过小。可见，会计风险并不涉及现金流动或财富转移，并不一定代表企业的实际经济状况发生了变化，因为在折算过程中并非发生现实的外汇交易。但是，会计风险对企业仍具有相当大的影响，主要表现为：(1)如果企业是根据会计账款纳税，则影响该企业纳税额度；(2)会计风险将直接以财务报表形式反映在公司业绩报告的损益报表中，进而会影响该公司效益的评估和股票的市场价格；(3)会计风险影响到企业的账面经营效益，从而对企业管理和经营决策产生影响。

一般来讲，国内涉外公司或涉外机构、在国外注册的公司、跨国企业都会不同程度地面临会计风险，而跨国企业表现得尤为突出。跨国公司的海外分公司或海外子公司，一方面在日常经营中使用的是东道国的货币，另一方面其资产负债表要定期呈报给母公司，这时就需要将东道国货币转换成母国货币。

【例13-4】中国某公司在美国子公司年初有美元存款100万，当时市场汇率为1美元＝6.8350元人民币，折合人民币683.5万元。年底编制财务报表时，如果汇率为1美元＝6.8250元人民币，则该存款只能折合人民币682.5万元，公司账面价值就减少了1万元人民币；如果汇率为1美元＝6.8450元人民币，则可折合人民币684.5万元，公司账面价值就增加了1万元人民币。

(三) 经济风险

经济风险又称经营风险(Operating Risk)，是指意料之外的汇率变动而引起企业未来预期收益发生变化的一种潜在性风险。

经济风险可从两方面来理解：(1)它所针对的是企业意料之外的汇率变动。意料中的汇率变动对企业经营的影响可由企业事前在产品定价等经营决策中加以考虑，从而不会给企业带来经济风险。影响汇率变动的因素有很多，企业不可能准确地对全部汇率变动作出判断，这种不能预料的汇率变动通过影响企业的生产成本、销售价格、销售数量等方面来影响企业的收益状况，对企业的生产经营带来很大负面影响，企业只能采取事后的应对措施。(2)它所针对的是企业未来的预期收益,经济风险是从企业的整体预测将来一定时间内所发生的现金流量变化,是对企业整体的影响。

经济风险的分析要着眼于企业经营活动的具体情况及其对汇率的关联程度,如企业的成本结构、产品的需求价格弹性、生产要素间的可替代性、销售市场的规模和分布、企业劳动资金的管理水平等。经济风险的大小主要取决于汇率变动对企业的产量、成本、价格可能产生影响的程度。这种潜在性风险直接关系到在海外的经营成果或银行在国外的投资收益。预测未来外汇汇率变动趋势是国际企业在生产经营中必须认真做好的工作。经济风险能否避免在很大程度上取决于企业预测未来汇率变化的能力,预测的准确程度将直接影响企业的生产、销售和融资等方面的经营管理决策。可见,对企业而言,经济风险比交易风险、会计风险更重要。交易风险与会计风险的影响是一次性的,而经济风险对企业产生的影响则是长期的、复杂的,它不但影响企业在国内的经济行为与效益,还直接影响到企业的涉外经营效益或投资效益。

举例加以说明:美国一大公司准备投资 1 000 万美元在日本建厂,从美国进口零部件等投入品,也从日本当地采购,其产成品(汽车)在国外市场和国内市场销售。如果日元贬值,会对美国公司产生如下影响:

(1)对成本的影响。首先,对国内采购成本的影响。由于货币贬值的国家一般都存在严重的通货膨胀,因此,在最初阶段,以当地投入为主的成本可能保持不变,但货币贬值对国内经济产生的膨胀作用,在时滞效应过去后,最终会导致美国公司成本开支的上升。公司可能会面临这样一种情形,即当地雇佣的工人会因生活指数的上升而要求有更高的工资。但总的说来,美国公司的成本开支幅度要低于日元的贬值幅度。其次,对进口成本的影响。日元贬值,使得美国公司的进口零部件等要素以本币表示的价格会大幅上升,使生产成本上升。如果国内外产品替代程度高,则对进口投入品的需求会下降,而相应对本国投入品的需求会上升。由于贬值的通货膨胀效应,国内投入品和产成品价格也要上升,但上升幅度会小于贬值幅度。如果美国公司保持价格与投入品价格等幅度上升,则在需求稳定的情况下,美国公司的日元收入不变;如果美国公司提高价格,其幅度大于国内投入品价格的上升幅度,则收入会增加。如果国内外产品替代程度低,则进口投入品的本币价格会大幅上升。

(2)对销售收入的影响。首先,对出口收入的影响。当日元贬值后,美国公司的出口整车以外币表示的价格会下降;如果保持原本币价格不变,而汽车的需求弹性相对较大,这时,美国公司的出口数量会大幅上升,结果使总收入上升;如果美国公司提高汽车的本币价格,使以外币表示的价格维持在贬值前的水平上,则也会使收入上升。其次,对国内收入的影响。货币贬值一般都会削弱进口商品的竞争力,因此,当美国公司面临的进口竞争很激烈时,若产品需求弹性很充足,则可保持现行售价不变,促使销售量上升。若弹性不足,则可适当提价。由于价格和销售量的增长一般不等于货币贬值的程度,因此,在抵消了当地货币的贬值因素后,就跨国公司总的现金流量来看,一般稍有减少。假如美国公司在当地不曾有进口竞争或竞争不激烈,因为此时的定价策略很可能已达最优,这样,价格和销售量将基本维持不变,以美元来衡量,却表现为销售收入的大幅度下降。

由此可见,货币汇率的变动,对企业的影响是深远的。汇率风险会出现获利或损失两种可能性,但一个经营稳健的企业不是想从汇率波动中获得好处,而是尽量规避汇率变动的风险。因为风险损失一旦发生,将会给企业带来灾难性的后果。因此,企业应对上述各种类型的风险进行分析,并加以认真的识别和计量,以便采取适当措施加以防范和管理,使风险尽可能地降低或消除。

## 第二节　外汇风险的识别

外汇风险的识别是衡量和防范汇率风险的前提,对于某一主体来说,在明确自己所面临的外汇风险的性质与类型的基础上,需要进一步识别该风险的受险部分,为制定相应的防范对策提供依据。

### 一、交易风险的识别

(一)交易结算

如前所述,交易结算风险主要是指以外币计价进行进出口贸易及非贸易业务的企业所承担的外汇风险。在蒙受交易结算风险中,贸易与非贸易业务的情形与原理是一致的,因此,我们仅以进出口贸易来阐明如何识别交易结算风险的受险部分。确定交易结算风险的受险部分,需要以进出口合同为依据。在进出口合同中,有关条款载明了计价结算的外币、货款金额和支付时间。据此,我们可以把握有何种外币、多少外币、将在多长时间内承受外汇风险。下面分别以出口和进口两种情况加以说明。在出口的情况下,从签订合同到装船、提供信用到最终结算为止的过程中,未结算的余额,其出口货款的本币金额是未确定的,这就成为受险部分。这样,承担受险部分的出口商在本币汇率疲软时,获得汇差收益;本币汇率坚挺时,蒙受汇差损失。当出口采取分期付款的支付方式时,每经过一次结算,就有一部分出口货款从受险部分中消失,一旦到最后一次结算结清了余额,受险部分便随之全部消失。

在进口的情况下,从签订合同开始到结算时为止,都要承担风险,未结算的合同余额,其进口货款的本币金额是未确定的,这就成为受险部分。结算时间越长,则受险部分持续的时间越长,这样,承担受险部分的进口商在本币汇率疲软时,蒙受汇率损失;本币汇率坚挺时,获得汇差收益。如果商品进口采取分期付款的支付方式,则经过每次结算,已经支付的进口货款便逐期从受险部分中消失,受险部分外币金额逐期递减,至最后一次结算付清余额时,受险部分即全部消失。

综上所述,在从事以外币计价的贸易及非贸易业务的场合,从签订外币交易合同开始,到收进或支付本币为止,要承担外汇风险。其时间间隔即为受险时间,计价结算的外币即为受险货币,结算金额即为受险金额。

在现行的浮动汇率制度下,由于汇率波动频繁,即使相差一天,各自适用的汇率也会有很大差异。因此,在每天都有很多收汇和付汇时,可以只注意收付相抵后的受险部分。但对于外币交易金额很小、到期日又很分散的企业,受险部分综合不起来,就有必要进行个别考虑。

(二)外汇买卖

概括地说,外汇买卖风险的受险部分是存在于一定时间内的、一定币别的"多头"或"空头"的外汇头寸。一般而言,外汇买卖风险主要产生于外汇银行买卖外汇,而外汇银行买卖外汇又可分为中介性买卖、自营性买卖和平衡性买卖三种情形。

首先从平衡性买卖来看,这种外汇买卖恰恰是防范外汇风险的手段,它所导致的多头或空头,正是为了平衡中介性买卖,因此无须看作受险部分加以掌握。其次从自营性买卖来看,这种外汇买卖旨在利用汇率变动赚取汇差收益,外汇银行是积极自动地去承担外汇风险。因此,从防范外汇风险而掌握受险部分的意义上说,由自营性外汇买卖导致的多头或空头虽然实际上面临外汇风险,但并不作为受险部分掌握。最后从中介性买卖来看,这是外汇银行的主要业务,由这种外汇买卖所导致的多头或空头才应当作为受险部分掌握。因此,确切地说,外汇买卖风险的受险部分应当界定为存在于一定时间内的、一定币种的、由中介性买卖所导致的多头或空头的外汇头寸。外汇银行经常掌握空头或多头的外汇头寸,并通过在外汇市场上的资金买卖,尽可能避免外汇风险。为此,他们经常制作"外汇持有额表",包含现汇和期汇交易,并综合二者算出综合持有额(综合头寸)。

在外汇买卖风险中,多头或空头的外币,即为受险货币;多头或空头的余额,即为受险金额;多头或空头的滞留期,即为受险时间。

(三)国际资本借贷

在借贷资本的输出输入中,确定其受险部分,要以外币存款凭证、外币商业票据及外币债券等金融工具和外币借贷合同为依据,以便把握有何种外币、多少外币及将在多长时间内承受汇率风险。下面分别说明在借贷资本输出输入的情况下,如何识别受险部分。

在借贷资本输出的情况下,如美国居民将美元兑换成英镑,作为1年期的定期存款,在这1年中,由于美元对英镑的汇率要发生变化,因此,该美国居民1年后收回的英镑本金就成为不确定因素,从而未清偿的存款本金金额甚至包括利息就成为承担外汇风险的受险部分。

如果债权人以对外提供长期外币贷款的方式进行资本输出,则确定受险部分要复杂一些。长期贷款多采用分期偿还的方式,即债务人按合约规定每隔一定时期偿还一部分贷款,待贷款期满时,再将未偿还的贷款余额一次还清。因此,对提供长期外币贷款的债权人来说,在长期贷款的有效期内,每收回一次本金,就有相应的受险部分消失,至长期贷款期满收回本金金额时,受险部分就全部消失。

在借贷资本输出的情况下,如我国某化工企业借入一笔为期2年的美元贷款,在2年期限内,美元对人民币的汇率将会变化到什么水平,从而借款期满使该企业究竟要付出多少人民币才能偿还美元本金,就是一个不确定的问题。因此,未清偿的借款本金金额甚至包括利息就成为承担外汇风险的受险部分。

当债务人通过国际金融机构、外国政府或商业银行等渠道借入长期外币贷款时,同上述债权人提供长期外币贷款的情况相类似,在分期偿还的条件下,确定受险部分要视每次偿还后的借款余额而定。具体来讲,在未偿还借款之前,全部借款都属于受险部分,而伴随每次还款,受险部分就相应递减,直至期满还清借款本金余额,受险部分才最终全部消失。

综上所述,在国际借贷资本风险中,作为借贷对象的外币,即为受险货币;借贷金额,即为受险金额;借贷期限,即为受险时间。如果一个主体享有的外币债权与负有的外币债务在币种、金额和起讫日上均完全相同,则其外币债权和外币债务相互抵消,从而既无净损失也无净收益。显然,这种巧合是罕见的。一般来说,输出或输入借贷资本的所有主体,经常要面临外汇风险。

## 二、会计风险的识别

在会计处理中,将外币折算成本币有不同的方法,一般企业只采用其中一种方法。由于所使用的折算汇率不同,会出现不同的计算结果。这时,我们将以决算日当天的汇率(即现行汇率)换算、评价的以外币计价的项目金额称为会计风险的受险部分。

跨国公司在认识和掌握会计风险的受险部分时存在两种观点:一种是"本国一元化论",即认为总公司为总体法人,海外分公司的一切经济交易均视同总公司直接进行的外币交易,必须以总公司所在国的货币确定海外分公司的经营成果和损益;另一种是"海外机构为主论",即认为海外分公司几乎在东道国永久性地进行营业,一般不会将其资产调回本国,只要在东道国进行的经济交易不牵涉总公司所在国货币(我们称为本币),就不存在东道国的货币或第三国货币同本币的兑换问题,因而也就不会承担相应的折算风险。具体说,对于不转换成本币就可以进行的每笔经济交易,是不存在与本币的兑换风险的;只有海外机构将其综合经营成果调回总公司的部分,才需要换算成本币,因而才会存在会计风险问题。

### 三、经济风险的识别

对企业面临的经济风险进行识别是非常困难的。我们知道,经济风险是汇率变动对企业未来收益和成本的影响,存在于整个经营过程中,受环境变化的影响很大,因而是不可能准确识别的。由于经济风险具有长期性和连续性的特点,因此在识别经济风险时,我们不仅要考虑眼前的风险,更要从长远的角度来考虑企业的经济风险。企业的经营环境、原料来源以及汇率的波动等是识别企业经济风险的主要因素。

一般来说,在国内生产供应国外市场比在国外生产供应当地市场面临的外汇风险要大。原因是国内工厂所用的劳动力和原料是用本币支付的,而产品是用外币销售的,企业在国内投资建厂准备供应外国市场时就开始面临了外汇风险。这一点看起来很简单,但企业在分析一个投资项目时常常忽视了这一影响。企业对汇率变化作出反应的产品定价策略取决于需求的价格弹性,而需求的价格弹性在一定程度上又取决于竞争对手和竞争程度。企业产品的差异越大,所面临的竞争就越少,在国内外维持以其本币衡量的价格的能力就越强,遭受外汇风险损失的可能性就越小。相反,企业产品的差异越小,产品需求的价格弹性就越大,定价的灵活性就越小,因而,这些企业面临的外汇风险就越大。

## 第三节  外汇风险的计量

### 一、风险的计量方法

风险的计量方法主要有风险报酬法、决策树法、外推法、解析法、蒙特卡罗模拟法等。

风险报酬法又称调整标准贴现率法,这种方法除考虑资金的时间价值外,还认为资金具有风险价值,即投资者因在投资中冒风险的报酬。风险越大,风险报酬越大;风险越小,风险报酬越小,风险报酬的大小随投资项目的类型不同而变化。投资项目可根据对风险的主观估计判断而进行粗略划分,如可以划分成无风险、低风险、中等风险、高风险四类。

决策树法用树表示项目所有可供选择的行动方案、行动方案之间的关系、行动方案的后果以及这些后果的数学期望,进而对项目的风险进行计量和评价,作出该项目是应该就此止步,还是应继续进行的决策。在决策树中,树根表示构想项目的初步决策,称为决策点。从树根向右画出若干树枝,每条树枝都代表一个行动方案,称为方案枝,方案枝右端叫状态结点。从每个状态结点向右又伸出两个或更多的小树枝,代表该方案的两种或更多的后果,每条小树枝上都注明该种后果出现的概率,称为概率枝。小树枝右端是树叶,树叶处注明该种后果的大小。后果若是正的,表示收益;后果若是负的,则表示损失。

外推法是进行项目风险评估和分析的一种十分有效的方法,它分为前推、后推和旁推三种类型。前推是根据历史的经验和数据推断出未来事件发生的概率及其后果。如果历史数据具有明显的周期性,可据此直接对风险作出周期性的评估和分析;如果历史记录中看不出明显的周期性,可用曲线或分布函数来拟合这些数据,进行外推,使用此法时必须注意历史数据的不完整和主观性。后推是把未知的事件及后果与已知的事件及后果联系起来,把未来风险事件归结到有数据可查的造成这一风险事件的初始事件上,从而对风险作出评估和分析。后推是在手头没有历史数据可供使用时所采用的一种方法。由于工程项目的一次性和不可重复性,在项目风险评估时常用后推法。旁推则是利用类似项目的数据进行外推,在充分考虑新环境各种变化的基础上,用某一项目的历史记录对新的类似项目可能遇到的风险进行评估和分析。这三种外推法已广泛运用于项目风险评估和分析中。

解析法的特点是在利用德尔菲法进行风险辨识和估计的基础上,将风险分析与反映工程项目特征的投入、产出流结合起来,在综合考虑主要风险因素影响的情况下,对随机投入、产出流的概率分布进行估计,并对各个投入、产出流之间的各种关系进行探讨。解析法在风险评价阶段还吸收了动态经济评价方法的合理性,将风险分析与动态投入、产出相结合,用项目预期投入、产出及净现值的平均离散程度来度量风险,进而得到表示风险程度的净效益的概率分析。

蒙特卡罗模拟法(Monte-Carlo)又称统计试验法或随机模拟法。该法通过对工程项目各风险变量的统计试验,随机模拟各风险变量间的动态关系,以决定工程项目的不确定问题。蒙特卡罗法的模拟步骤如下:(1)确定输入变量及其概率分布(对于未来时间通常用主观概率估计);(2)通过模拟试验,独立地随机抽取各输入变量的值,并使所抽取的随机数值符合既定的概率分布;(3)建立数学模型,按照研究目的编制程序计算各输出变量;(4)确定模拟次数以满足预定的精度要求,以逐渐积累的较大样本来模拟输出函数的概率分布。蒙特卡罗模拟法借助人们对未来事件的主观概率估计及计算机模拟,解决用数学分析方法求解的动态系统复杂问题,已成为工程项目(特别是大型工程项目)风险分析的主要工具之一。

风险的计量方法还有很多,如风险当量法、等风险图法、模糊分析法、效用理论等,总的来说这些理论和方法各有所长,进行风险计量和分析时必须根据项目实际情况来加以选择。

## 二、外汇风险的计量方法

### (一)交易风险的计量

企业的交易风险可以通过交易风险报告(Transaction Exposure Report)和资金流量报告(Fund Flow Report)来计量,前者是一种静态的反映。在实际中,企业的生产经营呈现连续性的特点,如果以静态的交易报告所计量的风险暴露额作为调整对象,往往会犯错误,因此需要编制隔月或隔季的不同币种的资金流量报告,动态反映交易风险的变动情况。

对银行而言,外汇交易记录则是评估和管理外汇交易风险的重要工具。为了管理外汇缺口头寸,银行建立外汇交易记录表,按照每种货币合约到期日记录每笔交易的外汇流量,这些头寸按币种和期限列示。但是,外汇交易记录表只是一个交易记录,它没有告诉我们目前外汇头寸的盈亏情况,难以体现汇率风险的总体状况。为了控制汇率波动造成外汇头寸的盈亏,银行应该用市场汇率重新估价外汇头寸,及时分析外汇头寸的盈亏情况,以便采取措施加以控制和避免。

### (二)会计风险的计量

会计风险可以通过编制风险资产和风险负债报告来完成,此报告是对外汇会计风险敞口的直接计量。原则上,资产负债表中受险资产与受险负债和股东权益之和应该相等,因此单从资产负债表上并不能看出会计项目对汇率变动的敏感程度,而且真正的会计风险的大小不仅与公司资产负债表密切相关,还与折算汇率的选择有关,并进而与折算方法联系起来。考虑不同的折算方法,又取决于功能货币的选择,因此考虑会计风险的大小不能不涉及功能货币的选择问题。所谓功能货币是指与企业的生产经营直接相联系的货币,也是企业在生产经营过程中使用最多的货币。具体而言,当一个企业主要的生产经营集中于某国时,即以该国货币为功能货币,但如果该企业的经营活动只是跨国公司的一个组成部分,其经营活动是母公司经营活动的延伸,则仍以母国货币为功能货币。

选择不同的功能货币决定了不同的折算方法,在不同的折算方法下,其会计风险的暴露是不同的。当功能货币是子公司的货币时,采用现行汇率法折算,这样可以保证子公司报表所表述的财务结果和财务关系不变,更好地反映子公司的经营状况,同时还可以揭示汇率变动对母公司在国外子公司的投资净额的影响,即将折算结果以折算调整额这一独立项目放到资产负债表的股东权益项目下,由于子公司的实收资本在现行汇率法下仍按股票发行日的历史汇率折算,如果将逐年累计的折算调整额与实收资本比较,就能反映出汇率变动对母公司投资净额的影响;如果功能货币是母国货币,则采用时态法进行折算。

(三)经济风险的计量

经济风险对企业的影响是长期的,而且是复杂和多层面的,因此,对经济风险的计量与管理需要采用整体和系统的方法。此外,企业还需要正确预测汇率变动的时间、方向和幅度,在这样的基础之上,企业才能正确估计这种变动对生产成本、产品价格以及销售数量的影响,进而评估企业可能遭受的损失。对汇率变动引起的收益和成本的敏感性分析和回归分析是评价经济风险的常用方法。

收益和成本敏感性分析把现金流量按收益表的不同项目分类,并根据汇率预测情况对收益表的各个项目作出估计。企业的盈余能力和现金流量取决于原材料和产品的价格、销售量,以及各项费用。这些因素的综合代表了企业的竞争力,汇率的变动正是通过改变各种价格对企业的竞争力产生影响的。回归分析法利用已有的公司绩效变量(通常为现金流量和股票价格)和汇率的历史数据进行回归分析,测定企业的经济风险。这种方法的特点是具有客观性,只用历史数据来估计企业现金流量对于汇率变动的敏感性。相对来说,收益和成本敏感性分析要求企业管理人员作出许多主观的估计,这种估计有可能过度依赖于管理人员的个人看法。然而回归分析也有自身的缺陷,其不足之处在于,历史数据未必可以反映未来。这种测定的有效性也是有限的,但是毕竟为企业提供了分析问题的另一个角度。

### 专栏 13-1

#### 人民币汇率变动下企业外汇风险的甄别

**一、交易风险的甄别**

交易风险作为企业最常见并能直接感受到的外汇风险,应该作为识别与衡量的重点。识别交易风险,企业应从交易风险的具体表现加以分辨:一要看企业是否进行了以外币结算的商品或劳务进出口;二要看企业是否有借入或贷出的外币资金;三要看企业是否拥有以外币表示的资产或负债;四要看企业是否存在外汇金融资产交易,如远期外汇交易合约等。在汇率变动的前提下,当企业有上述业务交易之一,即可认为企业有存在外汇交易风险的可能。对交易风险的计量应从对企业资产负债表的分析开始,即按不同币种对各项风险性资产和负债分类,从企业的外币应收项目中减去外币应付项目,再搜集资产负债表以外的有关经济信息加以调整,得到各种外汇比重的净头寸。

二、折算风险的甄别

折算风险的衡量要受到折算汇率选择的影响,而企业使用哪种会计折算方法要受到我国现行会计准则的规范。在企业财务报表中按资产负债表日汇率折算的有关"外币计价的货币性项目"会承受外汇风险,货币性资产与货币性负债的差额为受险净头寸。正净头寸表示人民币升值,企业将受损;负净头寸表示人民币贬值,企业将受益。企业在按"资产负债表日即期汇率折算后与初始确认时或者前一资产负债表日即期汇率不同而产生的汇兑差额",直接计入当期损益。《会计准则》明确了折算方法和损益记录方法,现有财务资料可以反映出折算风险头寸的大小。

三、经济风险的甄别

经济风险是汇率变动对企业未来收益和成本的更为深远的影响。经济风险甄别属于一种涉及财务、市场营销、产品生产和供应等诸多方面的经济分析过程,需要从总体上判断企业的未来现金流量,不可能用一般的甄别方法简单衡量经济风险。鉴于国内相关研究零碎而未形成统一认识的现实,通过引用国外较成熟的研究成果预测经济变量的变动,根据企业价值变动和汇率波动的相关关系进行经济风险的衡量和管理较为切实可行。

资料来源:外汇通网

## 【本章小结】

外汇风险是指一个经济实体(它可以是一国政府、银行、企业或团体等)或个人,在参与的国际经济、贸易、金融等活动的一定时期内,其以外币计价的资产(债权)或负债(债务)因外币汇率的变化而可能遭受本币价值损失或收益的可能性。外汇风险产生的原因很多,从宏观上看主要取决于汇率制度、会计制度、财政货币政策、国际收支和国家政治局势等因素。

按照风险发生的时间阶段,外汇风险可分为三种类型,其中在经营活动中的风险为交易风险,又称结算风险,是指一般企业经外币计价进行贸易及非贸易交易时,因汇率波动而引起的应收资产与应付债务本币价值变化的风险;在经营活动结果中的风险为会计风险,又称折算风险或评价风险,是指企业根据会计制度的规定,对企业的经营活动进行会计处理时,资产负债表中某些外币计值的资产、负债、收入和费用在折算成以本国货币表示的项目时,因汇率变动而可能产生账面损失或收益的可能性;预期经营收益的风险为经济风险,又称经营风险,是指意料之外的汇率变动而引起企业未来预期收益发生变化的一种潜在性风险。不同类型风险的表现形式及其对经济主体的影响也不相同。外汇风险的识别和计量是防范和规避汇率风险的前提,根据这三种外汇风险各自的特性,相应的风险识别和计量方法也大不相同,各有侧重,应区别对待,以便采取相应的策略来进行风险防范和规避。

**【关键名词】**

外汇风险　交易风险　会计风险　经济风险　风险报酬法　决策树法

**【习题】**

1. 什么是外汇风险?外汇风险产生的原因有哪些?
2. 外汇风险有哪些类型?
3. 外汇风险应如何识别?
4. 风险的计量方法主要有哪几种?
5. 外汇风险应如何计量?

# 第十四章

# 外汇风险管理战略

**学习目的**

理解外汇风险管理的要求和原则;掌握外汇风险管理的战略,特别是进攻性和防御性两种部分防范战略以及对外汇风险的综合、分散管理;熟悉对受险金额的掌握和管理方法。

## 第一节 外汇风险管理的要求和原则

外汇风险管理是指外汇资产持有者通过风险识别、风险计量、风险控制等方法,预防、规避、转移或消除外汇业务经营中的风险,从而减少或避免可能的经济损失,实现在风险一定的条件下的收益最大化或收益一定的条件下的风险最小化。外汇风险管理是企业经营管理的重要组成部分。外汇风险管理的目标是充分利用有效信息,减少汇率波动带来的现金流量的不确定性,以避免经济业务活动中可能面临的由汇率波动带来的不利影响。为了实现这一目标,在外汇风险管理中应该遵循一些共同的要求和原则。

### 一、外汇风险管理要求

(一)正视风险存在的客观性

在现行国际货币体系以及金融全球化、自由化的环境中,外汇风险是客观存在的,汇率、利率的变动是不以任何市场主体的客观意志为转移的,因此涉外经济主体必须充分重视外汇业务风险存在的客观事实,并不断研究、发现可能产生风险的原因,以便采取相应的措施加以防范。

(二)合理承受风险

外汇风险存在的客观性表明涉外经济主体开展经营活动的过程本身就是承受风险的过程,因此,涉外经济主体需要根据各项业务发生风险的概率,适度安排业务比例和规模,分散风险,确保收益足以弥补所处经济环境中一般情况下的平均风险,使自身清偿力足以弥补经济环境中一般情况下的最大风险。

(三)发挥风险管理职能

涉外经济主体在合理承受了各种风险之后,要充分发挥风险管理职能,针对不同风险的来源和特点,运用相应的风险管理技能和工具,合理控制、降低、转移甚至消除风险。

## 二、外汇风险管理原则

外汇风险是开放经济中客观存在的一种风险,无论政府、企业还是个人都在不同程度上可能蒙受外汇风险的损失,都必须高度重视外汇风险管理问题,将之列为日常经济管理中一个不容忽视的内容。以下是外汇风险管理过程中应遵循的一些共同原则。

(一)全面重视原则

外汇风险无时不在、无处不在,外汇风险可能带来营运资本和现金流量的损失,影响企业的正常经营和核心竞争力,企业不能不防。全面重视原则要求对涉外经济交易中出现的外汇风险所有受险部分给予高度的重视,对风险进行准确的测量,及时把握风险额的动态变化情况,避免顾此失彼而造成人为的更大的损失。外汇风险有不同的种类,不同的外汇风险对不同经济主体的影响不同,有的是有利的影响,有的是不利的影响,因此涉外企业和跨国公司需要对外汇买卖、国际结算、会计折算、企业未来资金运营、国际筹资成本及跨国投资收益等项目下的外汇风险保持清醒的头脑,做到胸有成竹,避免顾此失彼,造成不必要的经济损失。

不论单位、家庭还是个人,其面临的风险均是一个复杂的系统,包括不同类型、不同性质和不同程度的各种风险。这就使仅仅采用某种独立的分析方法难以对全部风险奏效,必须综合运用多种分析方法,全面系统地考察、了解各种风险事件的存在和可能发生的概率、损失的严重程度,以及风险因素和风险的出现而导致的其他问题。而且,由于损失发生的概率及其后果的严重程度,直接影响人们对损失危害的衡量,最终决定着风险政策措施的选择和管理效果的优劣。因此,必须全面了解各种风险的存在和发生及其将引起的损失后果的详细情况,以便及时、准确地提供比较完备的决策信息。

(二)管理多样化原则

管理多样化原则要求针对外汇风险的不同形成原因、风险头寸和结构以及自身的风险管理能力,充分考虑国家的外汇管理政策、金融市场发达程度、避险工具的成熟程度等外部制约,选择不同的外汇风险管理方法,进行灵活多样的外汇风险管理。

企业的经营范围、经营特点、管理风格各不相同,涉及的外币的波动性、外币净头寸、外币之间的相关性、外汇风险的大小都不一样,因此每个企业都应该具体情况具体分析,寻找最适合于自身风险状况和管理需要的外汇风险战术及具体的管理方法。要保证风险分析的准确性,就必须进行全面系统的调查分析,没有对总体的综合认识,就难以确定哪种风险具有发生的可能性,也就难以合理地选择控制和处置风险的方法。实际上,没有一种外汇风险管理办法能够完全消除外汇风险,所以,认为某一种风险防范措施必然比另一种措施更优越的论断有失偏颇和武断。在选择风险管理办法时,需要考虑企业发展战略、相关国家的外汇管理政策、金融市场发达程度、风险头寸的规模和结构、涉外业务范围和性质等多种因素。外部约束因素发生变化,企业的外汇风险管理战略也需要相应更改,不宜长期只采用一种外汇风险管理办法。

(三)收益最大化原则

收益最大化原则要求对外汇风险管理的成本和收益进行精确的计算,以综合收益最大化为出发点,制定具体的风险管理战术。外汇风险管理本质上是一种风险的转移或分摊,金融市场上应用最广泛的风险管理工具,例如远期外汇交易、互换、期货、期权等,都需要支付一定的成本和代价,如果规避外汇风险所减少的损失金额小于为此支付的成本,外汇风险管理就是失败的。外汇风险管理中必须注意投入产出率,力求做到避险效果相等时成本最小,成本相等时避险效果最大。

对风险管理的过程,也是对单位、家庭、个人的生产经营状况及其所处环境进行量化核算的具体过程。必须以严格的数字理论作为分析工具,在普通估计的基础上,进行统计和计算,以得出比较合理的分析结果。收益最大化原则要求涉外企业或跨国公司精确核算外汇风险管理的成本和收益,在确保实现风险管理预期目标的前提下,支出最少的成本,追求最大化收益。这是企业进行外汇风险管理的基石和出发点,也是企业确定具体的风险管理战术、选择外汇风险管理方法的准绳。一般来说,外汇风险管理支付的成本越小,进行风险管理后得到的收益就越大,企业对其外汇风险进行管理的积极性也越高,反之亦然。必须强调的是,风险管理的目的在于保证企业、单位和个人以最小支出获得最大的安全保障,减少风险损失。因此,企业必须根据实际情况和自身的财务承受能力,选择效果最佳、经费最省的识别方法。企业或单位在进行风险识别和衡量时,必须考虑成本因素,以保证用较小的支出换取最大的收益。

## 第二节 外汇风险管理的战略

### 一、外汇风险管理战略

外汇风险管理战略是指导外汇风险管理的总体方针、规划和策略,涉及的是经济主体在外汇风险管理中的指导思想和基本态度。通常,经济主体在管理外汇风险中面临两种战略选择:是使外汇收益最大化,还是使外汇损失最小化。如果经济主体对风险的态度是"风险厌恶"型,那么该经济主体会尽量减少风险,采取措施以使外汇损失最小化;如果经济主体对外汇风险的态度是"风险偏好"型,那该经济主体会尽量从有利的汇率变动中受益,使外汇收益最大化。根据对外汇风险的不同态度,企业或外汇银行有以下三种战略可供选择。

(一)完全不防范的战略

完全不防范的战略即对外汇风险不采取任何措施,当汇率朝有利方向变动时则坐收其利,汇率朝不利方向变动时则甘愿蒙受损失,这是一种消极的战略。企业或银行通常在以下情况采取此战略:

(1)典型的固定汇率条件下,或虽然处于浮动汇率条件下,但市场不存在交易限制,市场机制能顺利发挥作用;市场容易达到均衡状态,汇率波动的规律性较明显,且波动幅度不大。

(2)外汇业务量小,或采取防范外汇风险的费用比可能遭受的外汇风险的损失大。

(3)出于投机心理,当预测汇率将朝着对自己有利的方向波动时采用此战略。

在现行的浮动汇率条件下,对外汇风险采取完全不防范战略的企业或外汇银行是不多见的,因为在现实经济环境中,不仅存在金融、外汇方面的管制,而且汇率容易受经济、政治、军事等各方面的影响而发生剧烈波动,外汇市场的均衡状态几乎不可能实现。

(二)完全防范的战略

完全防范的战略即对外汇风险采取严格防范措施,希望不确定因素完全消失。这种战略能有效防范外汇风险,但不是最经济的战略,因为在防范风险时,不仅要花费高成本,费时费力,而且也不能获得投机收益。

(三)部分防范的战略

部分防范的战略即对所面临的外汇风险一部分采取防范措施,其他部分则予以放置的战略。采用此战略的关键是要决定：全部受险部分中,哪些需要采取防范措施,哪些不需要采取防范措施,需要采取防范措施的受险部分占全部受险部分的比重多大？显然,首先要考虑的是防范外汇风险的成本,尤其是防范外汇风险的成本与不采取防范措施时可能蒙受的损失之间的比较；除此之外,还要考虑防范风险的难易程度,对汇率走势预测的准确程度以及经营者的经营作风等。根据经营者的经营作风,该战略又有两种类型：

1. 进攻性战略

采取这种类型战略的企业或银行,在高风险高收益和低风险低收益的选择中,选择的是高风险高收益,力图利用风险,以最有利的条件进行外汇交易和对外贸易,争取外汇收益的最大化。这些经营者除了对某些受险部分采取措施以防范外汇风险外,当预测汇率可能朝自己有利的方向波动时,不仅不会平衡头寸,甚至还会有意识地使某些币种处于"超买"或"超卖"的地位,以坐收汇率变动之利。因此这种类型的战略可能使经营者获得较高的风险收益,也可能使经营者蒙受较大的风险损失,有较强的投机性质。

2. 防御性战略

采取这种战略类型的企业或银行,在高风险高收益和低风险低收益的选择中,选择的是低风险低收益,尽量减少可能的损失。在具体做法上是力图避免外汇风险。这些交易者尽可能地对受险部分采取防范风险的措施,虽然没有多少风险收益,但也没有什么风险损失,以稳健经营为原则。

防御性战略的特征是避免外汇风险,采取的措施是避险的措施,力求外汇损失最小,但取得的收益也有限。进攻性战略的特征是利用外汇风险,采取的措施是投机的措施,力求外汇收入最大,但失败后损失也很大。这两种战略各有利弊。银行和企业具体选择何种战略,主要取决他们精确地预测汇率变动的能力,特别是其预测远期汇率走向的"命中能力"。如果银行和企业能够做到正确地预测汇率变动的基本趋势和一定时间内汇率变动的具体幅度,那它可以采用"进攻性战略"；如果银行和企业无法做到这一点,则不应冒过高的风险,而应采取"防御性战略",力争使损失减至最小。以现实情况看,在布雷顿森林体系下,由于汇率是固定的,即使偶尔变动,一般也能估准其方向,所以采取进攻性战略比较有把握。而在当前的浮动汇率制下,由于国际市场汇率变动急剧,准确地预测汇率变动有很大难度,一般企业应多采用"防御性战略",以便集中财力、物力和人力,把主要生产经营业务搞好。

二、三种类型企业的防御性战略

在采取防御性战略时,企业应根据本身的具体情况,采取不同的实行方案。

下面把有对外经济业务交往的企业分为三种类型来逐一分析。

(一)偶尔从事出口的企业

这类企业的产品主要用于内销,但有时也可能接到国外的订单,因而偶尔也有可能遇到外汇风险。这类企业回避外汇风险的基本方法是使用远期外汇市场,使企业的本币收入可以不受汇率变动的影响。

使用远期外汇市场的具体做法是:在达成出口销售协议的同时,办理一项相互抵消的远期外汇交易。出口企业保证在将来的某一日期交割一定金额的外币(即出口应收款项),签约的对方(通常是一家银行)保证在将来的这一日期付给这家出口企业一笔固定金额的本国货币。这个金额是由双方作出承诺时的通行的远期汇率所决定的。这是一种传统的保值做法。如果企业通过远期外汇市场收到的金额低于它的最低销价,就宁愿在国内市场上销售。如果未来结算日的即期汇率比远期汇率更有利,企业便遭受了一项机会损失。然而,这实际上是不相关的,因为,企业的主要任务是从事商品的交易,利润的主要来源应来自于商品的销售收入,而不应依赖由于汇率变动而带来的意外收入,否则的话,企业从事这笔国际商品交易应得的商品销售利润可能由于汇率变动带来的损失而抵消甚至发生亏损。当然,这类企业也可以采取其他避险技术,后面将叙述。

(二)主要从事出口的企业

这类企业的产品及服务主要是面向国外市场。这类企业在面对汇率变动的风险时,首先可以考虑变动出口商品的价格或调整出口商品的数量,例如当外币汇率下跌时,企业相应提高外币售价或增加外销商品的数量。因为,外币的贬值不仅会降低已入账的外币应收款的价值,而且还将影响未来的现金流量——用本国货币表示的未来现金流量。缓解这一问题的明智的选择是企业提高以外币表示的价格。从长期的观点来看,外币售价按外币贬值幅度相应提高,以便把出口收入的本国币值重新确定在原先的水平上。

假若提高售价不能为市场所接受,则可以考虑大量利用远期外汇市场。但是,由于企业主要从事出口要全部从事远期外汇交易,其数额将会很大,从而交易成本增加(交易成本为交易佣金以及买入与卖出汇率间的差价)。最好的方法是使用财务管理措施的融资手段。如果企业的经营活动形成了暴露在外汇风险之下的资产或现金流入量,通过融资以同样货币表示的负债或现金流出量相抵消,从而,由于汇率偏离其预期的走向而导致的净资产或现金流量的易变性将被取消。具体地说,企业在大量出口的同时,持有该种外币的债务,这样汇率的任何变动,都将被债权、债务的相反运动所抵消。

### (三)跨国公司

跨国公司最简单的情况是拥有一家国外的分支公司,即子公司。它们的原材料、半成品等可能来自不同的国家。根据国际经验来看,这类企业回避外汇风险的较好办法是加强资产和负债管理,特别是负债管理。

跨国公司国外的子公司将外币收入按不同汇率汇回母公司,货币汇率的波动将影响母公司从其国外企业获得的利益(未来的现金流量),因此,最终需要考虑的是以母公司基础货币表述的利润,它表示为跨国公司股东持有的财富。汇率变动对跨国公司国外子公司的影响虽然是全面的,但作为跨国公司是要求子公司缴来的预期利润按本国货币表示的数额不减少。因此,为了防止汇率变动对其预期利润产生不利影响,子公司可以通过操纵经营变量和财务变量来实现。但是,企业经营变量例如原材料的来源、产品的制造、工厂位置、市场选择、产品定价等,往往取决于生产的技术因素,不容易在短期内改变。而财务变量,例如负债的规模、结构,却比较容易在短期内改变。因此,这类企业交易通过负债管理来抵消外汇风险。其基本方法是:首先估计预期汇率的变动如何影响整个企业的经营现金流量,然后选择和设法建立起一个使风险尽可能小的负债结构,各经营单位应按其价值与现金流量正相关的货币来筹措资金。假设,有一家法国跨国公司在我国建立了一家独资企业,那么其经营收入,将主要同人民币汇价的情况有关,于是它就尽力争取使用人民币和借用人民币,这样,当人民币的汇价下降时,虽然其收益将受影响,但其支出也将减少,资产和负债合计,两者的风险可以相互抵消。

### 三、外汇风险的综合管理

外汇风险给企业和银行经营带来很大的影响,因此,如何有效地进行外汇风险的管理成为人们普遍关注和重视的问题。进行外汇风险的综合管理,主要是根据不同种类的风险,相应选择不同的风险管理方法。

交易风险的管理主要可以通过交易结算币种的选择、外汇收付时间的确定以及贸易方式和信贷方式的确认等手段来进行,以防范和规避交易风险。会计风险的管理是通过调整资产负债表中资产与负债的构成进行的,使以某种外币表示的资产总额与负债总额相等,从而使会计风险为零。经济风险的管理主要是通过多样化策略进行的,即企业通过对其产品生产、经营、筹资等方面的多样化经营,消除汇率变动带来的影响,甚至获得获利机会。对于这几类外汇风险的具体管理方法,后续章节将从银行和企业的角度予以详细阐述。

总之,无论运用哪一种方法来防范外汇风险,都必须付出一定的成本和代价。因此,是否调整和在多大程度上调整风险管理策略取决于成本效益估算。只有进行风险管理所获得的收益大于所付出的成本,风险管理才是有效率的。

**四、外汇风险的分散管理**

(一)分散管理的思路

外汇风险的分散管理是应付外汇风险的有效方法,其基本思路是:把各种外汇风险尽可能地分散到各方面,若企业和银行的资产发生某种意外损失,可以通过其他资产的意外收益来弥补,从而减少损失的程度或者取得一定的收益。分散管理就是银行和企业的外汇风险全面地分散,而不是集中,把大风险通过分散化为小风险,在分散过程中,把有风险可能会造成损失转化为减少损失,甚至转化为收益。分散化战略把外汇风险分散,有利于更好地采取防守措施,实行"各个击破"。

(二)分散管理的种类

根据实际情况来看,可供企业和银行采取抵御外汇风险的分散管理方法,大体有以下几种。

1.贸易地区分散化

企业应分散贸易地区,可以使企业避免因集中某一地区,而因这一地区政治经济局势的变化或外汇管制措施发生变更,而在出口收汇等方面受到打击。贸易地区分散化使企业不至于过分依赖某一地区,因而提高企业的应变能力。如某一货币发生变动,对该地区的贸易量如果不占较大比重,将不至于对企业造成很大的打击。

2.贸易机构分散化

企业应尽可能设法扩大进出口产品的品种,特别是大力发展高技术、高质量、高创汇的产品和特殊产品,以便在汇率变动和国际竞争中取得有利的经营地位。特别是在人民币升值的情况下,通过提高产品外币售价,保证人民币计价的销售收入不降低。如果我国企业不改善产品的出口贸易结构,不提高出口产品的技术含量,仅靠人民币贬值来刺激出口,企业将会面临更加严峻的外汇风险。

3.货币分散化

企业在进出口定价、收付外汇和对外投资、吸收外资方面,都应考虑到分散化的原则,尽可能做到在各种货币之间实现合理的"搭配"。这样做以后,某种货币贬值的损失可能被其他货币升值的收益所抵消,使企业总收益不减少。

4.进出口业务分散化

专营进口或出口的企业,应互相兼营。进口企业可兼营出口,出口企业可兼营进口,或者是企业从某国进口付汇的同时,设法向该国出口收汇,这样可使企业的外汇资金相互"配合",汇率一旦变化,企业的损益可相互弥补。

5.资产负债分散化

银行和企业在筹集外币资金和运用外币资金时,可以通过多样化、分散化来使自己的总收益不变而风险减至最低程度。其主要方法有:(1)筹资来源多样化。银行和企业应积极利用私人的商业信贷,同时也应积极利用各国政府或国际机构的信贷,还应积极利用政府和私人银行合办的"联合信贷"。(2)筹资方法多样化。银行和企业可利用发行存款证来集资,也可利用发行股票、票据来集资;可利用银行信贷,也可利用证券形式的信贷;可以利用固定利率的信贷,也可利用浮动利率的信贷。(3)投资种类多样化。银行和企业暂时不动用的外汇资金,应分散投资于多样适当的投资工具,如外币存款、外国债券、外国政府券等。(4)投资对象多样化。银行和企业即使确定了投资种类,也要注意投资对象多样化,可以分散投资在美元、欧元、日元、英镑等多种货币上,这样,银行和企业在面临外汇风险时,就可以使损失得以减少,从而获得一定收益。

## 第三节 受险金额的掌握和管理

### 一、管理机构和方式

外汇风险对企业经营活动有重大影响,外汇风险管理得好可使企业创造更多的利润,管理得不好可能使企业本可多创收的变为少创收,本为盈利的变为亏损,直接关系到企业的经营成果、企业的生死成败。因此,涉外企业必须有一个机构管理外汇风险,针对外汇风险和企业的受险金额采用适当的措施,以避免风险和利用风险,创造更多的经营成果。

在企业各种外汇风险中,会计换算风险是其他外汇风险的衔接点和集中点,其他外汇风险都集中在会计账目上反映,并通过会计换算风险来核算,外汇风险通过企业财务部门进行记录和核算,外汇风险管理的好坏优劣最终反映到企业财务报告上。因此,企业财务部门应把管理外汇风险作为一项重要职责。企业的购销、制造、市场开发等业务应与财务部门紧密配合,经常分析外汇风险,制定外汇风险的战略决策和战术决策,实行外汇风险管理的一体化,做到统一行动、相互协调。企业管理者应把外汇风险管理作为企业经营管理中的一个重要组成部分,放到重要的议事日程上。

外汇风险管理机构应注意收集国内外的外汇汇率波动及有关信息资料,按照多种预测方法分析和预测未来汇率的变动情况,并注重收集国内外银行、政府部门、专业预测机构等对未来汇率走向和变动幅度的预测资料。根据汇率变动的可能性对企业受险金额进行分析评价,集中测算在最可能的情况下、在最坏的情况下和最好的情况下的损失和收益;然后确定一定的方法和对策避免风险和利用风险。

一般企业对受险金额的管理主要采取集中管理法,即企业的各下属单位应将外汇受险金额和受险情况及时报给企业的外汇风险管理机构。决策权也同时移到外汇风险管理机构,由企业集中管理,以弥补风险。或者是由企业外汇风险管理机构发出指令,由下属单位执行。

跨国公司对于受险金额的管理和确定则可采取以下三种方式:(1)由总公司或母公司集中的方式,将受险部分集中到总公司或母公司进行集中管理。(2)以海外机构为主的方式,由各个海外机构分别管理受险部分。总公司也可发出指令要求海外机构执行。(3)设立处理受险部分的特别公司。向特别的公司另外发出企业集团内部以各种货币计价的交易索款书,通过结汇和集中交易,抵消受险部分,以避免企业集团内部重复补充头寸和双重性的外汇交易。这种方式,就好像企业集团内部成立一个国际性的企业内部银行,企业集团内部交易通过内部银行结算,企业集团与外部的交易通过内部银行与外部进行结算,由内部银行管理外汇风险。采取哪种管理方式,应在考虑企业内部情况和各国的税法、外汇管理法及其他法规后确定。

## 二、受险金额的综合

外汇风险管理机构必须对本企业的各种外汇风险受险金额进行综合,以测算在汇率急剧波动下可能产生的损失和收益,掌握受险金额,并适时确定对策。

综合受险金额主要是综合直接的受险金额,直接受险金额可分为已被确定的受险金额和潜在的受险金额。已被确定的受险金额是指已经进行了外汇交易或将要确定进行的外汇交易,由于汇率变动而产生风险的外币金额,如签订合同以后的进出口额以及外币贷款额、借款额、外币收付利息等。这些风险通过直接的外汇金融手段进行弥补是可能的。至于潜在的受险金额则是指在确定将来的受险部分时被预定的外币交易额,如预定的外币进口金额等。如果其中确定性较高的也可包含在确定的受险金额之中。

间接的受险部分及其受险金额是指因汇率的变动间接地对企业损益造成影响,其金额不能确定也不明确。因此,进行外汇风险的受险金额综合时,一般可以不将其包含在内。

通过受险金额的综合,就可以判定企业主要是防止人民币升值风险。如表 14-1 中给出已确定的人民币升值的净受险金额为 1 725 万美元,如果人民币升值 10 元,则企业将产生 172.5 万人民币的损失。综合表中给出潜在的人民币升值的净受险金额为 2 900 万美元,当每 100 美元人民币升值 10 元,则企业将可能产生 290 万元人民币的损失。因此,企业采取弥补风险的措施是必要的。

表 14-1 受险金额综合表

单位:万美元

| | 人民币贬值风险 | | 人民币升值风险 | | 已确定的净受险额 | 潜在的净受险额 | 综合的净受险额 |
|---|---|---|---|---|---|---|---|
| | 已确定的 | 潜在的 | 已确定的 | 潜在的 | | | |
| 1 月 | 620 | 15 | 800 | 30 | ↑180 | ↑15 | ↑195 |
| 2 月 | 600 | 15 | 800 | 30 | ↑200 | ↑15 | ↑215 |
| 3 月 | 300 | 315 | 800 | 30 | ↑500 | ↓285 | ↑215 |
| 4 月 | 110 | 2 835 | 955 | 5 990 | ↑845 | ↑3 155 | ↑4 000 |
| 合计 | 1 630 | 3 180 | 3 355 | 6 080 | ↑1 725 | ↑2 900 | ↑4 625 |

注:↑表示人民币升值净受险金额;↓表示人民币贬值净受险金额。

外汇的买卖风险、交易结算风险的受险金额是很明确的。人民币升值的受险金额包括出口应收款、应收票据、应收利息、出口合同额、外币赊销额、外币现金、外币存款以及出口预约额等。人民币升值的受险金额包括付出货币的进口合同额、外币赊购款、其他应付款项、应付利息以及预约的进口额等。预约的进出口额属于潜在的受险金额。买卖风险、交易结算风险的受险金额必须明确掌握和强化管理。

对于会计换算风险的受险金额的掌握,由于会计换算方法各国不同,因此掌握和综合的方法也有区别。美国把受险金额定义为任何按现行价值记录与按原始价值记录相反的资产和负债数,综合后的"净会计受险额"定义为按现行价值记录的资产和负债之间的差额。这样,对多数企业来说,净受险额就是现金加上应收账款和应收票据(当存货的市场价值低于它的成本时,还应加上存货)减去应付账款和应付票据以及长期负债后的余额。净受险额为正数表示本币升值受险金额,净受险金额为负数表示本币贬值受险金额。

对于长期投资风险来说,相当长时期内其受险金额是给定的和明确的,不必经常综合。长期投资受险金额就是长期投资总额。

### 专栏 14-1

## 人民币汇率变动下企业外汇风险的规避

### 一、利用合同条款规避外汇风险

利用合同条款规避企业外汇风险的措施主要包括：一是选择合同期限法。对于目前存在的人民币的升值预期，进口付汇企业签订时间较长的合约比较有利，而对出口收汇企业而言则时间较短的合约相对有利。企业在签订涉外贸易合约时，应尽可能地将收汇时间提前；同时确定收汇金额和收汇日期，并在合同中加入汇率风险条款。二是选择合同货币法。在外贸合同远期收付汇中，争取收汇用硬币，付汇用软币。三是价格调整法。如在进口时使用硬币作为计价和支付货币，可在确定价格时将进口价格相应压低；相反，如在出口时使用软币作为计价和支付货币，则在确定价格时可以将出口价格相应提高，把汇差损失分摊到价格中去。这一办法通常较多适用于成交后进口付汇或出口收汇间隔时期较短的交易。四是加列复合货币保值条款法。应用传统的商业法规避外汇交易风险，是以合同双方的实力、对软硬币的判断为前提的，因而很容易引起争执，影响交易进展；而且，一旦国际局势发生骤然变动，对软硬币走势的判断发生误差，就将形成企业难以承担的损失。因此，可采用多种货币对合同计价货币保值，以求减少合同计价货币价值的波动幅度。

### 二、利用财务技术规避外汇风险

利用财务技术规避企业外汇风险的措施主要包括：一是提前或延期结汇。提前或延期结汇是指通过预测汇率变动趋势，提前或延期收付外币债权债务，以避免损失或获得好处。提前或延期结汇也是控制汇率风险的有效方法，可以用于进出口，也可以用于对外借贷。在出口或对外贷款的场合，如果预测计价货币将贬值，可以在征得对方同意的条件下提前收汇，以避免该货币可能贬值带来的损失；反之，如果预测该货币升值，则可以争取延期收汇，以获得该货币可能升值带来的好处。二是福费廷。福费廷适用于长期贸易融资的场合，是一种无追索权的贴现。在银行或专门的包买商对进口商资信调查后，允许进口商延期付款，而出口商可以将进口商开具的远期票据卖给包买商，从而取得现款，并且票据拒付的风险一并转移给包买商。

### 三、利用资产组合规避外汇风险

企业可通过经营全球化、多样化使外汇风险降到最低程度，这也是我国企业要采取大型联合经营模式的原因所在。中石化公司是我国开展国际化经营的先驱,已在 20 个国家或地区设立二级机构近 40 个,其经营也由单一进出口贸易向以石油、化肥和橡胶为主的转口贸易、易货贸易、期货贸易发展,并积极开发相关的航运、信息、保险、高科技等领域,使公司在国际市场竞争中始终处于主动地位,这充分证明了业务全球化、经营多样化对分散企业经济风险的卓著成效。

**四、利用金融工具规避外汇风险**

尽管目前金融产品种类不是很多,但企业完全可以通过银行提供的外汇结构性存款业务来实现大额资金的保值增值,也可以通过向有关保险公司投保汇率变动险,一旦因汇率变动而蒙受损失,可以向保险公司索赔。结合自身经营实际和资金运用情况,企业可以通过有效地规划汇率风险的预警机制,充分利用金融工具规避外汇风险。

**五、利用海外投资规避外汇风险**

汇率政策调整后,人民币的不断升值增大了出口企业的经济风险,但国家鼓励对外投资。在此背景下,企业可以考虑调整发展战略,更多地投资海外,通过建立海外原材料供应基地、直接接近目标市场建立生产基地、购买国外的品牌和研发力量以及通过投资进行对冲等,既可以规避人民币汇率变动对出口的冲击,也可以避免出口部门之间的恶性竞争,从而提高防范外汇风险的能力。

资料来源:外汇通网

## 【本章小结】

外汇风险管理是企业经营管理的重要组成部分。外汇风险管理的目标是充分利用有效信息,减少汇率波动带来的现金流量的不确定性,以避免经济业务活动中可能面临的由汇率波动带来的不利影响。为了实现这一目标,在外汇风险管理中应该遵循一些基本的要求和共同的原则,包括全面重视原则、管理多样化原则和利益最大化原则。

外汇风险管理战略是指导外汇风险管理的总体方针、规划和策略,涉及的是经济主体在外汇风险管理中的指导思想和基本态度。根据对外汇风险的不同态度,企业或外汇银行主要有完全不防范、完全防范及部分防范三种战略可供选择。在当前的浮动汇率制下,由于国际市场汇率变动急剧,准确地预测汇率变动有很大难度,一般企业多采用防御性的部分防范战略。同时,对外汇风险进行综合、分散管理也是防御外汇风险的有效方法。

外汇风险对企业经营活动有重大影响,涉外企业必须有一个机构管理外汇风险,针对外汇风险和企业的受险金额采用适当的措施,以避免风险和利用风险,创造更多的经营成果。外汇风险管理机构须对本企业的各种外汇风险受险金额进行综合,以测算在汇率急剧波动下可能产生的损失和收益,掌握受险金额,并适时确定对策。

**【关键名词】**

外汇风险管理　全面重视原则　管理多样化原则　利益最大化原则　外汇风险管理战略　受险金额

**【习题】**

1. 外汇风险管理的基本要求有哪些?
2. 外汇风险管理的基本原则是什么?
3. 部分防范的外汇风险管理战略包括哪些类型?
4. 如何理解外汇风险的分散化管理?
5. 如何对受险金额进行掌握和管理?

# 第十五章
# 银行外汇风险管理

**学习目的**

了解银行外汇风险的内涵;掌握银行外汇风险的管理方法,包括外汇头寸管理和外汇资产负债的配对管理;了解国家风险的概念和特点,理解银行国家风险控制的两个层次,即国家信用评级和国家限额。

## 第一节 银行外汇风险概述

在外汇交易中,外汇银行是一个重要的主体,在浮动汇率制下,汇率的波动一方面增大了银行外汇风险;另一方面,也为外汇银行提供了获取巨额利润的机会。银行外汇风险就是指国际金融市场汇率变化对银行以外币计值的资产和负债带来损失的可能性。如果外汇银行能够对汇率的走势进行准确预测和对风险进行恰当的控制,则会通过外汇的买卖赚取差额。一旦预测失误,损失将难以避免,因而风险较大。例如,20 世纪 80 年代初,瑞士联合银行和美国的富兰克林银行就因外汇投机交易而遭受巨大损失。

银行外汇风险主要包括汇率风险、利率风险、资金风险、交割风险、国家风险等。其中汇率风险是指银行在经营活动中,由于保持外币多头或空头的外币头寸,在汇率波动时平盘所产生的汇兑损益。银行在外汇市场上对外汇的买卖行为,不论是代客进行外汇买卖,还是自营外汇买卖,如果银行在某种货币的买进和卖出的金额或期限不配称,即银行持有了多头或者是空头头寸,这种敞口头寸就是受险部分,承受着国际金融市场汇率波动的风险。而汇率的变化又与利率的变化密切关系,远期汇率的变化就是由于利率的变化而引起的。因此,汇率和利率的变化将引起直接的外汇风险。

  针对不同的风险类型,银行的外汇避险技术也是多样的,手段相当灵活。一般而言,银行主要从两个方面来进行外汇风险管理:一是加强头寸管理;二是加强资产负债的配对管理。当然,除了这两种避险技术外,银行也可以通过远期外汇交易、期货交易、期权交易等其他金融工具来进行外汇风险防范。本章主要叙述银行的头寸管理方法和资产负债配对管理方法,其他避险方法可参照相关章节的介绍。

## 第二节 银行外汇风险管理方法

### 一、银行的外汇头寸管理

#### (一)外汇头寸的概念

  外汇头寸(Foreign Exchange Position)是指银行所持有的各种外币账户的余额状况,即其外币资产或负债的存量。银行在外汇业务中随着各种外汇大量的买进卖出或收入付出,在银行的外汇账户上就必然表现为某种外汇多了,另一种外汇少了;或者某种外汇今天多了,而明天又少了等等,这就是外汇头寸的变化。由于市场上汇率千变万化,银行外汇头寸的多缺都可能带来损失,因此,银行要对多余的头寸进行抛出,或对短缺的头寸进行补进。外汇头寸的变化有多头、空头和头寸轧平三种情况。

  多头(Long Position),即外汇资产少于外汇负债;空头(Short Position),即外汇资产多于外汇负债;头寸扎平(Square Position),即外汇资产等于外汇负债。多头和空头统称为敞口头寸(Open Position)或头寸暴露(Position Exposure)。敞口头寸是银行的受险部分,因此银行在多头和空头时都面临外汇风险,即当银行处于多头地位时,面临该种货币汇率下跌的风险,而当银行处于空头地位时,则面临该种货币汇率上升的风险,只有当银行处于平衡头寸地位时,才没有外汇风险。银行为了防范外汇风险,就要主动扎平各种外汇的头寸,即抛出多头,补进空头,使敞口头寸重新平衡;或者增加硬币的净持有额,减少软币的净持有额。

  银行的外汇头寸以及对外汇头寸的调整状况,都通过"外汇头寸表"来体现。外汇头寸表是反映银行外汇头寸及其变动情况的报表。

(二)外汇头寸的额度管理

1.头寸限定法

头寸限定法是指银行通过制定外汇交易头寸的限额来防范外汇风险的方法。

银行制定交易头寸的限额时,应考虑以下因素:第一,本银行在外汇市场中所处的地位,即本银行在外汇市场中是市场领导者,还是市场活跃者,或者是一般参与者;第二,本银行的最高领导层对外汇业务收益的期望值,以及对外汇风险的容忍程度;第三,本银行外汇交易人员的整体素质;第四,交易货币的种类。

一般来说,银行在外汇市场中的地位越重要,最高领导层对外汇业务收益的期望值越大,对外汇风险的容忍程度越高,外汇交易人员的整体素质越好,货币的交易越频繁,交易的币种越多,制定的限额就可以越大。

交易头寸的限额可按以下几方面来制定:

(1)按外汇交易的种类制定。针对不同的外汇交易种类分别制定不同的交易限额,一般应制定即期外汇交易头寸限额、远期外汇交易头寸限额、掉期外汇交易头寸限额等。

(2)外汇交易的币种制定。根据交易的币种分别制定各种外汇的敞口头寸,同时还可按照货币的软硬程度调整限额。

(3)按外汇交易人员的等级和素质制定。外汇交易人员一般可分为:资金部经理、首席交易员、高级交易员、交易员、助理交易员和见习交易员等,外汇交易人员的等级越高,在外汇交易中的表现越好,头寸的限额就越多,敞口头寸平仓补仓的时间也越长。

在外汇市场,外汇交易头寸限额一般由外汇交易人员掌握,以美元来表示。例如,首席交易员的头寸限额为 1 000 万美元,这就意味着首席交易员在不断从事外汇的买进卖出时,只要在规定的时间范围之内敞口头寸不超过 1 000 万美元,他就没有超越规定的权限;否则,他就违反了头寸限额规定,应该受到处罚。

2.亏损控制法

亏损控制法是指银行通过对外汇交易制定止损点限额来防范外汇风险的方法。止损点限额(Cut-Loss Limit)是银行对由于外汇风险所造成的损失的最大容忍程度。当市场汇率向不利的方向变动时,一旦亏损达到止损点限额,交易人员就应不问情由,一律斩仓,以避免发生更大的亏损。

止损点限额可分为两部分:一是外汇资金部的止损点限额,这适合于即期外汇交易、远期外汇交易和掉期外汇交易等业务,止损点限额既可以按敞口头寸的百分比计算,也可以按每天或每月外汇交易的损失不超过一定金额来确定;二是外汇交易人员的止损点限额,通常按亏损额占交易额的百分比来计算,例如规定每笔交易的亏损额不超过该笔交易额的1%等。显然,百分比越大,表示容忍亏损的额度越大。当然,不同的外汇交易人员,止损点的限额也不同。

### (三)外汇头寸的调整方法

银行防范外汇风险的重要措施就是调整外汇的敞口头寸,或者尽量缩小敞口头寸,或者使敞口头寸的情形与外汇汇率的走势相一致。银行调整外汇头寸一般是通过银行同业间的外汇交易来实现的。银行在同业交易中报送价格的原则是,当本银行需要买进某种外汇时,就应该提高这种货币的买入价,使其略高于外汇市场的平均水平;当本银行需要卖出某种外汇时,就应该降低这种货币的卖出价,使其略低于外汇市场的平均水平。这样才能促成其他银行尽快与本银行成交,以达到本银行调整外汇头寸的目的。

#### 1.单一货币头寸的调整

这是指银行只存在某一种货币的敞口头寸,防范外汇风险时只需对这一种货币的头寸进行调整。

(1)即期头寸的调整。

【例15-1】某银行某日的买卖情况为:买进美元1 000万,价格为USD 1 = RMB 6.25,付出6 250万元人民币;卖出美元800万,价格为USD 1 = RMB 6.27,收进5 016万元人民币,结果是该银行持有美元多头200万。为防范外汇风险,该银行就要设法抛出这200万美元,使其美元的头寸平衡,从而获得利润。

(2)即期头寸与远期头寸的综合调整。在例15-1中,银行的外汇买卖和头寸的调整都是即期的,操作起来比较简单。实际上,银行在进行大量的即期外汇买卖的同时,也有大量的远期外汇买卖。这样,银行不仅在即期交易中会出现敞口头寸,而且在远期交易中也会出现敞口头寸,这就要求银行将即期头寸和远期头寸结合起来进行调整。

【例15-2】某银行某日的外汇交易情况为:即期交易买进1 000万美元,卖出800万美元,多头200万美元;远期交易买进100万美元,卖出400万美元,空头300万美元。该银行的综合头寸为空头100万美元。

对上述头寸综合调整的方法有两种:

第一,将即期头寸和远期头寸同时进行抛补,使两者的头寸都为零,即卖出即期外汇200万美元,同时买进远期外汇300万美元。该方法虽然可使外汇风险完全得以消除,但在实际的外汇业务中,如此严密的操作既无必要,也难以实现,因为远期交易中外汇的买进、卖出,以及远期空头的补进,这三项交易要做到交割日期完全一致,几乎不可能。第二,只抛补综合头寸,使综合头寸为零。此方法又有两种具体措施:一是买进即期外汇100万美元,使即期交易的多头增加为300万美元,与远期交易的空头300万美元相匹配,综合头寸为零;二是卖出远期外汇100万美元,使远期交易的空头减少为200万美元,与即期交易的多头200万美元相匹配,综合头寸为零。由于综合头寸为零,该银行的外汇风险大大降低。

(3)不同交割日的远期头寸的综合调整。由于各个远期交易的交割日不尽相同,因此银行在实际的外汇交易中,也必然会产生不同交割日的远期头寸。为防范外汇风险,银行对不同交割日的远期头寸也应结合起来进行调整。

【例15-3】某银行某年1月1日的外汇交易情况为:第一笔远期交易买进100万美元,该年的3月31日交割,第二笔远期交易卖出100万美元,该年的5月31日交割。

此例中虽然银行的综合头寸为零,但由于两笔远期交易的交割日不同,银行依然面临外汇风险,即3月31日交割的美元面临美元贬值的风险。而5月31日交割的美元则面临美元升值的风险。为此,银行可通过掉期交易来防范外汇风险,即1月1日银行卖出100万美元,交割日定为该年的3月31日,同时又买进100万美元,交割日定为该年的5月31日。通过该笔远期对远期的掉期交易,银行实际上将3月31日买进的100万美元,推迟到5月31日才持有,而此时这100万美元又正好与该银行所卖出的100万美元相抵,外汇风险得以完全避免。

当然,此例带有某种特殊性,即银行在1月1日所进行的远期外汇交易中,买进的美元与卖出的美元在金额上刚好相等,只是交割日不同,事实上可能并非如此巧合。如果银行在不同交割日的远期外汇交易中,买进的某种货币的金额与卖出的该种货币的金额不相等,为了防范外汇风险,银行既可以通过掉期交易防范部分风险,也可以通过以后的外汇交易来加以平移,或两种方法同时并用。

现假设该银行1月1日买进远期美元300万,该年的3月31日交割;卖出远期美元400万,该年的5月31日交割,此时银行可在1月1日,先进行一笔远期对远期的掉期交易,卖出远期美元300万,3月31日交割,同时买进远期美元300万,5月31日交割;到1月2日或以后合适的时间,再补进远期美元100万,5月31日交割。

2.多种货币头寸的调整

这是指银行同时存在多种货币的敞口头寸,防范外汇风险时需要对这些头寸结合起来进行调整。由于银行每天所进行的外汇交易中所使用的货币是多种多样的,因此,敞口头寸就会出现在各种币种上。银行对多种货币头寸的调整可通过以下方法来进行:

(1)分别调整各种货币的头寸。一般通过具有敞口头寸的货币与美元之间的交易来转换。例如,某银行同时存在英镑的多头和瑞士法郎的空头,在调整头寸时,该银行首先要将英镑的多头转换为美元,同时以美元补进瑞士法郎的空头,也就是将英镑和瑞士法郎的敞口头寸转换为美元的敞口头寸;然后,再通过美元与本币之间的交易最终消除美元的敞口头寸。

在应用此方法时,非美元货币的敞口头寸一般不宜相互之间直接抛补,也不宜将非美元货币的敞口头寸通过与本银行所在国的货币之间的交易直接抛补。如英镑多头、瑞士法郎空头时,不宜直接将英镑转换为瑞士法郎,也不宜将英镑直接转换为本银行所在国的货币,同时又以本银行所在国的货币补进瑞士法郎。这是因为外汇市场上非美元之间的交易较为稀少,通过非美元货币之间的交易来防范外汇风险,既降低了速度,又增加了成本。

(2)调整综合头寸。即允许各种货币的头寸同时并存,只将综合头寸调整为零,使来自各种货币的风险相互抵消。例如,当某银行持有瑞士法郎空头时,该银行并不补进瑞士法郎,而是买进金额相当的加拿大元,当汇率发生变动时,用加拿大元多头的收益或损失,抵补瑞士法郎空头的损失或收益。

采用此方法防范外汇风险的前提,是预测加拿大元的汇率与瑞士法郎的汇率将呈同方向变动。如果现实汇率的变化与预测的结果相反,则银行不仅没有防范外汇风险,而且还会遭受双重损失。只有当具有敞口头寸的货币的种类越多时,此方法防范外汇风险的效果才越好。采用此方法防范外汇风险,往往也是银行资金结构安排的需要。

(3)预防性头寸的调整。所谓预防性头寸是指银行在预测汇率的变动趋势之后,积极制造出来的用以预防外汇风险的头寸。

银行防范外汇风险时,除了尽量缩小敞口头寸直至为零外,还可采取相反的做法,即积极地制造敞口头寸。当预测某种货币将升值时,就大量买进该种货币,以增加该种货币的多头;当预测某种货币将贬值时,就大量卖出该种货币,以增加该种货币的空头。通过调整预防性头寸来防范外汇风险的方法,带有明显的投机性。

**二、外汇资产负债的配对管理**

银行外汇买卖风险来源于:(1)经营对企业、个人的外汇买卖业务而形成的风险;(2)外汇资产与负债不平衡需要买卖调整形成的风险。对于前一种买卖风险的管理是通过头寸管理实现的,对于后一种买卖风险则应通过外汇资产负债的"配对"管理来实现。配对管理的实质是通过对外汇资产、负债时间、币别、利率、结构的配对,来尽量减少由于经营外汇存贷款业务、投资业务等而需要进行的外汇买卖,以避免外汇风险。

外汇资产负债的配对管理,是避免外汇风险的主要措施。这里的外汇风险是指因汇率变动而产生的外汇风险。至于由于外汇交易合同中的对方不能履约而可能造成的外汇损失的外汇信用风险,不包含在其中,因为这与人民币存贷、交易过程中的情况是类似的。外汇资产负债的配对管理的内容可归纳如下:

## (一)做好远期头寸的到期日搭配

做好远期头寸的到期日搭配,使在未来的某一时点上,都尽可能使到期的资产能够并且恰好抵付到期的负债。在这种情况下,应该按不同币别分别统计,报告搭配情况,对账户进行现金流量管理,对不搭配的资产和负债进行调整,必要时为不足负债部分进行融资。通常有两种办法:(1)直接借入所需的外币,并且在期限上满足流动性资产的要求;(2)通过外汇市场用本币买进所需的外币资产。对于负债多于资产部分,应造成新的相同期限资产。

## (二)做好外汇存贷款上的币别配对

在外汇的存贷款上做好币别的配对,实行筹资得来什么外币,借出什么外币;贷款到期时,收什么外币,筹资合同到期时银行付出什么外币的原则。外汇贷款以美元、欧元、日元、英镑等为借贷货币,借什么货币,还什么货币,保证银行在借出货币时和收回货币时,都不需要通过买卖业务,直接与其贷款的来源、贷款的账面余额相"匹配",使其不受汇率变动影响,做到币别"匹配"。

## (三)做好存贷到期日搭配

存贷的到期日不对称,不仅存在外汇风险,还存在融资风险。如果一年期的外汇贷款,用一个月余额的外汇存款去融通,余下11个月的资金来源,还不能准确把握融资的外汇汇率,这就存在着风险。如果一年期的外汇贷款,用一年期的外汇存款去融通,这样外汇风险就没有了,银行可以稳得存贷利差收入。因此,银行应做好外汇存贷款的对称统计,各个时期的存贷款、资产和负债是否有超借或超贷的情况,超借或超贷相互抵减,计算总的净不对称数量,检查某种外币负债和资产累计不对称金额,监督融资或流动性风险的程度,防止过多的超借或超贷,防止出现太大程度的不对称。

在存贷时期搭配上,要做好存款和贷款及其利率的预测工作,如有稳定的短期外汇存款来源,也可以与长期外汇贷款相搭配,如果预测贷款中有长期贷款或呆账存在的,应与长期存款相搭配,适当留有余量。

## (四)做好存贷款的利率搭配

这是外汇资产负债管理的重要内容,虽不直接关系到外汇风险,但存贷款的利息收支会受到汇率变动的影响,如收不抵支,就要减少现有外汇头寸。由于银行从国外借入的现汇资金是以伦敦市场银行同业拆放利率(LIBOR)计算利息的,因此在国内发放外汇贷款的利率,一般也应按浮动利率计收利息,不定期地将利率进行调整公布。外汇资产负债在利率的"匹配"上可选用以下策略:(1)相匹配的利率的资产与负债,要在数量上相等、期限上相配合。(2)采取浮动利率的资产和负债,要尽量争取浮动利率的资产大于浮动利率的负债,以减轻负债成本对资产运用的影响。这样,在高利率时期,扩大二者的差额可给银行带来可观的收益;在低利率时期,二者差额的缩小也不至于给银行造成损失。(3)对固定利率的资产与负债,要尽量争取固定利率的负债大于固定利率的资产,使一部分固定利率取得的资金来源能够适应金融市场的变化,投资于浮动利率的资产。

(五)合理调整外汇资产负债期限结构

在实际中,时常会出现短期外汇负债长期运用与长期外汇负债短期运用问题。短期外汇负债长期运用,表现在银行长期负债不足,而长期外汇资产(如一年以上的贷款及关注、次级、可疑贷款)比重过大,即使考虑到短期存款的稳定部分转化因素,仍然会形成资产负债期限搭配的"缺口"。在这种情况下,应适当增加长期存款,压缩长期外汇贷款,活化沉淀资金,提高资金的流动性。

长期外汇负债短期运用,是外汇资产负债期限不对称的又一种表现。在这种情况下,不能盲目增大长期外汇贷款而机械地追求期限对称,必须调整负债结构,增加低成本负债。外汇负债结构的调整可以通过增量的调节来改变存款结构。当长期外汇存款过大时,可以有意识地向外筹措到期资金。

(六)确定外汇交易限额,降低外汇风险

第一个交易限额是总的外汇账面值限额,防止过分的交易活动,使总风险限制在合理的范围内,银行一定时期内的对顾客的即期外汇交易和远期外汇交易的买卖总额应在这个限额内。第二个限额是全部到期日未抵补头寸的总和,包括全部未被不同货币抵消的外币超买和超卖头寸。第三个限额是不对称头寸限额,特别是控制期限较长的不对称头寸。此外,银行还应对企业确定信贷额度,防止超量的远期预约不能履行,银行不得不另找客户代替这个合约,而合约的汇率很可能对银行不利,这种风险可以通过规定未交割远期外汇的总量限额来控制。

# 第三节 银行国家风险管理

## 一、国家风险的概念和特点

国家风险是非常复杂、不易处理的一种金融风险。只要跨越国界从事信贷、投资或金融交易活动,就要面对国家风险。经济全球化的发展使得经济开放度迅速提高,大批跨国公司涌入国内市场,同时,各国商业银行海外分支机构不断增加,使得各项业务活动中越来越多地涉及国家风险管理,这对现有风险监控体系和分析工具提出更高要求。

国家风险也称作政治风险,指因国家强制的因素使交易对方违约给银行的资产和负债带来损失的可能性。国家风险是信贷风险中特别的一种。一般来说,汇率变动对国家风险的直接作用不大,但国家风险确实与汇率变动有关系。例如,在货币风潮冲击外汇市场时,一国货币当局可能下令关闭外汇市场,这期间的外汇交易暂时中止,银行和企业就不能在该国外汇市场上进行外汇交易,这就导致银行和企业承担了多种风险,此种风险就称为国家风险。另外,如果汇率变动不利于一国的对外贸易或国民经济增长,一国就会实施某种程度的贸易管制或外汇管制,企业的未来外汇收益将受到损失,同时也必然影响到银行的外汇经营业绩。当然,汇率波动只是国家采取控制外汇收支措施的一个重要因素,国民经济状况、国际收支状况也是导致国家风险的重要原因。

与一般商业风险相比,国家风险具有以下特点:(1)国家风险是和国家主权有密切关系的风险,表现在东道国制定的有关法律、法令对外国投资者或外国经营者的一些不利规定或歧视待遇。(2)国家风险存在或产生于跨国的经贸及金融活动中,属于国际之间经济交往的风险。(3)国家风险是指一国的个人、企业或机构作为投资者或债权人所承担的风险,这种风险是由不可抗拒的国外因素形成的。(4)国家风险源于东道国的法律和法规有强制执行性,这种风险非合同或契约条款所能改变或免除。

**二、银行国家风险管理**

银行进行国家风险管理的目的是在保证自身经营安全和盈利的前提下从事信贷、投资与金融交易,提高自己在国际金融界的知名度和信誉。银行国家风险的控制可以分为两个层次:第一层次是对各个国家的国家信用进行评级;第二层次是根据评级结果对不同信用等级的国家给予不同的信贷额度。

**(一)国家信用评级**

国家信用评级就是对国家风险产生的因素进行分析,综合考虑影响与金融机构有外汇业务往来关系的国家的所有国家风险因素的状况和水平,确定各个国家的信用等级,作为银行内部制定各种信贷额度的依据。银行对国家信用评级采用综合评价法或评级参考法。

**1.综合评价法**

综合评价法就是通过定性和定量的标准,将影响国家风险的各种因素综合起来,以此反映某一个国家的信用风险程度。综合国际上各种金融机构和有关机构在评定国家信用风险方面的具体做法与我国金融机构的实际操作,一般可以将影响我国国家风险的政治因素的权重确定为25%,经济因素确定为75%,而经济因素中,可以将债务状况的权重定为55%~60%,环境因素的权重确定为15%~20%,每个因素和指标的分数均为0~100。

2.评级参考法

由于国家风险涉及的范围相当广泛,很难收集到精确的相关资料,采用综合评价法对国家风险进行分析,确定其信用等级非常困难。为此银行大多参照国际上著名的评估机构作出的国家风险分析报告,确定各个国家的信用等级,即采取评级参考法。目前国际上有四个著名机构对国家风险进行专门研究,并定期公布研究结果,它们分别是商业环境风险信息研究所(Business Environment Risk Information Institute,BERI)、欧洲货币杂志(Euromoney)、机构投资者杂志(Institution Investor)和国际国家风险指导组织(International Country Risk Guide)。

该评级结果可以用0(最高风险度)到100(最低风险度)的自然数表示,也可以分成不同的类别:高风险度、较高风险度、一般风险度以及较低风险度等。银行可以根据这些国际机构公布的国家风险分析结果对每一国家确定信用等级,一般可以分为A、B、C、D、E五个信用等级,分别代表基本无风险、低风险、中度风险、较高风险和高风险。由于《国际国家风险指导》把政治风险在总评估中的权数定为50%,因而那些具有稳定的政治气候但经济状况并不好的国家所获得的国家风险评级就比《欧洲货币》杂志或《机构投资者》杂志的评级要高。

(二)国家限额

国家风险评估的主要作用在于银行据此对每一个借款国家订立不同的信贷限额,以作为信贷的警戒线,称为国家限额(Country Limit)。在一般情况下信贷限额的大小与国家风险成反向变动。对信用评级越高的国家授予较大的信贷限额;而对信用评级较低者,给予较小的信贷额度。通常,对A级信用等级的国家,银行可以与其进行任何种类的业务往来,而且在交易量上很少限制;E级信用等级的国家没有额度,银行不能与其发生任何业务往来;其他信用等级的国家可以与其发生业务往来,但每类业务都应该制定最高额度限制。国家限额包含外汇市场与货币市场交易的额度,其目的在于避免与某一特定国家的交易对手承做太多的交易,而承担过大的国家风险。对于风险大的国家必须逐笔考虑。国家限额要根据这些国家的政治、经济状况、信誉程度等情况实行整体控制,进行周期性地调整,以确保资金的安全,把风险降到最小。

在防范信用风险时,还要注意时区(Time Zone)的差异问题,因为时区的差异可能会加重或延缓风险。如对方违约行为发生在临付款之前,那么就可以暂不付款。在外汇市场上,卖其他货币收取美元,比买其他货币而支付美元的风险要大得多。因为时区的差异缘故,在美国,对欧洲和亚洲付外币的支付书(Payment Order)是在取到美元的前一天发出的,但在欧洲和亚洲付美元的支付书,是在当天开市后发出的。所以,当遇到不能确保合同被如期履行或对此有疑问时,为了保险起见,可以暂不付款,直到证实已收到对方来款后再予以付出。这样做的负面结果是支付少量迟付的罚息。

**专栏 15-1**

**银监会发布有效控制银行外汇风险十大事项**

一、高度重视、全面评估人民币汇率形成机制改革与银行间外汇市场发展对本行外汇业务和外汇风险可能带来的影响。各行(含城乡信用社,下同)董事会和高级管理层要主动研究并积极制定各项应对措施,并确保外汇业务发展战略与本行的风险管理水平、资本充足水平相适应。各行要根据新的人民币汇率形成机制和交易方式,进一步完善外汇风险管理制度;积极建立与外汇业务经营部门相独立的外汇风险管理部门或职能,将风险管理贯穿于整个外汇业务的全过程。

二、准确计算本行的外汇风险敞口头寸,包括银行账户和交易账户的单币种敞口头寸和总敞口头寸,有效控制银行整体外汇风险。与此同时,还应注意监控和管理银行贷款客户的外汇风险,及时评估贷款客户的外汇风险水平变化对其偿债能力的影响。

三、加强对外汇交易的限额管理,包括交易的头寸限额和止损限额等。各行应对超限额问题制定监控和处理程序,建立超限额预警机制,对未经批准的超限额交易应当按照限额管理政策和程序及时进行处理。做市商银行要严格控制做市商综合头寸。

四、提高价格管理水平和外汇交易报价能力。各有关银行机构要实现银行与外汇交易市场之间、与客户之间、总分行之间外汇价格的有效衔接,实现全行统一报价、动态管理。各行在同业竞争和向客户营销时,要基于成本、收益和风险分析合理进行外汇交易报价,避免恶性价格竞争。

五、不断加强系统建设。做市商银行要加强交易系统、信息系统、风险管理系统建设,将分支行外汇交易敞口实时归集总行,并根据实际情况尽量集中在总行平盘,不断提高外汇交易和外汇风险管理的电子化水平。

六、制定并完善交易对手信用风险管理机制。在询价交易方式下,各行要通过加强对交易对手的授信管理等手段,有效管理交易对手的信用风险,并定期对交易对手的信用风险进行重估。各行应把外汇交易涉及的客户信用风险纳入企业法人统一授信管理。

七、有效防范外汇交易中的操作风险。各行要按照交易前准备,交易的实现、确认,资金清算,往来账核对,会计和财务控制等步骤严格识别和控制外汇交易中的操作风险。外汇交易的前、中、后台职责应严格分离。交易员要严格按照业务授权进行交易;后台人员要认真、及时进行交易确认、资金清算和往来账核对,发挥独立、有效的风险监控作用;必要时可设置独立的中台岗位监控外汇交易风险。切实加强各项规章制度的执行力度,有效控制合规性风险。

八、加强对外汇风险的内部审计。审计部门应配备熟悉外汇交易业务、能够对外汇风险进行审计的专业人员;要加强外汇风险内部审计检查,及时评估本行在外汇风险控制方面的差距,确保各项风险管理政策和程序得到有效执行。

九、严格控制外汇衍生产品风险。从事人民币兑外币衍生产品交易业务的银行,要严格按照《金融机构衍生产品交易业务管理暂行办法》的要求,建立有效的、与所从事的衍生产品交易相适应的风险管理制度;要从系统开发、会计核算等方面,积极支持与配合新的衍生产品开发与业务发展。

十、配备合格的外汇交易人员、外汇风险管理人员。要充分运用市场化的手段招聘和遴选外汇交易人员和风险管理人员,建立有效合理的激励机制和业绩考核系统,以适当的待遇留住人才,吸引人才。

资料来源:中国会计师网

## 【本章小结】

银行外汇风险是指国际金融市场汇率变化对银行以外币计值的资产和负债带来损失的可能性,主要包括汇率风险、利率风险、资金风险、交割风险、国家风险等。汇率和利率的变化将引起银行直接的外汇风险。

由于市场上汇率千变万化,银行外汇头寸的多缺都可能带来损失,因此,银行要对多余的头寸进行抛出,或对短缺的头寸进行补进。银行进行外汇头寸额度管理时,可以采用头寸限定法或亏损控制法。银行防范外汇风险的重要措施就是调整外汇的敞口头寸,或者尽量缩小敞口头寸,或者使敞口头寸的情形与外汇汇率的走势相一致。银行外汇资产负债配对管理的实质是通过对外汇资产、负债时间、币别、利率、结构的配对,来尽量减少由于经营外汇存贷款业务、投资业务等而需要进行的外汇买卖,以避免外汇风险。

国家风险也称作政治风险,指因国家强制的因素使交易对方违约给银行的资产和负债带来损失的可能性。国家风险是非常复杂、不易处理的一种金融风险。只要跨越国界从事信贷、投资或金融交易活动,就要面对国家风险。汇率波动、国民经济状况、国际收支状况都是导致国家风险的重要原因。银行进行国家风险管理的目的是在保证自身经营安全和盈利的前提下从事信贷、投资与金融交易,提高自己在国际金融界的知名度和信誉。银行国家风险的控制可以分为两个层次:第一层次是对各个国家的国家信用进行评级,第二层次是根据评级结果对不同信用等级的国家给予不同的信贷额度。

**【关键名词】**
外汇头寸　敞口头寸　止损点限额　配对管理　国家风险　国家限额

**【习题】**
1.银行在进行外汇头寸额度管理时,头寸限定法和亏损控制法在操作上的侧重点各是什么？
2.银行外汇头寸的调整方法具体有哪几种类型？
3.银行外汇资产负债配对管理的主要内容是什么？
4.国家风险有哪些特点？
5.银行对国家进行信用评级可采用哪些方法？
6.如何对不同信用等级的国家给予不同的信贷额度？

# 第十六章

# 企业外汇风险管理

**学习目的**

了解企业外汇风险的内涵,外汇风险对企业经营战略、对外业务及企业信用的影响;掌握企业外汇风险管理的方法,包括贸易策略法、金融市场交易法及企业内部管理法。

## 第一节 企业外汇风险概述及影响

### 一、企业外汇风险概述

与银行外汇风险的作用机理相类似,企业外汇风险也包括了汇率风险、利率风险、转换风险、信用风险、资金周转风险和交割风险等。在国际金融活动中,企业是外汇交易的重要参与者,相对于外汇银行,它们在一定意义上是外汇市场的被动交易者,面临更大的市场风险。因此,企业的外汇风险与银行的外汇风险虽然总体上是相同的,但是也有一些区别,主要表现在两个方面:一是企业外汇风险比银行外汇风险复杂。在银行外汇风险中,受险部分纯粹是货币的资产和负债;而在企业外汇风险中,受险部分不仅包括货币的资产和负债,而且还包括其他形式的资产,如固定资产等。二是企业外汇风险和银行外汇风险的表现形式不同。例如,银行和企业同样遭受到汇率风险的直接影响,银行汇率风险主要表现在外汇买卖中,而企业的汇率风险主要表现在进出口贸易和国际借贷中,由于交易货币与企业当地货币不一致,在交易结算时发生的汇率风险。

## 二、外汇风险对企业的影响

由于跨国经营的企业在日常经营活动及投融资活动中经常涉及两种或两种以上的货币,不可避免地处于外汇风险之中,外汇风险对这些企业的营运资金、收益、成本、经营战略产生着重大影响。实际上国内企业也要受外汇风险的影响,原因在于纯国内企业的原材料供应会受汇率变化的影响而发生价格波动,或者国内企业的产品要与进口的商品竞争,进口商品的数量、价格的变化就会影响到国内企业,具体而言,外汇风险对这些企业的影响集中表现在以下几个方面。

### (一)外汇风险对企业经营战略的影响

企业经营战略是指企业管理层对各种资源合理配置及产供销总体安排。企业经营战略决定着企业的筹资、投资安排、生产布局、生产规模、销售渠道及利润分配。外汇风险给企业的产供销活动带来成本核算的不确定性,企业正常经营活动的预期收益因汇率波动而面临预料之外的损益,企业现金流量的增减变化,都会影响企业管理者的经营决策,如果汇率变动有利于企业的正常营运,企业就会采取开拓性的经营战略,如扩大海外投资、扩大生产规模、开拓新市场。相反,如果汇率变动对企业的资金营运产生了不利影响,企业就会采取保守的经营战略,尽量避免使用多种外汇,把海外投资和筹资范围缩小,以防范外汇风险。

### (二)外汇风险对企业对外业务的影响

在汇率波动剧烈时,进出口企业难以合理确定成本,企业或者观望、或者争取有利于自己的计价货币,造成谈判时间拖延,签约成交额下降,甚至在签约后,如果汇率变动超出预计的成本,企业可能亏损时,进出口企业往往寻找各种借口毁约,使外贸业务受损。因此需要企业不断强化自身的风险管理,运用各种金融工具来进行避险,使得各项业务活动的开展不因汇率的波动而变化。同时,企业决策者不仅要考虑静态的筹资成本和投资收益,还必须考虑汇率变动后成本和收益的变化,并通过各种金融工具消除汇率变动的不利影响,获取更多的经济效益。

### (三)外汇风险对企业信用的影响

企业信用是企业的无形资产,企业信用等级越高,与之往来的客户对其信任程度越高,企业受益越多。一般而言,企业的规模、经营能力、盈利能力、经理形象等因素决定了企业信用级别。信用等级高的企业能够以较低成本筹集所需资金,还能够在商品买卖中赢得有利的交易条件,因此企业信用如同企业的生命,是十分宝贵的资产。外汇风险对企业的资产负债影响很大,因为跨国企业的业务一般涉及多种货币,而会计报表却只能使用一种货币记账,需要将其他货币折算成记账货币,而这种折算完全依赖于汇率变动,故汇率变动对账面反映的企业经营能力影响巨大,虽然账面反映并不等于实际经营,而且汇率的变动有涨有跌,造成账面资产负债的不断变化,但是一定时期的财务报表却是公众审查企业经营状况的手段,也是评定企业信用等级的标准,不能不对之高度重视。同时,汇率波动还能通过税收增减间接地影响企业的信用等级。

综上所述,企业的外汇风险在签订进出口合同时就已经产生,为了避免外汇风险给企业造成的损失,企业必须采取有效的外汇避险技术和措施。否则,外汇风险便会向企业迎面袭来,使企业本来的盈利变为亏损,以至最后被淹没或者吞蚀掉了。为此,企业领导者和管理人员必须高度重视,熟练地采取各种外汇避险措施。

由于一般企业与作为外汇市场和金融市场主要参与者的银行不同,对外汇市场的了解不是非常深入,往往处于被动地位,不可能立足于积极主动地变动汇价的立场,而且在弥补外汇风险时,一般企业比银行的交易成本高。因此,一般企业避免外汇风险的技术形式多样,比较复杂。

## 第二节　企业外汇风险管理方法

**一、贸易策略法**

贸易策略法是指企业在进出口贸易中,通过和贸易对手的协商与合作所采取的防范外汇风险的方法。这种方法具体又分为以下几种:

(一)币种选择法

币种选择法(Choice of Invoicing Currency)是指企业通过选择进出口贸易中的计价结算货币的种类来防范外汇风险的方法。

1.选择本国货币计价结算

选择本币计价结算,实际上是将外汇风险构成因素中的外币因素去掉了,不管汇率如何变动,出口商将来以本币收进的货款以及进口商将来以本币支付的货款,都是确切的,不存在任何不确定因素。因此,采用此方法,无论是对本国的出口商还是对本国的进口商都可以完全防范外汇风险。此方法的优点是简便易行、效果明显,但它受本国货币的国际地位和贸易双方的交易习惯的制约,而且本国的贸易商还必须在商品的价格与信用期限方面作出某些让步,因为采用此方法实际上是将外汇风险完全转嫁给了贸易对手,本国的贸易商需要为此付出一笔费用,这笔费用相当于本国的贸易商为转嫁外汇风险所支付的保险费。

2.出口时选用硬币计价结算,进口时选用软币计价结算

所谓硬币(Hard Money)是指汇率稳定且具有升值趋势的货币;软币(Soft Money)是指汇率不稳定且具有贬值趋势的货币。出口商在以硬币作为计价结算的货币时,由于硬币不断升值,将来当出口商收到货款时,这笔货款就可以兑换回更多数额的本国货币;同样,进口商在以软币作为计价结算的货币时,由于软币不断贬值,将来当进口商支付货款时,就可以用更少的本国货币兑换到这笔货款。此方法的实质在于希望将汇率变动所带来的好处留给自己,而将汇率变动所带来的损失推给对方。采用此方法时,一方面要受到贸易双方交易习惯的制约,另一方面由于各种货币的"硬"或"软"并不是绝对的,其硬软局面往往会出现逆转。因此,此方法并不能够保证进出口商能完全避免外汇风险。

3.选择可自由兑换货币计价结算

在国际贸易结算中,一般用外币计价应以美元、欧元、日元、英镑等作为计价货币。它一方面使企业在预测汇率变动对己不利时,可以迅速转换成有利货币,从而有助于转移外汇风险;另一方面,这些货币市场流动性好,便于结算、调拨与运用。

4.选用"一篮子"货币计价结算

所谓"一篮子"货币是指由多种货币分别按一定的比重所构成的一组货币。由于"一篮子"货币中既有硬币也有软币,硬币升值所带来的收益或损失,与软币贬值所带来的损失或收益大致相抵,因此"一篮子"货币的币值比较稳定。对于贸易双方来说,采用此方法都不失为一种防范外汇风险的有效方法,但此方法在"一篮子"货币的组成以及货款的结算方面,较为复杂。

(二)货币保值法

货币保值法是指企业在进出口贸易合同中通过订立适当的保值条款(Provision Clause),以防范外汇风险的方法。

1.黄金保值条款

黄金保值条款是指在贸易合同中,规定黄金为保值货币,签订合同时,按当时计价结算货币的含金量,将货款折算成一定数量的黄金,到货款结算时,再按此时的含金量,将黄金折回成计价结算货币进行结算。

【例16-1】某笔货款为100万美元,签订合同时1美元的含金量为1克纯金,

则 100 万美元折算成黄金为 100 万克纯金,到货款结算时 1 美元的含金量为 0.95 克纯金,则 100 万克纯金折算成美元为 105.26 万美元,故进口商应支付货款 105.26 万美元,即由于美元贬值,进口商在结算时所支付的 105.26 万美元,只相当于签订合同时的 100 万美元。

黄金保值条款通行于固定汇率时期,现今由于黄金非货币化,以及黄金价格的不稳定,此方法已不再采用。

2. 硬币保值条款

即在贸易合同中,规定某种软币为计价结算货币,某种硬币为保值货币,签订合同时,按当时软币与硬币的汇率,将货款折算成一定数量的硬币,到货款结算时,再按此时的汇率,将硬币折回成软币来结算。

此方法一般同时规定软币与硬币之间汇率波动的幅度,在规定的波动幅度范围之内,货款不作调整;超过规定的波动幅度范围,货款则要作相应的调整。

【例 16-2】某笔货款为 1 000 万日元,以日元支付,以美元保值,并规定若美元与日元的汇率上下波动达到 5% 时,则要相应调整货款。假设签订合同时 USD 1=JPY 100,货款支付日的汇率为 USD 1=JPY 110,美元升值 10%,超过 5%,则货款应调整为 1 100 万日元,即 1 000/100×110=1 100。若货款支付日的汇率仅为 USD 1=JPY 103,美元升值只有 3%,没有达到 5%,则货款不作调整,仍为 1 000 万日元。

3. "一篮子"货币保值条款

即在贸易合同中,规定某种货币为计价结算货币,并以"一篮子"货币为保值货币。具体做法是:签订合同时,按当时的汇率将货款分别折算成各保值货币,货款支付日,再按此时的汇率将各保值货币折回成计价结算货币来结算。

【例 16-3】某笔货款为 500 万美元,贸易合同中规定用美元、日元、英镑和欧元组成"一篮子"货币来对货款进行保值,其中,美元占 30%,日元占 30%,英镑占 20%,欧元占 20%。假设签订合同时的汇率为 USD 1=JPY 120,USD 1=GBP 0.6667,USD 1=EUR 0.6688,则 500 万美元折算成保值货币为,美元:500 万×30%×1=150 万;日元:500 万×30%×120=18 000 万;英镑:500 万×20%×0.6667=66.67 万;欧元:500 万×20%×0.6688=66.88 万。又设货款支付日的汇率为 USD 1=JPY 130,USD 1=GBP 0.7,USD 1=EUR 0.6085,则各保值货币分别折回成美元为,美元:150 万/1=150 万美元;日元:18 000 万/130=138.46 万美元;英镑:66.67 万/0.7=95.24 万美元;欧元:66.88 万/0.6085=109.91 万美元,合计:150 万+138.46 万+95.24 万+109.91 万=493.61 万美元。即货款支付日进口商应向出口商支付货款 493.61 万美元。可见,进口商通过"一篮子"货币保值条款较好地规避了外汇风险。

在实际操作中,通常选用美元、欧元、日元、英镑及特别提款权等"一篮子"货币作为保值货币。在期限长、金额大的进出口贸易中,以"一篮子"货币保值的方式来避免外汇风险是一种有效的方法。

(三)价格调整法

价格调整法是指当出口用软币计价结算、进口用硬币计价结算时,企业通过调整商品的价格来防范外汇风险的方法。由于在进出口贸易中,"出口用硬币计价结算,进口用软币计价结算"的原则往往受交易意图、市场需求、商品质量、价格条件等因素的制约而不能如愿以偿,有时出口不得不用软币成交,进口不得不用硬币成交,这就加大了外汇风险,这时可采用调整价格的方法来抵消一部分风险。

1.加价保值

为出口商所用,实际上是出口商将用软币计价结算所带来的汇价损失摊入出口商品的价格之中,以防范外汇风险。加价的幅度相当于软币的预期贬值幅度。根据国际惯例,国际贸易中即期加价的计算公式为:

加价后的单价 = 原单价 × (1 + 货币的预期贬值率)

远期交易加价保值的计算公式为:

加价后的单价 = 原单价 × (1 + 货币的预期贬值率 + 利率) × 期数

2.压价保值

为进口商所用,实际上是进口商将用硬币计价结算所带来的汇价损失从出口商品的价格之中剔除,以防范外汇风险。压价的幅度相当于硬币的预期升值幅度。即期压价公式为:

压价后的单价 = 原单价 × (1 - 货币的预期升值率)

远期压价的计算公式为:

压价后的单价 = 原单价 × (1 - 货币的预期升值率 + 利率) × 期数

(四)期限调整法

期限调整法是指进出口商根据对计价结算货币汇率走势的预测,将贸易合同中所规定的货款收付日期提前或延期(Leads or Lags),以防范外汇风险并获取汇率变动的收益的方法。按照"出口用硬币计价结算,进口用软币计价结算"的原则,当预测计价结算货币将升值时,出口商应争取对方的同意,延期收进外汇,以获得所收进的外汇能够兑换更多的本币的好处;而进口商则应争取对方的统一,提前支付外汇,以避免日后需要用更多的本币才能够兑换到同样数量的外汇。当预测计价结算货币将贬值时,出口商应争取对方的同意,提前收进外汇,以避免今后所收到的外汇兑换到的本币数额减少；而进口商则应争取对方的同意，延期支付外汇，以便于今后能够用更少的本币就可以兑换到同样数量的外汇。进出口商采用期限调整法的选择如表16-1所示。

表16-1　进出口商提前或延期收付外汇的选择

| 进出口商选择 \ 汇率预期 | 预测外币升值（本币贬值） | 预测外币贬值（本币升值） |
| --- | --- | --- |
| 出口商（收进外币） | 推迟收汇 | 提前付汇 |
| 进口商（支付外币） | 提前收汇 | 推迟付汇 |

严格地说，期限调整法中只有提前结清外汇才能彻底消除外汇风险，因为提前结清外汇使得受险部分提前消失，外汇风险也就随之不存在了；而延期结清外汇却延长了受险部分的持有时间，外汇风险依然存在。在延期结清外汇期间，一旦企业预测的结果与汇率的实际变动情况正好相反，则必然遭受损失，故延期结清外汇具有投机的性质。

（五）对销贸易法

对销贸易法是指进出口商利用易货贸易、配对、签订清算协定和转手贸易等进出口相结合的方式，来防范外汇风险的方法。

1. 易货贸易

易货贸易是指贸易双方直接、同步地进行等值的货物交换，交易时双方均无须收付外汇，同时都把互换商品的单价事先确定，故不存在外汇风险，但交易双方都存在各自商品涨价或对方商品跌价的风险。

2. 配对

配对是指进出口商在一笔交易发生时或发生之后，再进行一笔与该笔交易在币种、金额、货款收付日期完全相同，但资金流向正好相反的交易，使两笔交易所面临的外汇风险相互抵消的方法。

【例16-4】某公司进口了一批价值10万美元的货物，6个月后付款，为防范外汇风险，4个月后该公司又出口了一批价值10万美元的货物，2个月后收款。由于该公司在同一日收付的同种外汇的金额相等。不必进行外汇与本币之间的兑换，因而没有外汇风险。

由于许多货币的汇率与其他货币紧密相连，因此采用此方法时，在某种情况下并不需要进出口以同一种货币来进行。如欧洲联盟成员国货币之间的汇率是基本固定的，当我国的某企业将以瑞典克朗支付一笔货款时，只要该企业能同时又取得金额大致相当的丹麦克朗应收款，就可基本上将外汇风险抵消掉，因为如果瑞典克朗升值,丹麦克朗也会升值,且升值的幅度基本一致,该企业在购买瑞典克朗时的风险损失,将由出售丹麦克朗时的风险收益来弥补。

采用此方法的优点是可以节省防范外汇风险的成本费用,缺点是收汇和付汇的币种、时间以及金额上难以配合妥当。

3. 签订清算协定

签订清算协定是指双方约定在一定时期内,所有的经济往来都用同一种货币计价,每笔交易的金额先在指定银行的清算账户上记载,到规定的期限再清算贸易净差的方法。

清算协定由两国政府间签订,两国的进出口商通过指定银行分别向本国的中央银行办理结算,最后由两国的中央银行集中两国之间的债权债务关系,直接加以抵消,完成结算工作。由于双方交易额的大部分都可相互冲抵,且不需要进行实际的支付,因而没有外汇风险。

此方法的缺点,一是采用这种方式交易的双方经济往来关系要求相当频繁,否则难以达成清算协定;二是即使有了协定,有一定的信用额度,但实际交易往往容易突破这个额度,这样一来,贸易出超方就等于给对方提供了无息贷款,而为了平衡贸易,入超方所提供的商品并非都是对方所需要的。

4. 转手贸易

转手贸易是在签订清算协定的基础上发展起来的一种贸易方式,即三方或多方协商,按同一货币计价来交换一定数量的商品,且利用彼此间的清算账户进行清算。转手贸易能够有效解决在清算协定贸易下,由于一方对另一方所提供的货物不满意,而产生的一方贸易出超问题。假设A国与B国之间有清算账户,当A国向B国出口后,B国没有合适的商品向A国出口,于是,A国的账户出现了盈余,而此时C既需要向A国出口商品,又需要从B国进口商品。A国提出没有现汇从C国进口,但可用其对B国的清算盈余来支付。于是C国利用A国的清算盈余向A国出口商品,同时也利用清算账户从B国进口商品。由于各方都不需要进行实际的货款支付,因而转手贸易也没有外汇风险。

(六)国内转嫁法

进出口商除了可以向国际贸易伙伴转嫁外汇风险外,也可以向国内的交易对象转嫁外汇风险。进出口商向国内交易对象转嫁外汇风险的方法即为国内转嫁法。

外贸企业进口原材料卖给国内制造商,以及在向国内制造商购买出口商品时,可以和制造商签订以外币计价结算的合同,这实际上等同于国内制造商直接从事进出口业务,外贸企业的外汇风险即由制造商承担;进口商对于因外汇风险所造成的损失,也可通过提高国内售价的方式,转嫁给国内的用户和消费者。

此方法的采用往往取决于以下两方面的因素:一方面是国内制造商的风险意识和风险承受能力,对进口原材料的急需程度,以及制造商所生产的出口商品的国际竞争能力;另一方面是国内的市场条件是否允许制造商和进口商,将风险损失通过涨价的方式再转嫁给国内的用户和消费者。

## 二、金融市场交易法

金融市场交易法是指进出口商利用金融市场,尤其是利用外汇市场和货币市场的交易,来防范外汇风险的方法。

### (一)即期外汇交易法

即期外汇交易法是指进出口商通过与外汇银行之间签订即期外汇交易合同的方式来防范外汇风险的方法。

【例16-5】我国某进口公司要在两天内支付10万美元的货款,为防范外汇风险,此公司可与中国银行签订购买10万美元的即期外汇交易合同。假设即期汇率为 USD 1=RMB 6.2550/90,则此公司在成交后的第二天就可用62.59万元人民币购入10万美元支付给国外的出口商。由于即期外汇交易合同中锁定了美元对人民币的汇率,因而就消除了两天内美元对人民币汇率可能波动的风险。

出口商利用即期外汇交易防范外汇风险的原理与进口商相同。

### (二)远期外汇交易法

远期外汇交易法是指进出口商通过与外汇银行之间签订远期外汇交易合同的方式来防范外汇风险的方法。

【例16-6】我国某出口公司将在1个月后收到1 000万日元的货款,为防范外汇风险,此公司可与中国银行签订出售1 000万日元的远期外汇交易合同。假设1个月的远期汇率为 JPY 100=RMB 7.3465/95,则此公司在1个月后就可用国外进口商支付的1 000万日元兑换到73.465万元人民币。由于远期外汇交易合同中锁定了日元对人民币的汇率,因而就消除了1个月内日元对人民币汇率可能波动的风险。

进口商利用远期外汇交易防范外汇风险的原理与出口商相同。

### (三)掉期交易法

掉期交易法是指进出口商通过与外汇银行之间签订掉期交易合同的方式来防范外汇风险的方法。

【例16-7】我国某公司将在1个月后收到100万港币的货款,3个月后又有100万港币的支出。为防范外汇风险,该公司现将这两笔币种相同、金额相等,但期限不同、资金流向相反的业务结合起来,与外汇银行签订一个掉期交易合同。在卖掉 1 个月远期的港币 100 万元的同时,又买进 3 个月远期的港币 100 万元。假设 1 个月的远期汇率为 HKD 1＝RMB 0.8645/65,3 个月的远期汇率为 HKD 1＝RMB 0.8610/40,则此公司不仅防范了外汇风险,而且还获得了 578.7 元人民币的掉期收益(100 万×0.8645/0.8640－100 万＝578.7)。

(四)外汇期货交易法

外汇期货交易法是指进出口商通过签订外汇期货交易合同的方式来防范外汇风险的方法。

【例 16-8】1 月 10 日,美国某出口商预计 3 月 5 日将收到一笔 50 万瑞士法郎的货款,设 1 月 10 日的汇率为 CHF 1＝USD 0.9885,该商人为防范外汇风险,立即在外汇期货市场卖出 3 月份到期(交割日为 3 月 20 日)的瑞士法郎合约 4 张(每张合约 12.5 万瑞士法郎,4 张合约共 50 万瑞士法郎),成交价为 CHF 1＝USD 0.9880。到 3 月 5 日,当收到 50 万瑞士法郎的货款时,该商人一方面卖出 50 万瑞士法郎的现汇,另一方面又买进 3 月份到期的瑞士法郎合约 4 张,以冲抵原来卖出的瑞士法郎合约。假设此时卖出瑞士法郎的现汇价为 CHF 1＝USD 0.9285,瑞士法郎期货合约的成交价为 CHF 1＝USD 0.9280,则该商人由于出售 50 万瑞士法郎的现汇,获得 0.9285×50 万＝46.425 万美元,而由于对冲瑞士法郎合约,该商人又获得收益(0.9880－0.9280)×50 万＝3 万美元。两项合计,该商人在 3 月 5 日出售 50 万瑞士法郎时,共获得 46.425 万＋3 万＝49.425 万美元。

从例 16-8 可知,根据 1 月 10 日的即期汇率,此商人出售 50 万瑞士法郎本可以获得 0.9885×50 万＝49.425 万美元,由于瑞士法郎贬值,到 3 月 5 日,50 万瑞士法郎就只能兑换 0.9285×50 万＝46.425 万美元了,这与 1 月 10 日相比少了 49.425 万－46.425 万＝3 万美元;与此同时,此商人的期货交易却获得了盈利,即此商人 1 月 10 日以 CHF 1＝USD 0.9880 的价格卖出的 4 张瑞士法郎合约,又在 3 月 5 日以 CHF 1＝USD 0.9280 的低价补进后冲抵了,并从中获得了(0.9880－0.9280)×50 万＝3 万美元的盈利。由于现汇交易中 3 万美元的损失,被期货交易中的 3 万美元的盈利刚好弥补了,于是达到了保值的目的。

进口商利用外汇期货交易合同防范外汇风险的原理与出口商相同。

(五)外汇期权交易法

外汇期权交易法是指进出口商通过签订外汇期权交易合同的方式来防范外汇风险的方法。

【例 16-9】美国某进口商 3 个月后将支付 10 万英镑的货款,为防范外汇风险,该商人立即在外汇期权市场买进英镑的欧式期权合约 8 张(每张合约 1.25 万英镑,8 张合约共 10 万英镑),期权费为每英镑 4 美分,共 0.4 万美元,协议价格为 GBP 1＝USD 1.64。货款支付日的市场汇率变动和该进口商的选择为:

(1)当市场汇率低于 1.64 时,则该进口商情愿不履行合约,因为如果履约,购买 10 万英镑需要 16 万美元,再加上先期支付的 0.4 万美元的期权费,共计 16.4 万美元,比在外汇市场上购买英镑现汇的成本高。

(2)当市场汇率等于 1.64 时,则该进口商履约和不履约都一样,按期权合约购买 10 万英镑,在现汇市场购买 10 万英镑的成本都是 16.4 万美元。

(3)当市场汇率高于 1.64 时,则该进口商应该履行合约,因为履约成本只有 16.4 万美元,比在外汇市场上购买英镑现汇的成本低。

所以,当该进口商购买了 8 张英镑的期权合约后,他 3 个月后兑换 10 万英镑的总成本,肯定不超过 16.4 万美元,这就达到了防范外汇风险的目的。

出口商利用外汇期权交易合同防范外汇风险的原理与进口商相同。

(六)利用对外贸易短期信贷法

对外贸易短期信贷是指基于国际贸易而开展的,期限在 1 年以内的信贷。对外贸易短期信贷的主要形式有:

1.借款

出口商在签订贸易合同后,即从外汇银行借入一笔与其远期外汇收入币种相同、金额相同、期限相同的款项,并将该款项在即期外汇市场兑换成本币,当借款到期时,再以当日所收到的出口创汇偿还所借外汇。

【例 16-10】我国某企业 6 个月后将有一笔 10 万美元的收入,为防范外汇风险,该企业可从外汇银行借款 10 万美元,期限 6 个月,然后将借得的 10 万美元在外汇市场进行即期交易,兑换成人民币,假设当时的汇率为 USD 1＝RMB 6.2550/90,则该企业可获得人民币 62.55 万元,6 个月后,企业再以收到的 10 万美元的货款,偿还其从外汇银行所借的贷款。

此方法消除外汇风险的原理在于,出口商将本应在将来收到货款时才进行的外汇兑换成本币的交易,提前到现在就进行,将外汇风险构成中的时间要素剔除掉,使外汇风险得以消除。

2.远期外汇票据贴现

出口商在向进口商提供资金融通而拥有远期外汇票据时,出口商将持有的远期外汇票据到银行贴现,提前取得外汇并将外汇在即期外汇市场出售,取得本币资金。

3.保付代理(Factoring)业务

简称保理业务,是指出口商以延期付款的形式出售商品,在货物装运后立即将发票、汇票、提单等有关单据,卖断给保理机构,收进全部或一部分货款,从而取得资金融通的业务。

远期外汇票据贴现和保理业务防范外汇风险的原理与借款法相同,方法也相似,只是出口商的外汇的来源不同。借款法中的外汇来源于外汇银行的贷款,远期外汇票据贴现中的外汇来源于外汇票据贴现,而保理业务中的外汇则来源于将远期汇票卖断给保理商。

(七)利用出口信贷法

出口信贷是指一国为了支持和扩大本国大型设备的出口,以对本国的出口给予利息补贴并提供信贷担保的方法,由本国银行向本国的出口商或外国的进口商(或其往来银行)提供低利率贷款的融资方法。出口信贷的主要形式有:

1. 卖方信贷(Supplier's Credit)

卖方信贷是指出口信贷中,出口商(卖方)以延期付款的方式出售设备,而出口方银行则以优惠利率向出口商提供信贷。如果设备以出口商所在国的货币计价结算,出口方银行也以本币向出口商提供贷款,则出口商没有任何的外汇风险;如果设备以出口商所在国以外的货币计价结算,出口方银行也以同种外币提供贷款,则卖方信贷防范外汇风险的方法与借款法一样。

2. 买方信贷(Buyer's Credit)

买方信贷是指出口信贷中,进口商(买方)以支付现汇的方式向出口商购买设备,而出口方银行则以优惠利率向进口商或进口商的往来银行提供信贷。由于进口商获得买方信贷后,即以支付现款的方式购买设备,因此不管该设备以何种货币计价结算,出口商都没有外汇风险。

3. 福费廷(Forfaiting)

又称包买票据,是指出口商将经过进口商承兑的,并由进口商的往来银行担保的,期限在半年以上的远期票据,无追索权地向进口商所在地的包买商(通常为银行或银行的附属机构)进行贴现,提前取得现款的融资方式。

福费廷业务与一般的远期外汇票据贴现业务相似,二者最大的区别在于,前者对出口商无追索权,而后者却有追索权。因此,出口商利用福费廷业务防范外汇风险的原理与利用远期外汇票据贴现业务一样。

(八)投资法

投资法是指进口商在签订贸易合同后,按合同中所规定的币种、金额,将本币资金在即期外汇市场上兑换成外汇,再将这笔外汇在货币市场进行投资(如银行定期存款、购买国库券、银行承兑汇票、商业票据等),投资到期日安排在货款支付日,然后以投资到期的外汇款项支付贸易贷款。

【例 16-11】我国某企业 3 个月后将有一笔 10 万元港币的货款需要支付,为防范外汇风险,该企业即可在现汇市场以人民币购买 10 万元港币,假设当时的汇率为 HKD 1＝RMB 0.8645/65,即该企业用 8.665 万元人民币,购得了 10 万元港币的现汇,但由于付款日是在 3 个月后,所以该企业即可将这 10 万元港币在货币市场投资 3 个月,3 个月后该企业再以投资到期的 10 万元港币支付货款。

一般来说,企业用于购买现汇的本币资金应为闲置资金,但企业通常没有一笔这样的资金,这就需要通过银行贷款来解决。

如例 16-11 中,该企业即可先借入 8.665 万元人民币,期限 3 个月,并以此购买 10 万元港币的现汇,再将 10 万元港币投资 3 个月,3 个月后投资到期、支付货款,并偿还其从银行的贷款。该方法将借款(Borrow)、现汇交易(Spot)、投资(Invest)三种方法综合起来运用,简称 BSI 法。

投资法消除外汇风险的原理与借款法相同,也是将本应在将来支付货款时才进行的本币兑换成外币的交易,提前到现在就进行,剔除外汇风险构成中的时间要素,使外汇风险得以消除。

(九)货币互换(Currency Swap)法

货币互换是指交易双方通过互相交换币种不同,但期限相同、金额相当的两种货币,以降低筹资成本和防范外汇风险的创新金融业务。货币互换业务实际上是以两种货币之间的交换和换回取代外汇交易中的两种货币之间的买进和卖出,从而达到防范外汇风险的目的。

(十)投保汇率变动险法

汇率变动险是一国官方保险机构开办的,为本国企业防范外汇风险提供服务的一种险种。具体做法是,企业作为投保人,定期向承保机构缴纳规定的保险费,承保机构则承担全部或部分的外汇风险,即企业在投保期间所出现的外汇风险损失由承保机构给予合理的赔偿,但若有外汇风险收益,也由承保机构享有。目前,许多国家如美国、日本、法国、英国等,为鼓励本国产品的出口,都开办了汇率风险的保险业务。

### 三、企业内部管理法

(一)建立再结算中心

此方法适用于有大量的进出口业务和国际借贷业务的跨国公司。具体做法是:在跨国公司的内部建立一个再结算中心,将跨国公司的每一个子公司中以外币计价的交易都集中到再结算中心,由该中心予以冲销,并对冲销后依然存在的受险部分再采取防范外汇风险的措施。

跨国公司的进出口业务可分为两大类，一是跨国公司内部各子公司之间的交易，二是对跨国公司以外第三方的交易。对于第一类交易，出口商品直接由出口方提供给进口方，但有关的款项收付则需通过再结算中心来进行，即先由出口方以出口方所在地的货币向再结算中心开出账单和汇票，然后由再结算中心以进口方所在地的货币向进口方再开票。这样，无论是出口方还是进口方都没有任何的外汇风险，所有的外汇风险都由再结算中心承担。对于第二类交易，当跨国公司向第三方出口时，先由出口方以出口方所在地的货币向再结算中心开票，然后由再结算中心按贸易合同中双方商定的计价结算货币向进口方再开票；当跨国公司从第三方进口时，先由出口方以贸易合同中所规定的计价结算货币向再结算中心开票，然后由再结算中心以进口方所在地的货币向进口方再开票。这样，跨国公司无论是出口方还是进口方都没有任何的外汇风险，所有的外汇风险也都由再结算中心承担。

再结算中心对所承担的外汇风险，首先可充分利用其独特的地位进行多边冲抵，然后还可通过各种方法来集中控制跨国公司的内部资金流动以防范外汇风险，最后还可根据跨国公司防范外汇风险的基本战略，对依然存在的外汇净头寸作出有关抛补的决策。跨国公司通过建立再结算中心，既可防范外汇风险，又大大降低了防范外汇风险的成本。

(二)资产负债调整

调整资产负债是一种通过对企业的资产负债进行调整，以防范会计风险的方法。

企业要对其资产负债进行调整，首先应对资产负债进行定性分析，确定调整的重点。在企业的资产负债中，有些是难以调整的或根本就不能调整的。从资产负债的期限来看，由于长期资产、长期负债的流动性差，企业在短期内无法使之迅速增加或减少，因而企业难以对其进行调整，而短期资产、短期负债的流动性强，企业在短期内容易对其进行调整；但在短期资产、短期负债中，如应付税金等资产负债，企业不能按照自身的愿望进行调整。而应收账款、应付账款等资产负债，企业则可根据自身的需要进行调整。因此企业对资产负债进行调整的重点是短期资产中的应收账款、存货、现金、银行存款和短期投资等，以及短期负债中的应付账款、短期贷款、应付利息和短期票据等。

其次是对资产负债进行定量分析，即对资产负债进行具体金额的调整。企业对可调整且容易调整的资产负债，通过调整后尽量缩小各种外币的受险资产与受险负债之间的差额，直至差额为零；或者当某种货币将升值时，就增加该种货币的资产，减少该种货币的负债，而当某种货币将贬值时，就减少该种货币的资产，增加该种货币的负债。

由此可知,调整企业资产负债的工作相当复杂和繁琐,尤其是要使企业所有的同一外币的资产与负债在金额上都完全均衡,几乎不可能实现。不仅如此,企业会计风险的防范可能还会与其交易风险的防范发生冲突,这就进一步加大了企业防范外汇风险的难度。例如,对于跨国公司来说,防范会计风险最容易的方法,是其所有的海外分支机构在进行日常核算时,均使用母公司所在国的货币,以避免编制综合财务报表时出现会计风险。但由于各海外分支机构日常使用最多的功能货币是其所在地(即东道国)的货币,当各海外分支机构使用母公司所在国的货币作为核算货币时,便不可避免地会随时面临交易风险;同样,当各海外分支机构使用其东道国的货币进行核算时,虽然避免了交易风险,但肯定会面临会计风险。

### (三)实行多样化管理

这是一种通过使企业的经营多样化和财务多样化来防范经济风险的方法。

由于经济风险是由意料之外的汇率变动给企业带来的一种长期存在的综合性外汇风险,而意料之外的汇率变动又是企业在经营决策时所无法准确预测的,因此防范经济风险的有效方法是企业实行多样化管理。多样化管理的基本原则是"不要把所有的鸡蛋放在一只篮子里",即通过分散风险,并使风险损失与风险收益相互冲抵,从而达到降低风险的目的。企业实行多样化管理主要表现在经营多样化和财务多样化两个方面。

#### 1.经营多样化

经营多样化主要是指企业将其经营活动分散于多个行业,或将其原材料采购地、产品生产地和销售地按比较利益原理在世界范围内予以分布和配置。企业实行经营多样化之后,一旦汇率出现意料之外的变动,一方面企业所面临的风险损失基本上能够被风险收益所弥补,使经济风险得以自动防范;另一方面,企业还可主动采取措施,迅速调整其经营策略,如根据汇率的实际变动情况,增加或减少某地或某行业的原材料采购量、产品生产量或销售量,将经济风险带来的损失降到最低。

#### 2.财务多样化

财务多样化是指企业在国际金融市场上以多种货币进行筹资和投资。当某种货币升值时,企业以该种货币筹资的成本增加,但以该种货币投资的收益也相应增加,经济风险就被自动冲抵了;同时企业也可根据汇率的实际变动情况,相应调整各种外币的资产与负债,以降低风险。

**专栏 16-1**

### 企业外汇风险管理案例分析:管理者的偏差

2008年1月,中华集团公司与美国某公司签订出口订单1 000万美元,当时美元/人民币汇率为7.20,6个月后交货时,人民币已经大大升值,美元/人民币汇率为7.00,由于人民币汇率的变动,该公司损失了200万元人民币。

这一事件发生后,该公司为了加强外汇风险管理,切实提升公司外汇风险防范水平,于2008年9月召开了关于公司强化外汇风险管理的高层会议,总结本次损失发生的经验教训,制定公司外汇风险管理对策。有关人员的发言要点如下:

总经理陈某:我先讲两点意见:(1)加强外汇风险管理工作十分重要,对于这一问题必须引起高度重视。(2)外汇风险管理应当抓住重点,尤其是对于交易风险和折算风险的管理,必须制定切实的措施,防止汇率变化对于公司利润的侵蚀。

常务副总经理吴某:我完全赞同总经理的意见,在人民币汇率比较稳定的背景下,我们只要抓好生产,完成订单,利润就能够实现,而目前我国人民币汇率的形成机制发生了变化,我们不能再固守以往的管理方式,漠视汇率风险,必须对所有的外汇资产和外汇负债采取必要的保值措施。另外,总经理提出的加强折算风险管理的观点也十分重要,我们建立的海外子公司即将投入运营,应当采取必要的措施对于折算风险进行套期保值,避免出现账面损失。

总会计师李某:加强外汇管理的确十分重要。我最近对外汇风险管理的相关问题进行了初步研究,发现进行外汇风险管理的金融工具还是比较多的,采取任何一种金融工具进行避险的同时,也就失去了汇率向有利方面变动带来的收益,外汇的损失和收益主要取决于汇率变动的时间和幅度,因此强化外汇风险管理,首先必须重视对汇率变动趋势的研究,根据汇率的不同变动趋势,采取不同的对策。

董事长张某:以上各位的发言我都赞同,最后提两点意见:(1)思想认识要到位。自2005年7月21日起,我国开始实行以市场供求为基础、参考一篮子货币进行调节、有管理的浮动汇率制度。人民币汇率不再盯住单一美元,形成了更富弹性的人民币汇率机制。在此宏观背景下,采取措施加强外汇风险管理十分必要。(2)建议财务部成立外汇风险管理的小组,由财务部经理担任组长,具体负责外汇风险管理的日常工作。

——总经理陈某：

有关外汇风险管理重点的观点不恰当。

理由：对于一个企业来说，经济风险比折算风险和交易风险更为重要，因为其影响是长期性的，而折算风险和交易风险的影响是一次性的。

——常务副总经理吴某：

(1)对所有的外汇资产和外汇负债采取保值措施的观点不恰当。

理由：外汇资产和负债由于汇率变动可能出现增值或减值，这种增值或减值可能自然抵消，因此不需要对所有外汇资产和外汇负债采取保值措施。

(2)对于折算风险进行套期保值的观点不恰当。

理由：减少折算风险的同时可能会增加交易风险，因此，如果折算风险不对现金流量产生影响，就不必对折算风险进行套期保值。

——总会计师李某：

(1)"采取任何一种金融工具进行避险的同时，也就失去了汇率向有利方面变动带来的收益"的观点不恰当。

理由：采取远期外汇交易、外汇期货等金融工具避险，通过锁定汇率，可以回避汇率不利变化带来的损失，但同时也失去了汇率有利变化带来的收益，而采取外汇期权金融工具避险，既可以回避汇率不利变化带来的损失，又可以享受汇率有利变化带来的收益。

(2)"外汇的损失和收益主要取决于汇率变动的时间和幅度"的观点不恰当。

理由：外汇的损失和收益取决于三个因素：(1)受汇率变动影响的外汇敞口；(2)汇率变动对外汇资产和负债的影响程度；(3)汇率变动时间和幅度。

——董事长张某：

"建议财务部成立外汇风险管理的小组，由财务部经理担任组长，具体负责外汇风险管理的日常工作"的观点不恰当。

理由：外汇风险包括经济风险、交易风险和折算风险，其中经济风险涉及生产、销售、原材料供应以及区位等经营管理的各方面，因此，经济风险的管理超出了财务部门的职责，而是需要各部门共同努力，通过调整企业经营策略和采取内部管理办法来达到管理经济风险的目的。

资料来源：外汇通网

**【本章小结】**

与银行外汇风险的作用机理相类似,企业外汇风险也包括了汇率风险、利率风险、转换风险、信用风险、资金周转风险和交割风险等。在国际金融活动中,企业是外汇交易的重要参与者,相对于外汇银行,它们在一定意义上是外汇市场的被动交易者,面临更大的市场风险。比较而言,企业外汇风险比银行外汇风险复杂,而且表现形式也不同。

由于跨国经营的企业(包括国内企业)在日常经营活动及投融资活动中经常涉及两种或两种以上的货币,不可避免地处于外汇风险之中,外汇风险对这些企业的影响集中表现在企业经营战略、对外业务及企业信用三个方面上。

企业进行外汇风险管理的方法,主要包括贸易策略法、金融市场交易法和企业内部管理法三种类型。其中,贸易策略法是指企业在进出口贸易中,通过和贸易对手的协商与合作所采取的防范外汇风险的方法,具体又可分为币种选择法、货币保值法、价格调整法、期限调整法等;金融市场交易法是指进出口商利用金融市场,尤其是利用外汇市场和货币市场的交易,来防范外汇风险的方法,如远期外汇交易、掉期交易、期货交易、期权交易等;企业内部管理法包括在有大量的进出口业务和国际借贷业务的跨国公司建立再结算中心、对企业的资产负债进行调整以及对企业实行经营多样化和财务多样化管理等内容。

**【关键名词】**

币种选择法　货币保值法　价格调整法　期限调整法　对销贸易法　保付代理　卖方信贷　买方信贷　福费廷　BSI法　货币互换　经营多样化　财务多样化

**【习题】**

1.外汇风险对企业的影响主要表现在哪些方面?
2.企业外汇风险管理办法有哪几种类型?
3.币种选择法具体提供了哪几种计价结算的方式?
4.加价保值和压价保值有何区别?
5.企业如何通过内部管理法来防范外汇风险?
6.企业进行多样化管理具体如何操作?

# 附录一 全国银行间外汇市场人民币外汇掉期交易规则

## 第一章 总则

**第一条** 为规范银行间外汇市场人民币外汇掉期交易秩序,维护人民币外汇掉期市场会员(以下简称"会员")的合法权益,根据《中华人民共和国外汇管理条例》、《银行间外汇市场管理暂行规定》(银发〔1996〕423号)、《中国人民银行关于加快发展外汇市场有关问题的通知》等有关法规,制定本交易规则(以下简称"本规则")。

**第二条** 本规则所称银行间人民币外汇掉期交易(以下简称"掉期交易")是指交易双方约定一前一后两个不同的交割日、方向相反的两次本外币交换,在前一次货币交换中,一方用外汇按照约定汇率从另一方换入人民币,在后一次货币交换中,该方再用人民币按照另一约定汇率从另一方换回币种相同的等额外汇;反之亦可。其中交割日在前的交易称为交易近端,交割日在后的交易称为交易远端。

**第三条** 全国银行间外汇市场实行会员制管理,中国外汇交易中心(以下简称"交易中心")在国家外汇管理局的监管下负责为会员之间的掉期交易提供交易系统(以下简称"交易系统")。

## 第二章 会员管理

**第四条** 本规则所称会员指获得国家外汇管理局远期交易备案资格6个月以上,在中国外汇交易中心交易系统内从事掉期交易的金融机构或非金融企业。

**第五条** 已获交易中心颁发资格证书的交易员,需经交易中心相关业务培训,方可通过交易中心系统进行掉期交易。会员应指派合格的交易员代表其从事交易活动,并对交易员的交易行为负责。

第六条　会员应建立、健全内部管理制度和风险防范机制,采取切实有效的措施对掉期风险进行监控和管理,签署《银行间外汇市场人民币外汇远期及掉期主协议》(以下简称"主协议"),并遵守国家法律、法规和银行间外汇市场其他有关规定。

## 第三章　交易系统

第七条　银行间掉期交易系统每周一至周五北京时间 9：30－17：30 开市,中国国内法定假日不开市。交易时间可根据市场需求变化由交易中心报国家外汇管理局备案后调整。

第八条　如遇不可抗力,交易中心报国家外汇管理局备案后可宣布全部或部分暂停交易。上述因素消除后,交易中心应立即恢复交易并及时通知会员。

第九条　交易员应该遵守交易系统的有关规定,自觉维护市场秩序。对违反规定的交易员,依其情节不同,交易中心有权给予口头警告、书面通报,直至取消其交易员资格的处分。情节严重的,追究所在会员的责任。

## 第四章　报价与交易

第十条　会员通过交易中心的交易系统进行报价和交易。

第十一条　掉期交易买入和卖出均以外币为标的物,计算成交价格或掉期点数所参考的即期汇率为交易双方认可的交易当日银行间即期外汇市场的市场价格。

第十二条　掉期交易币种、金额、期限、汇率、成交价格(掉期点数)和结算安排等由交易双方协商议定,但双方的约定不应与本规则相关规定相冲突。

第十三条　掉期交易达成后由交易系统生成的掉期交易成交单(以下简称"成交单")是交易双方关于该笔掉期交易已成交的证明,成交单经双方在交易系统中确认后生效。交易双方也可视实际情况需要,就主协议尚未明确的违约事件、终止事件及其处理办法等签订仅在双方之间适用的补充协议。成交单、补充协议(如有)和主协议一起构成该掉期交易之完整的交易合同。交易双方之间签订的约定如与主协议的法律适用条款或争议解决条款等规定相违背的,以主协议条款为准。

## 第五章　交割与结算

**第十四条**　掉期交易在近端结算日和远端结算日的资金交割可采用本金全额交割的结算方式或差额结算方式。交易双方应在结算日将约定的人民币或外汇资金付至交易对手方指定资金账户。

**第十五条**　掉期交易的结算日如遇相关货币发行国或地区的法定节假日，资金实际交割的日期由双方参照国际惯例协商确定。

## 第六章　应急交易和撤销交易

**第十六条**　若掉期交易系统因设备或通讯线路等出现故障而无法正常交易或生成成交单，交易双方可进行应急交易。

**第十七条**　应急交易是交易中心根据会员的授权代理操作的交易行为，会员对交易中心代理操作达成的交易承担全部的法律后果。

**第十八条**　应急交易的具体做法是：

如会员无法登录掉期交易系统，交易双方经协商达成交易后，交易中心代理会员录入成交记录，并将成交单传真给会员指定的传真号码。

若会员通过掉期交易系统达成交易，但无法生成成交单，交易中心可代理会员打印成交单，并传真给会员指定的传真号码。

**第十九条**　对于已通过交易中心交易系统确认成交的掉期交易，交易双方协商同意撤销该交易的，双方应在交易系统生成的成交单上签字说明撤销原因，加盖交易部门的有效印章和/或由首席交易员签字，传真至交易中心指定的传真号码，并立即通过电话联系交易中心指定人员进行通知和确认。交易中心收到双方传真、核对无误后，在交易系统中撤销该笔交易。

**第二十条**　收盘前30分钟内，交易中心一般不再接受会员提交的应急交易或撤销交易申请。

**第二十一条**　应会员要求撤销的掉期交易，交易中心将记录撤销发起方的撤销请求。对于频繁撤销交易的会员，交易中心将定期公布，并在优秀会员评选时纳入考评范围。

## 第七章　收费

**第二十二条**　交易中心按照有偿服务原则为会员提供掉期交易服务。

**第二十三条**　参照《银行间外汇市场收费方案》，交易中心按照掉期交易近端人民币金额的百万分之十按季度分别向交易双方收取交易手续费。

**第二十四条**　交易中心可根据市场情况，报国家外汇管理局批准后调整掉期交易的收费标准。

## 第八章　信息披露

**第二十五条**　交易中心根据国家外汇管理局的授权负责掉期交易的日常统计、市场监控和相关信息披露，并通过交易终端向会员发布掉期交易市场行情等交易辅助信息。

## 第九章　附则

**第二十六条**　交易方为达到其不正当目的而恶意串通、故意违约的，或采用不正当手段扰乱外汇市场秩序的，由交易中心予以公告。情节严重的，由交易中心报国家外汇管理局，由国家外汇管理局给予暂停直至取消其会员资格的处罚。

**第二十七条**　掉期交易双方发生争议时，交易中心可以应其中一方或双方的要求，提供相关交易的原始记录证据。

**第二十八条**　会员未能按时缴纳掉期交易手续费或违规使用交易中心提供的掉期交易相关信息，经劝告而不及时改正的，交易中心有权暂停其通过交易中心系统终端进行掉期交易的业务权限。

**第二十九条**　本规则由交易中心负责解释。

**第三十条**　本规则自发布之日起实施。

资料来源：中国货币网

# 附录二  商业银行市场风险管理指引

## 第一章  总则

**第一条**  为加强商业银行的市场风险管理,根据《中华人民共和国银行业监督管理法》、《中华人民共和国商业银行法》以及其他有关法律和行政法规,制定本指引。

**第二条**  本指引所称商业银行是指在中华人民共和国境内依法设立的商业银行,包括中资商业银行、外资独资银行和中外合资银行。

**第三条**  本指引所称市场风险是指因市场价格(利率、汇率、股票价格和商品价格)的不利变动而使银行表内和表外业务发生损失的风险。市场风险存在于银行的交易和非交易业务中。

市场风险可以分为利率风险、汇率风险(包括黄金)、股票价格风险和商品价格风险,分别是指由于利率、汇率、股票价格和商品价格的不利变动所带来的风险。利率风险按照来源的不同,可以分为重新定价风险、收益率曲线风险、基准风险和期权性风险。

前款所称商品是指可以在二级市场上交易的某些实物产品,如农产品、矿产品(包括石油)和贵金属(不包括黄金)等。

**第四条**  市场风险管理是识别、计量、监测和控制市场风险的全过程。市场风险管理的目标是通过将市场风险控制在商业银行可以承受的合理范围内,实现经风险调整的收益率的最大化。

商业银行应当充分识别、准确计量、持续监测和适当控制所有交易和非交易业务中的市场风险,确保在合理的市场风险水平之下安全、稳健经营。商业银行所承担的市场风险水平应当与其市场风险管理能力和资本实力相匹配。

为了确保有效实施市场风险管理,商业银行应当将市场风险的识别、计量、监测和控制与全行的战略规划、业务决策和财务预算等经营管理活动进行有机结合。

**第五条** 中国银行业监督管理委员会(以下简称银监会)依法对商业银行的市场风险水平和市场风险管理体系实施监督管理。银监会应当督促商业银行有效地识别、计量、监测和控制各项业务所承担的各类市场风险。

## 第二章 市场风险管理

**第六条** 商业银行应当按照本指引要求,建立与本行的业务性质、规模和复杂程度相适应的、完善的、可靠的市场风险管理体系。市场风险管理体系包括如下基本要素:
(一)董事会和高级管理层的有效监控;
(二)完善的市场风险管理政策和程序;
(三)完善的市场风险识别、计量、监测和控制程序;
(四)完善的内部控制和独立的外部审计;
(五)适当的市场风险资本分配机制。

**第七条** 商业银行实施市场风险管理,应当适当考虑市场风险与其他风险类别,如信用风险、流动性风险、操作风险、法律风险、声誉风险等风险的相关性,并协调市场风险管理与其他类别风险管理的政策和程序。

### 第一节 董事会和高级管理层的监控

**第八条** 商业银行的董事会和高级管理层应当对市场风险管理体系实施有效监控。

商业银行的董事会承担对市场风险管理实施监控的最终责任,确保商业银行有效地识别、计量、监测和控制各项业务所承担的各类市场风险。董事会负责审批市场风险管理的战略、政策和程序,确定银行可以承受的市场风险水平,督促高级管理层采取必要的措施识别、计量、监测和控制市场风险,并定期获得关于市场风险性质和水平的报告,监控和评价市场风险管理的全面性、有效性以及高级管理层在市场风险管理方面的履职情况。董事会可以授权其下设的专门委员会履行以上部分职能,获得授权的委员会应当定期向董事会提交有关报告。

商业银行的高级管理层负责制定、定期审查和监督执行市场风险管理的政策、程序以及具体的操作规程,及时了解市场风险水平及其管理状况,并确保银行具备足够的人力、物力以及恰当的组织结构、管理信息系统和技术水平来有效地识别、计量、监测和控制各项业务所承担的各类市场风险。

商业银行的董事会和高级管理层应当对本行与市场风险有关的业务、所承担的各类市场风险以及相应的风险识别、计量和控制方法有足够的了解。

商业银行的监事会应当监督董事会和高级管理层在市场风险管理方面的履职情况。

**第九条** 商业银行应当指定专门的部门负责市场风险管理工作。负责市场风险管理的部门应当职责明确，与承担风险的业务经营部门保持相对独立，向董事会和高级管理层提供独立的市场风险报告，并且具备履行市场风险管理职责所需要的人力、物力资源。负责市场风险管理部门的工作人员应当具备相关的专业知识和技能，并充分了解本行与市场风险有关的业务、所承担的各类市场风险以及相应的风险识别、计量、控制方法和技术。商业银行应当确保其薪酬制度足以吸引和留住合格的市场风险管理人员。

商业银行负责市场风险管理的部门应当履行下列职责：

（一）拟定市场风险管理政策和程序，提交高级管理层和董事会审查批准；

（二）识别、计量和监测市场风险；

（三）监测相关业务经营部门和分支机构对市场风险限额的遵守情况，报告超限额情况；

（四）设计、实施事后检验和压力测试；

（五）识别、评估新产品、新业务中所包含的市场风险，审核相应的操作和风险管理程序；

（六）及时向董事会和高级管理层提供独立的市场风险报告；

（七）其他有关职责。

业务复杂程度和市场风险水平较高的商业银行应当建立专门的市场风险管理部门负责市场风险管理工作。

**第十条** 商业银行承担市场风险的业务经营部门应当充分了解并在业务决策中充分考虑所从事业务中包含的各类市场风险，以实现经风险调整的收益率的最大化。业务经营部门应当为承担市场风险所带来的损失承担责任。

## 第二节 市场风险管理政策和程序

**第十一条** 商业银行应当制定适用于整个银行机构的、正式的书面市场风险管理政策和程序。市场风险管理政策和程序应当与银行的业务性质、规模、复杂程度和风险特征相适应，与其总体业务发展战略、管理能力、资本实力和能够承担的总体风险水平相一致，并符合银监会关于市场风险管理的有关要求。市场风险管理政策和程序的主要内容包括：

（一）可以开展的业务，可以交易或投资的金融工具，可以采取的投资、保值和风险缓解策略和方法；

(二)商业银行能够承担的市场风险水平;
(三)分工明确的市场风险管理组织结构、权限结构和责任机制;
(四)市场风险的识别、计量、监测和控制程序;
(五)市场风险的报告体系;
(六)市场风险管理信息系统;
(七)市场风险的内部控制;
(八)市场风险管理的外部审计;
(九)市场风险资本的分配;
(十)对重大市场风险情况的应急处理方案。

商业银行应当根据本行市场风险状况和外部市场的变化情况,及时修订和完善市场风险管理政策和程序。

商业银行的市场风险管理政策和程序及其重大修订应当由董事会批准。商业银行的高级管理层应当向与市场风险管理有关的工作人员阐明本行的市场风险管理政策和程序。与市场风险管理有关的工作人员应当充分了解其与市场风险管理有关的权限和职责。

**第十二条** 商业银行在开展新产品和开展新业务之前应当充分识别和评估其中包含的市场风险,建立相应的内部审批、操作和风险管理程序,并获得董事会或其授权的专门委员会/部门的批准。新产品、新业务的内部审批程序应当包括由相关部门,如业务经营部门、负责市场风险管理的部门、法律部门/合规部门、财务会计部门和结算部门等对其操作和风险管理程序的审核和认可。

**第十三条** 市场风险管理政策和程序应当在并表基础上应用,并应当尽可能适用于具有独立法人地位的附属机构,包括境外附属机构。但是,商业银行应当充分认识到附属机构之间存在的法律差异和资金流动障碍,并对其风险管理政策和程序进行相应调整,以避免在具有法律差异和资金流动障碍的附属机构之间轧差头寸而造成对市场风险的低估。

**第十四条** 商业银行应当按照银监会关于商业银行资本充足率管理的有关要求划分银行账户和交易账户,并根据银行账户和交易账户的性质和特点,采取相应的市场风险识别、计量、监测和控制方法。

商业银行应当对不同类别的市场风险(如利率风险)和不同业务种类(如衍生产品交易)的市场风险制定更详细和有针对性的风险管理政策和程序,并保持相互之间的一致性。

## 第三节 市场风险的识别、计量、监测和控制

**第十五条** 商业银行应当对每项业务和产品中的市场风险因素进行分解和

分析,及时、准确地识别所有交易和非交易业务中市场风险的类别和性质。

第十六条  商业银行应当根据本行的业务性质、规模和复杂程度,对银行账户和交易账户中不同类别的市场风险选择适当的、普遍接受的计量方法,基于合理的假设前提和参数,计量承担的所有市场风险。商业银行应当尽可能准确计算可以量化的市场风险和评估难以量化的市场风险。

商业银行可以采取不同的方法或模型计量银行账户和交易账户中不同类别的市场风险。市场风险的计量方式包括缺口分析、久期分析、外汇敞口分析、敏感性分析、情景分析和运用内部模型计算风险价值等。商业银行应当充分认识到市场风险不同计量方法的优势和局限性,并采用压力测试等其他分析手段进行补充。

商业银行应当尽量对所计量的银行账户和交易账户中的市场风险(特别是利率风险)在全行范围内进行加总,以便董事会和高级管理层了解本行的总体市场风险水平。

商业银行的董事会、高级管理层和与市场风险管理有关的人员应当了解本行采用的市场风险计量方法、模型及其假设前提,以便准确理解市场风险的计量结果。

第十七条  商业银行应当采取措施确保假设前提、参数、数据来源和计量程序的合理性和准确性。商业银行应当对市场风险计量系统的假设前提和参数定期进行评估,制定修改假设前提和参数的内部程序。重大的假设前提和参数修改应当由高级管理层审批。

第十八条  商业银行应当对交易账户头寸按市值每日至少重估一次价值。市值重估应当由与前台相独立的中台、后台、财务会计部门或其他相关职能部门或人员负责。用于重估的定价因素应当从独立于前台的渠道获取或者经过独立的验证。前台、中台、后台、财务会计部门、负责市场风险管理的部门等用于估值的方法和假设应当尽量保持一致,在不完全一致的情况下,应当制定并使用一定的校对、调整方法。在缺乏可用于市值重估的市场价格时,商业银行应当确定选用代用数据的标准、获取途径和公允价格计算方法。

第十九条  银监会鼓励业务复杂程度和市场风险水平较高的商业银行逐步开发和使用内部模型计量风险价值,对所承担的市场风险水平进行量化估计。风险价值是指所估计的在一定的持有期和给定的置信水平下,利率、汇率等市场风险要素的变化可能对某项资金头寸、资产组合或机构造成的潜在最大损失。

第二十条  采用内部模型的商业银行应当根据本行的业务规模和性质,参照国际通行标准,合理选择、定期审查和调整模型技术(如方差-协方差法、历史模拟法和蒙特·卡洛法)以及模型的假设前提和参数,并建立和实施引进新模型、调整现有模型以及检验模型准确性的内部政策和程序。模型的检验应当由独立于模型开发和运行的人员负责。

采用内部模型的商业银行应当将模型的运用与日常风险管理相融合,内部模型所提供的信息应当成为规划、监测和控制市场风险资产组合过程的有机组成部分。

采用内部模型的商业银行应当恰当理解和运用市场风险内部模型的计算结果,并充分认识到内部模型的局限性,运用压力测试和其他非统计类计量方法对内部模型方法进行补充。

**第二十一条** 商业银行应当定期实施事后检验,将市场风险计量方法或模型的估算结果与实际结果进行比较,并以此为依据对市场风险计量方法或模型进行调整和改进。

**第二十二条** 商业银行应当建立全面、严密的压力测试程序,定期对突发的小概率事件,如市场价格发生剧烈变动,或者发生意外的政治、经济事件可能造成的潜在损失进行模拟和估计,以评估本行在极端不利情况下的亏损承受能力。压力测试应当包含定性和定量分析。

压力测试应当选择对市场风险有重大影响的情景,包括历史上发生过重大损失的情景和假设情景。假设情景包括模型假设和参数不再适用的情形、市场价格发生剧烈变动的情形、市场流动性严重不足的情形,以及外部环境发生重大变化、可能导致重大损失或风险难以控制的情景。商业银行应当使用银监会规定的压力情景和根据本行业务性质、市场环境设计的压力情景进行压力测试。

商业银行应当根据压力测试的结果,对市场风险有重大影响的情形制定应急处理方案,并决定是否及如何对限额管理、资本配置及市场风险管理的其他政策和程序进行改进。董事会和高级管理层应当定期对压力测试的设计和结果进行审查,不断完善压力测试程序。

**第二十三条** 商业银行应当对市场风险实施限额管理,制定对各类和各级限额的内部审批程序和操作规程,根据业务性质、规模、复杂程度和风险承受能力设定、定期审查和更新限额。

市场风险限额包括交易限额、风险限额及止损限额等,并可按地区、业务经营部门、资产组合、金融工具和风险类别进行分解。商业银行应当根据不同限额控制风险的不同作用及其局限性,建立不同类型和不同层次的限额相互补充的合理限额体系,有效控制市场风险。商业银行总的市场风险限额以及限额的种类、结构应当由董事会批准。

商业银行在设计限额体系时应当考虑以下因素:

(一)业务性质、规模和复杂程度;

(二)商业银行能够承担的市场风险水平；

(三)业务经营部门的既往业绩；

(四)工作人员的专业水平和经验；

(五)定价、估值和市场风险计量系统；

(六)压力测试结果；

(七)内部控制水平；

(八)资本实力；

(九)外部市场的发展变化情况。

商业银行应当对超限额情况制定监控和处理程序。超限额情况应当及时向相应级别的管理层报告。该级别的管理层应当根据限额管理的政策和程序决定是否批准以及此超限额情况可以保持多长时间。对未经批准的超限额情况应当按照限额管理的政策和程序进行处理。管理层应当根据超限额发生情况决定是否对限额管理体系进行调整。

商业银行应当确保不同市场风险限额之间的一致性，并协调市场风险限额管理与流动性风险限额等其他风险类别的限额管理。

**第二十四条** 商业银行应当为市场风险的计量、监测和控制建立完备、可靠的管理信息系统，并采取相应措施确保数据的准确、可靠、及时和安全。管理信息系统应当能够支持市场风险的计量及其所实施的事后检验和压力测试，并能监测市场风险限额的遵守情况和提供市场风险报告的有关内容。商业银行应当建立相应的对账程序确保不同部门和产品业务数据的一致性和完整性，并确保向市场风险计量系统输入准确的价格和业务数据。商业银行应当根据需要对管理信息系统及时改进和更新。

**第二十五条** 商业银行应当对市场风险有重大影响的情形制定应急处理方案，包括采取对冲、减少风险暴露等措施降低市场风险水平，以及建立针对自然灾害、银行系统故障和其他突发事件的应急处理或者备用系统、程序和措施，以减少银行可能发生的损失和银行声誉可能受到的损害。

商业银行应当将压力测试的结果作为制定市场风险应急处理方案的重要依据，并定期对应急处理方案进行审查和测试，不断更新和完善应急处理方案。

**第二十六条** 有关市场风险情况的报告应当定期、及时向董事会、高级管理层和其他管理人员提供。不同层次和种类的报告应当遵循规定的发送范围、程序和频率。报告应当包括如下全部或部分内容：

(一)按业务、部门、地区和风险类别分别统计的市场风险头寸；

(二)按业务、部门、地区和风险类别分别计量的市场风险水平；

(三)对市场风险头寸和市场风险水平的结构分析；

(四)盈亏情况;

(五)市场风险识别、计量、监测和控制方法及程序的变更情况;

(六)市场风险管理政策和程序的遵守情况;

(七)市场风险限额的遵守情况,包括对超限额情况的处理;

(八)事后检验和压力测试情况;

(九)内部和外部审计情况;

(十)市场风险资本分配情况;

(十一)对改进市场风险管理政策、程序以及市场风险应急方案的建议;

(十二)市场风险管理的其他情况。

向董事会提交的市场风险报告通常包括银行的总体市场风险头寸、风险水平、盈亏状况和对市场风险限额及市场风险管理的其他政策和程序的遵守情况等内容。向高级管理层和其他管理人员提交的市场风险报告通常包括按地区、业务经营部门、资产组合、金融工具和风险类别分解后的详细信息,并具有更高的报告频率。

## 第四节 内部控制和外部审计

**第二十七条** 商业银行应当按照银监会关于商业银行内部控制的有关要求,建立完善的市场风险管理内部控制体系,作为银行整体内部控制体系的有机组成部分。市场风险管理的内部控制应当有利于促进有效的业务运作,提供可靠的财务和监管报告,促使银行严格遵守相关法律、行政法规、部门规章和内部的制度、程序,确保市场风险管理体系的有效运行。

**第二十八条** 为避免潜在的利益冲突,商业银行应当确保各职能部门具有明确的职责分工,以及相关职能适当分离。商业银行的市场风险管理职能与业务经营职能应当保持相对独立。交易部门应当将前台、后台严格分离,前台交易人员不得参与交易的正式确认、对账、重新估值、交易结算和款项收付;必要时可设置中台监控机制。

**第二十九条** 商业银行应当避免其薪酬制度和激励机制与市场风险管理目标产生利益冲突。董事会和高级管理层应当避免薪酬制度具有鼓励过度冒险投资的负面效应,防止绩效考核过于注重短期投资收益表现,而不考虑长期投资风险。负责市场风险管理工作人员的薪酬不应当与直接投资收益挂钩。

**第三十条** 商业银行的内部审计部门应当定期(至少每年一次)对市场风险管理体系各个组成部分和环节的准确、可靠、充分和有效性进行独立的审查和评价。内部审计应当既对业务经营部门,也对负责市场风险管理的部门进行。内部审计报告应当直接提交给董事会。董事会应当督促高级管理层对内部审计所发现的问题提出改进方案并采取改进措施。内部审计部门应当跟踪检查改进措施的实施情况,并向董事会提交有关报告。

商业银行对市场风险管理体系的内部审计应当至少包括以下内容:

(一)市场风险头寸和风险水平;

(二)市场风险管理体系文档的完备性;

(三)市场风险管理的组织结构,市场风险管理职能的独立性,市场风险管理人员的充足性、专业性和履职情况;

(四)市场风险管理所涵盖的风险类别及其范围;

(五)市场风险管理信息系统的完备性、可靠性,市场风险头寸数据的准确性、完整性,数据来源的一致性、时效性、可靠性和独立性;

(六)市场风险管理系统所用参数和假设前提的合理性、稳定性;

(七)市场风险计量方法的恰当性和计量结果的准确性;

(八)对市场风险管理政策和程序的遵守情况;

(九)市场风险限额管理的有效性;

(十)事后检验和压力测试系统的有效性;

(十一)市场风险资本的计算和内部配置情况;

(十二)对重大超限额交易、未授权交易和账目不匹配情况的调查。

商业银行在引入对市场风险水平有重大影响的新产品和新业务、市场风险管理体系出现重大变动或者存在严重缺陷的情况下,应当扩大市场风险内部审计的范围和增加内部审计频率。

商业银行的内部审计人员应当具备相关的专业知识和技能,并经过相应的培训,能够充分理解市场风险识别、计量、监测、控制的方法和程序。

**第三十一条** 内部审计力量不足的商业银行,应当委托社会中介机构对其市场风险的性质、水平及市场风险管理体系进行审计。

银监会也鼓励其他商业银行委托社会中介机构对其市场风险的性质、水平及市场风险管理体系定期进行审查和评价。

## 第五节 市场风险资本

**第三十二条** 商业银行应当按照银监会关于商业银行资本充足率管理的要求,为所承担的市场风险提取充足的资本。

银监会鼓励业务复杂程度和市场风险水平较高的商业银行运用经风险调整的收益率进行内部资本配置和业绩考核,在全行和业务经营部门等各个层次上达到市场风险水平和盈利水平的适当平衡。

## 第三章 市场风险监管

**第三十三条** 商业银行应当按照规定向银监会报送与市场风险有关的财务会计、统计报表和其他报告。委托社会中介机构对其市场风险的性质、水平及市场风险管理体系进行审计的,还应当提交外部审计报告。

商业银行的市场风险管理政策和程序应当报银监会备案。

第三十四条商业银行应当及时向银监会报告下列事项：

(一)出现超过本行内部设定的市场风险限额的严重亏损;

(二)国内、国际金融市场发生的引起市场较大波动的重大事件将对本行市场风险水平及其管理状况产生的影响;

(三)交易业务中的违法行为;

(四)其他重大意外情况。

商业银行应当制定市场风险重大事项报告制度,并报银监会备案。

**第三十五条** 银监会应当定期对商业银行的市场风险管理状况进行现场检查,检查的主要内容有：

(一)董事会和高级管理层在市场风险管理中的履职情况;

(二)市场风险管理政策和程序的完善性及其实施情况;

(三)市场风险识别、计量、监测和控制的有效性;

(四)市场风险管理系统所用假设前提和参数的合理性、稳定性;

(五)市场风险管理信息系统的有效性;

(六)市场风险限额管理的有效性;

(七)市场风险内部控制的有效性;

(八)银行内部市场风险报告的独立性、准确性、可靠性,以及向银监会报送的与市场风险有关的报表、报告的真实性和准确性;

(九)市场风险资本的充足性;

(十)负责市场风险管理工作人员的专业知识、技能和履职情况;

(十一)市场风险管理的其他情况。

**第三十六条** 对于银监会在监管中发现的有关市场风险管理的问题,商业银行应当在规定的时限内提交整改方案并采取整改措施。银监会可以对商业银行的市场风险管理体系提出整改建议,包括调整市场风险计量方法、模型、假设前提和参数等方面的建议。

对于在规定的时限内未能有效采取整改措施或者市场风险管理体系存在严

重缺陷的商业银行，银监会有权采取下列措施：

（一）要求商业银行增加提交市场风险报告的次数；

（二）要求商业银行提供额外相关资料；

（三）要求商业银行通过调整资产组合等方式适当降低市场风险水平；

（四）《中华人民共和国银行业监督管理法》以及其他法律、行政法规和部门规章规定的有关措施。

**第三十七条** 商业银行应当按照银监会关于信息披露的有关规定，披露其市场风险状况的定量和定性信息，披露的信息应当至少包括以下内容：

（一）所承担市场风险的类别、总体市场风险水平及不同类别市场风险的风险头寸和风险水平；

（二）有关市场价格的敏感性分析，如利率、汇率变动对银行的收益、经济价值或财务状况的影响；

（三）市场风险管理的政策和程序，包括风险管理的总体理念、政策、程序和方法，风险管理的组织结构，市场风险计量方法及其所使用的参数和假设前提，事后检验和压力测试情况，市场风险的控制方法等；

（四）市场风险资本状况；

（五）采用内部模型的商业银行应当披露所计算的市场风险类别及其范围，计算的总体市场风险水平及不同类别的市场风险水平，报告期内最高、最低、平均和期末的风险价值，以及所使用的模型技术、所使用的参数和假设前提、事后检验和压力测试情况及检验模型准确性的内部程序等信息。

# 第四章　附则（略）

资料来源：中国网

# 附录三 金融机构衍生产品交易业务管理暂行办法

## 第一章 总则

**第一条** 为对金融机构衍生产品交易进行规范管理,有效控制金融机构从事衍生产品交易的风险,根据《中华人民共和国银行业监督管理法》、《中华人民共和国商业银行法》及其他有关法律、行政法规,制定本办法。

**第二条** 本办法所称金融机构是指在中华人民共和国境内依法设立的银行、信托公司、财务公司、金融租赁公司、汽车金融公司法人,以及外国银行在中国境内的分行(以下简称外国银行分行)。

**第三条** 本办法所称衍生产品是一种金融合约,其价值取决于一种或多种基础资产或指数,合约的基本种类包括远期、期货、掉期(互换)和期权。衍生产品还包括具有远期、期货、掉期(互换)和期权中一种或多种特征的结构化金融工具。

**第四条** 本办法所称金融机构衍生产品交易业务可分为两大类:

(一)金融机构为规避自有资产、负债的风险或为获利进行衍生产品交易。金融机构从事此类业务时被视为衍生产品的最终用户。

(二)金融机构向客户(包括金融机构)提供衍生产品交易服务。金融机构从事此类业务时被视为衍生产品的交易商,其中能够对其他交易商和客户提供衍生产品报价和交易服务的交易商被视为衍生产品的造市商。

**第五条** 中国银行业监督管理委员会是金融机构从事衍生产品交易业务的监管机构。金融机构开办衍生产品交易业务,应经中国银行业监督管理委员会审批,接受中国银行业监督管理委员会的监督与检查。

获得开办衍生产品交易业务资格的金融机构,应从事与其自身风险管理能力相适应的业务活动。金融机构从事国内首次推出的复杂的衍生产品交易业务前,应将相关材料报送监管部门,并书面咨询监管部门的意见。

第六条 金融机构从事与外汇、股票和商品有关的衍生产品交易以及场内衍生产品交易,应遵守国家外汇管理及其他相关规定。

## 第二章 市场准入管理

第七条 金融机构申请开办衍生产品交易业务应具备下列条件:

(一)有健全的衍生产品交易风险管理制度和内部控制制度;

(二)具备完善的衍生产品交易前、中、后台自动联接的业务处理系统和实时的风险管理系统;

(三)衍生产品交易业务主管人员应当具备5年以上直接参与衍生交易活动和风险管理的资历,且无不良记录;

(四)应具有从事衍生产品或相关交易2年以上、接受相关衍生产品交易技能专门培训半年以上的交易人员至少2名,相关风险管理人员至少1名,风险模型研究人员或风险分析人员至少1名;以上人员均需专岗人员,相互不得兼任,且无不良记录;

(五)有适当的交易场所和设备;

(六)外国银行分行申请开办衍生产品交易业务,必须获得其总行(地区总部)的正式授权,且其母国应具备对衍生产品交易业务进行监管的法律框架,其母国监管当局应具备相应的监管能力;

(七)中国银行业监督管理委员会规定的其他条件。

外国银行分行申请开办衍生产品交易业务,应当具备上述所列条件。如果不具备上述(一)至(五)所列条件的,其总行(地区总部)应当具备上述条件,同时该分行还应具备上述(六)、(七)及以下所列条件:

(一)其总行(地区总部)对该分行从事衍生产品交易等方面的正式授权应对交易品种和限额作出明确规定;

(二)除总行另有明确规定外,该分行的全部衍生产品交易统一通过给其授权的总行(地区总部)系统进行实时交易,并由其总行(地区总部)统一进行平盘、敞口管理和风险控制。

第八条 政策性银行、中资商业银行(不包括城市商业银行、农村商业银行和农村合作银行)开办衍生产品交易业务,应由其法人统一向中国银行业监督管理委员会申请,由中国银行业监督管理委员会审批。

信托公司、财务公司、金融租赁公司、汽车金融公司开办衍生产品交易业务,应由其法人统一向当地银监局提交申请材料,经审查同意后,报中国银行业监督管理委员会审批。

城市商业银行、农村商业银行和农村合作银行开办衍生产品交易业务,应由其法人统一向当地银监局提交申请材料,经审查同意后,报中国银行业监督管理委员会审批。

外资银行营业性机构开办衍生产品交易业务,应向当地银监局提交由授权签字人签署的申请材料,经审查同意后,报中国银行业监督管理委员会审批;外国银行拟在中国境内两家以上分行开办衍生产品交易业务,可由外资法人机构总部或外国银行主报告行统一向当地银监局提交申请材料,经审查同意后,报中国银行业监督管理委员会审批。

第九条　金融机构申请开办衍生产品交易业务,应当向中国银行业监督管理委员会或其派出机构报送下列文件和资料(一式3份):

(一)开办衍生产品交易业务的申请报告、可行性报告及业务计划书或交易展业计划;

(二)衍生产品交易业务内部管理规章制度;

(三)衍生产品交易的会计制度;

(四)主管人员和主要交易人员名单、履历;

(五)风险敞口量化或限额的授权管理制度;

(六)交易场所、设备和系统的安全性测试报告;

(七)中国银行业监督管理委员会要求的其他文件和资料。

不具备第七条第一款(一)至(五)所列条件的外国银行分行申请开办衍生产品交易业务,除了应报送其总行(地区总部)的上述文件和资料外,同时还应向其所在地银监局报送下列文件:

(一)其总行(地区总部)对该分行从事衍生产品交易品种和限额等方面的正式书面授权文件;

(二)除其总行另有明确规定外,其总行(地区总部)出具的确保该分行全部衍生产品交易通过给其授权的总行(地区总部)交易系统实时进行,其总行(地区总部)负责进行平盘、敞口管理和风险控制的承诺函。

第十条　金融机构提交的衍生产品交易的会计制度,应当符合我国有关会计标准。我国尚未有相关规定的,应当符合有关国际标准。外国银行分行可以从其母国/母行会计标准。

第十一条　金融机构按本办法规定提供的交易场所、设备和系统的安全性测试报告,原则上应当是由第三方作出的交易场所、设备和系统的安全性测试报告。

**第十二条** 金融机构开办衍生产品交易业务内部管理规章制度至少包括以下内容：

（一）衍生产品交易业务的指导原则、业务操作规程（业务操作规程应体现交易前台、中台与后台分离的原则）和针对突发事件的应急计划；

（二）衍生产品交易的风险模型指标及量化管理指标；

（三）交易品种及其风险控制制度；

（四）风险报告制度和内部审计制度；

（五）衍生产品交易业务研究与开发的管理制度及后评价制度；

（六）交易员守则；

（七）交易主管人员岗位责任制度，对各级主管人员与交易员的问责制和激励约束机制；

（八）对前、中、后台主管人员及工作人员的培训计划；

（九）中国银行业监督管理委员会规定的其他内容。

**第十三条** 中国银行业监督管理委员会应当自收到金融机构按照本办法提交的完整申请资料之日起60日内予以批复。

**第十四条** 境内的金融机构法人授权其分支机构办理衍生产品交易业务，须对其风险管理能力进行严格审核，并出具有关交易品种和限额等方面的正式书面授权文件；分支机构办理衍生产品交易业务须统一通过其总行（部）系统进行实时交易，并由总行（部）统一进行平盘、敞口管理和风险控制。

上述分支机构应在收到其总行（部）授权和其授权发生变动之日起30日内，持其总行（部）的授权文件向所在地银监局报告。

## 第三章 风险管理

**第十五条** 金融机构应根据本机构的经营目标、资本实力、管理能力和衍生产品的风险特征，确定能否从事衍生产品交易及所从事的衍生产品交易品种和规模。

**第十六条** 金融机构应当按照第四条所列衍生产品交易业务的分类，建立与所从事的衍生产品交易业务性质、规模和复杂程度相适应的风险管理制度、内部控制制度和业务处理系统。

**第十七条** 金融机构董事会应至少每年对现行的衍生产品风险管理政策和程序进行评价，确保其与机构的资本实力、管理水平一致。新产品推出频繁或系统重大变化时，应相应增加评估频度。

**第十八条** 金融机构高级管理人员应了解所从事的衍生产品交易风险；审核批准和评估衍生产品交易业务经营及其风险管理的原则、程序、组织、权限的综合管理框架；并能通过独立的风险管理部门和完善的检查报告系统，随时获取有关衍生产品交易风险状况的信息，在此基础上进行相应的监督与指导。

**第十九条** 金融机构高级管理人员要决定与本机构业务相适应的测算衍生产品交易风险敞口的指标和方法，要根据本机构的整体实力、自有资本、盈利能力、业务经营方针及对市场风险的预测，制定并定期审查和更新衍生产品交易的风险敞口限额、止损限额和应急计划，并对限额情况制定监控和处理程序。

金融机构负责衍生产品业务风险管理和控制的高级管理人员必须与负责衍生产品交易或营销的高级管理人员分开，不得相互兼任。

**第二十条** 金融机构从事风险计量、监测和控制的工作人员必须与从事衍生产品交易或营销的人员分开，不得相互兼任；风险计量、监测或控制人员可直接向高级管理层报告风险状况。

**第二十一条** 金融机构应当建立并严格执行授权和止损制度。金融机构进行衍生产品交易时，必须严格执行分级授权和敞口风险管理制度，任何重大的交易或新的衍生产品业务都应得到董事会的批准，或得到由董事会指定的高级管理层的同意。在因市场变化或决策失误出现账面浮亏时，要严格执行止损制度。

**第二十二条** 金融机构应制定明确的交易员、分析员等从业人员资格认定标准，根据衍生产品交易及风险管理的复杂性对业务销售人员及其他有关业务人员进行培训，确保其具备必要的技能和资格。

**第二十三条** 金融机构应制定评估交易对手适当性的相关政策；包括评估交易对手是否充分了解合约的条款以及履行合约的责任，识别拟进行的衍生交易是否符合交易对手本身从事衍生交易的目的，评估交易对手的信用风险等。

对于高风险的衍生产品交易种类，金融机构应对交易对手的资格和条件做出专门规定。

在履行本条要求时，金融机构可根据诚实信用原则合理地依赖交易对手提供的正式书面文件。

**第二十四条** 金融机构为境内机构和个人办理衍生产品交易业务，应向该机构或个人充分揭示衍生产品交易的风险，并取得该机构或个人的确认函，确认其已理解并有能力承担衍生产品交易的风险。

金融机构对该机构或个人披露的信息应至少包括：

（一）衍生产品合约的内容及内在风险概要；

（二）影响衍生产品潜在损失的重要因素。

**第二十五条** 金融机构应适当合理地运用担保等各种信用风险缓解措施来

减少交易对手的信用风险,选择适当的方法和模型对信用风险进行评估,并采取相应的风险控制措施。

**第二十六条** 金融机构应运用适当的风险评估方法或模型对衍生产品交易的市场风险进行评估,按市价原则管理市场风险,调整交易规模、类别及风险敞口的水平。

**第二十七条** 金融机构应根据衍生产品交易的规模与类别,做好充分的流动性安排,确保在市场交易异常情况下,具备足够的履约能力。

**第二十八条** 金融机构应建立健全控制操作风险的机制和制度,严格控制操作风险。

**第二十九条** 金融机构要书面明确衍生产品交易主管和交易员的权限以及责任,实行严格的问责制,对在交易活动中有越权或违规行为的交易员及其主管,要有明确的惩处制度。

**第三十条** 金融机构要制定合理的成本和资产分析测算制度和激励约束机制,不得将衍生产品交易和风险管理人员的薪酬与衍生产品交易盈利简单挂钩,避免其过度追求利益而增加交易风险。

**第三十一条** 金融机构对衍生产品交易主管和交易员应实行定期轮岗和强制带薪休假。

**第三十二条** 金融机构应建立健全控制法律风险的机制和制度,严格审查交易对手的法律地位和交易资格。金融机构与交易对手签订衍生产品交易合约时应参照国际惯例,充分考虑发生违约事件后采取法律手段追索保全的可操作性等因素,采取有效措施防范交易合约起草、谈判和签订等过程中的法律风险。

**第三十三条** 金融机构应按照中国银行业监督管理委员会的规定向中国银行业监督管理委员会报送与衍生产品交易有关的会计、统计报表及其他报告。

金融机构应按照中国银行业监督管理委员会关于信息披露的规定,对外披露从事衍生产品交易的风险状况、损失状况、利润变化及异常情况。

**第三十四条** 金融机构内审部门要定期对衍生产品交易业务风险管理制度的执行情况进行检查。发现衍生产品交易业务出现重大风险时,应迅速采取有效措施,制止损失继续扩大,同时将有关情况及时报告监管机构。

**第三十五条** 中国银行业监督管理委员会有权随时检查金融机构有关衍生产品交易业务的资料和报表,定期检查金融机构的风险管理制度、内部控制制度和业务处理系统是否与其从事的衍生产品交易业务种类相适应。

**第三十六条** 金融机构从事衍生产品交易出现重大业务风险或重大业务损失时,应及时主动向中国银行业监督管理委员会报告,并提交应对措施。

金融机构所从事的衍生产品交易、运行系统、风险管理系统等发生重大变动时,应及时主动向中国银行业监督管理委员会报告具体情况。

外国银行分行的境外总行(地区总部)对其授权发生变动时,应及时主动向中国银行业监督管理委员会报告。

第三十七条　金融机构应当妥善保存其衍生产品交易的所有交易记录和与交易有关的文件、账目、原始凭证、电话录音等资料。电话录音应当保存半年以上,其他资料在交易合约到期后保存3年,以备核查,会计制度有特殊要求的除外。

## 第四章　罚　则

第三十八条　金融机构的衍生产品交易人员违反本办法及所在机构的有关规定进行违规操作,造成本机构或者客户重大经济损失的,该金融机构应对直接负责的高级管理人员及其他直接负责该项业务的主管人员和直接责任人员给予记过直至开除的纪律处分;构成犯罪的,移交司法机关依法追究刑事责任。

第三十九条　金融机构未经批准擅自开办衍生产品交易业务,由中国银行业监督管理委员会依据《金融违法行为处罚办法》的规定实施处罚。

第四十条　金融机构未按照本办法或者中国银行业监督管理委员会的要求报送有关报表、资料以及披露衍生产品交易情况的,中国银行业监督管理委员会根据金融机构的性质分别按照《中华人民共和国银行业监督管理法》、《中华人民共和国商业银行法》、《中华人民共和国外资银行管理条例》等法律、法规及相关金融规章的规定,予以处罚。

金融机构提供虚假的或者隐瞒重要事实的衍生产品交易信息的,由中国银行业监督管理委员会依据《金融违法行为处罚办法》的规定予以处罚。

第四十一条　中国银行业监督管理委员会发现金融机构未能有效执行从事衍生产品交易所需的风险管理制度和内部控制制度,可暂停或终止其从事衍生产品交易的资格。

## 第五章　附　则(略)

资料来源:百度网

# 参考文献

1. 陈湛匀、范卫尧:《国际金融实务和案例》,华东理工大学出版社1992年版。
2. 吴丽华:《外汇业务操作与风险管理》,厦门大学出版社2004年版。
3. 李念祖:《外汇交易原理与实务》,立信会计出版社2002年版。
4. 刘玉操:《国际金融实务》,东北财经大学出版社2001年版。
5. 王稳:《外汇交易与管理》,对外经济贸易大学出版社2003年版。
6. 杨胜利、姚小义:《外汇理论与外汇交易》,中国金融出版社2003年版。
7. 郭也群:《外汇业务实务》,中国金融出版社2008年版。
8. 杨胜利、姚小义:《外汇理论与交易原理》(第二版),高等教育出版社2008年版。
9. 任正晓:《外汇理论与风险防范》,中国经济出版社2006年版。
10. 张炳达、罗素梅:《国际金融实务》,上海财经大学出版社2007年版。
11. 宋华、李志辉:《金融风险管理》,中国金融出版社2003年版。
12. 张亦春:《现代金融市场学》,中国金融出版社2002年版。
13. 郭晓晶:《国际金融》,清华大学出版社2005年版。
14. 鲁细根:《外汇交易实验教程》,中国金融出版社2006年版。
15. 中国各商业银行网站的相关外汇内容。
16. 外汇通、搜狐等网站外汇频道。
17. (美国)凯茜·莲恩:《外汇市场即日交易》,广东经济出版社2007年版。
18. 易纲、张磊:《国际金融》,上海人民出版社1999年版。